Hubertus Zummach

Hitlers willige Helfer in Europa
Die europäische Dimension des Holocaust

Hubertus Zummach

Hitlers willige Helfer in Europa

Die europäische Dimension des Holocaust

Rediroma-Verlag

Bibliografische Information der Deutschen Nationalbibliothek:
Die Deutsche Nationalbibliothek verzeichnet diese Publikation in der Deutschen Nationalbibliografie; detaillierte bibliografische Daten sind im Internet über http://dnb.ddb.de abrufbar.

ISBN 978-3-86870-768-7

www.rediroma-verlag.de
19,95 Euro (D)

Vergeben, aber nicht vergessen!

"Nur indem ich vergebe, kann ich mich von der Last des Erlebten lösen."

Eva Mozes Kor, Überlebende des Konzentrationslagers Auschwitz

Meiner langjährigen Lebenspartnerin, Angelika, danke ich für ihre Geduld beim Querlesen meiner Schriften und desgleichen meinem Freund, Dr. Ernst Heuse, herzlichen Dank für lange und ergiebige Gespräche, sowie eine kritische Draufsicht, aber auch immer wieder Zuspruch bei der Begleitung all meiner bisherigen Buchprojekte.

„Die Sache der Juden wäre halb gewonnen, wenn ihre Verteidiger nur einen Bruchteil der Leidenschaft und der Ausdauer aufbringen würden, die ihre Feinde daran setzten, sie zu vernichten.

Um diese Leidenschaft zu entfachen, darf man sich nicht an die Großmut wenden. Auch bei den Besten ist diese Tugend nur sporadisch, aber man wird jedem Einzelnen darlegen müssen, dass das Schicksal der Juden auch sein Schicksal ist!"

J.-P. Sartre

Aus dem Inhalt:

1.0 Prolog

„Die moderne Geschichte hat, denke ich, hinreichend bewiesen, dass jeder Mensch, oder fast jeder, unter gewissen Voraussetzungen das tut, was man ihm sagt; und, verzeiht mir, die Wahrscheinlichkeit ist gering, dass ihr die Ausnahme seid – so wenig wie ich."[1]

Was Jonathan Littell hier in der Toccata zu seinem vortrefflichen Roman: ‚Die Wohlgesinnten' seinen Hauptprotagonisten, den SS-Sturmbannführer Dr. Aue, sagen lässt, und was Littell in teils großartig-detailgetreuen Charakterstudien der NS-Täter in Romanform erzählt, trägt mehr zur Erhellung des Gesamtgeschehens des Holocaust bei, als etwa das unter dem Mantel der Wissenschaft eruierte, plakative und auch einem wissenschaftlichen Anspruch letztlich nicht gerecht werdende Pamphlet des Daniel Goldhagen.[2]

Littell zeichnet ein differenziertes Szenario von Taten und Tätern, und was einmalig in der bisherigen Literatur ist, er lotet die Untiefen in den Charakteren der Vollstrecker des Holocaust wie mit dem scharfen Blick des Ana-

---

[1] Jonathan Littell: Die Wohlgesinnten, Roman, Berlin Verlag

[2] Daniel Jonah Goldhagen: Hitlers willige Vollstrecker- Ganz gewöhnliche Deutsche und der Holocaust, Siedler Verlag, Berlin, 1996

lytikers aus und gibt den Tätern eine adäquate Sprache. Und er schließt dabei nicht aus, dass das abgrundtief Bösartige in uns allen schlummert, und unter bestimmten Konstellationen ausbricht.

Unter dieser Prämisse erfolgt der eigene Versuch einer Annäherung an das Jahrhundertverbrechen des Holocaust auch abseits aller bisher sich bis in unsere Tage verfestigter Chiffren, und selektiver Wahrnehmungen im Umgang mit einem der finstersten Kapitel der Menschheitsgeschichte.

Vor allen Dingen wendet er sich gegen die vereinfachende Reduzierung und Fixierung auf eine Alleinschuld der Deutschen, die sich, je weiter wir uns zeitlich vom eigentlichen Geschehen entfernt haben, immer wieder in häufig vereinfachenden und pauschalisierenden Metaphern in einem ritualisierten Erinnerungsjargon manifestiert.

Bei einer genaueren Betrachtung des Gesamtgeschehens offenbaren sich die dunkelsten Seiten und tiefsten Abgründe der menschlichen Kreatur, bei der im Extremfall auch die, die eigentlich zu den Opfern gerechnet werden müssten, zu Tätern wurden, und wiederum haben diejenigen, die man pauschal als Täter vereinnahmen möchte, oft unter Lebensgefahr selbstlos Opferhilfe geleistet.

Ein Beispiel, das auch zur ‚Topographie des Grauens' gehört:

Jüdische Kollaborateure, Helfer und ‚Greifer' gehörten zum System des Holocaust. Sie spürten ihre Glaubensangehörigen im Untergrund auf, oder misshandelten sie als sogenannte jüdische Kapos in den Konzentrationslagern.

Und es gehört wiederum zur Gerechtigkeits- und Wahrheitsfindung und zur Widerlegung der These von den Deutschen als insgesamt willfährigen Helfern der Nazis, dass in der Reichshauptstadt, selbst im Grauen der Endkriegszeit ums eigene Überleben bemüht, sich mehr als 10 000 Männer und Frauen für jüdische Verfolgte engagierten. Etwa 1500 jüdische Mitbürger konnten dank solcher Hilfe überleben.

Im Chaos von Bombenangriffen und zunehmender Pression eines sich im Untergang befindenden Systems, das meinte wenigstens noch über die Juden obsiegen zu müssen, fanden sich beherzte Helfer wie Ruth Andreas-Friedrich, ihre Tochter Karin und ihr Lebensgefährte, der Dirigent Leo Borchardt zu einem Netzwerk unter dem Decknamen ‚Onkel Emil' zusammen, das nicht nur Juden, sondern auch politischen Flüchtlingen und Deserteuren half, in den Trümmern der Reichshauptstadt zu überleben.

„Onkel Emil" beherbergte Verfolgte, besorgte Quartiere, beschaffte Lebensmittelkarten und falsche Dokumente. Das war höchst riskant – und dennoch kein Einzelfall. Ruth Andreas-Friedrich glaubte, wie sie am 3. Januar in ihr Tagebuch schrieb, es seien Tausende, die täglich und stündlich ihren Kopf riskierten „für ein paar armselige Brotmarken, ein vorübergehendes Notquartier", erkämpft zwischen Bomben, Zwangsarbeit, Verkehrsbehinderung und persönlicher Einschränkung. Ertrotzt gegen alle Verbote, Gesetze und Propagandabefehle."[3]

Zur gleichen Zeit durchkämmten etwa 20 bis 30 jüdische Spitzel der Gestapo, auf Grund ihrer besonderen Kenntnisse der Lebensgewohnheiten ihrer Glaubensgenossen besonders ‚effektive Zielfahnder', die Stadt nach Untergetauchten. Diese ‚Greifer' besaßen zum Teil Dienstausweise der Gestapo und trugen ab Herbst 1944 sogar eine ‚Dienstwaffe'.[4]

Als besonders brutale und skrupellose ‚Greiferin' erwies sich dabei Stella Goldschlag. Als ‚blondes Gift' und ‚Schrecken des Kurfürstendamms' wird sie in den Erinnerungen der Überlebenden beschrieben. Sie soll mindestens 100 Personen ausgeliefert haben.

---

[3] Aus: SPIEGEL ONLINE SPIEGEL SPECIAL, 01.04.2003, S.1
[4] SPIEGEL ONLINE, daselbst, S.2

Stella Goldschlag: jüdische Gestapo - Kollaborateurin, das lächelnde Gesicht des Bösen

Januskopfig wie jeder einzelne von uns in Gut und Böse verstrickt ist, so sind es in der Summe häufig auch Völker und Nationen. Und immer schlägt das Pendel mehr in Richtung von Bösartigkeit und Verbrechen, wenn sich Ideologien in Diktaturen zu verfestigen beginnen. Immer dann gerät menschliches Verhalten in einen Ausnahmezustand, bei dem sich das Verhalten eines Einzelnen von der Normalität zum Bösen verändern kann, und Völker aus unterschiedlichen Gründen totalitären Ideologien verfallen. – Es sind meist nicht viele, die dann noch den Mut haben zu widerstehen und ihre Menschlichkeit bewahren. Aber auch unter den Deutschen gab es ihn, den Widerstand gegen die zunehmend mörderische und gewalttätige Repression, selbst gegenüber dem eigenen Volk.

Deutsche leisteten, von der Welt weitgehend isoliert, einen Widerstand gegen das NS-Regime, von dem Churchill bereits 1945 sagte, *„ das er zum Edelsten und Größten gehört, was in der politischen Geschichte der Völker je hervorgebracht wurde."*

Diesen Widerstand ausklammern zu wollen, ihm damit auch jeglichen Respekt zu verweigern, geschieht immer noch. Entweder aus berechnendem Kalkül oder unter dem Verdikt einseitiger Geschichtsklitterung.

Wahrscheinlich aus beiden Gründen hat der Soziologe Daniel Goldhagen unter dem Mantel wissenschaftlicher Vorgehensweise zuletzt 1996 sein umfangreiches Kompendium unter dem martialischen Titel: **„Hitlers willige Vollstrecker"** aufgelegt, indem er nach mehr als 70 Jahren, nochmals die Holocaust-Keule nahezu ausnahmslos und völlig undifferenziert gegen die Deutschen der Hitlerzeit schwingt. Goldhagen liefert für die eigene Schrift somit wieder einmal eine These als Vorlage, bei der längst bekanntes und hinreichend eruiertes nach altem Muster wieder einmal auf selektiv –narratives reduziert wird.

Indem er über weite Strecken, unbewusst oder gezielt, alte Vorurteile bedient, indem er die Deutschen des Dritten Reiches nahezu unisono als ‚Vollstrecker' vereinnahmt, outet sich Goldhagen nicht nur als Rassist von der gleichen kruden Vorstellung der Nationalsozialisten, sondern er disqualifiziert sich zugleich auch als Wissenschaftler, der sich bestenfalls nur dazu eignet, ein verengtes Pamphlet als Vorlage für einen differenzierteren und erweiterten Blick auf das Gesamtgeschehen des Holocaust zu liefern.

Nicht um die Schuld der Deutschen zu relativieren, sondern um auch die in Mithaftung zu nehmen, die sich – siehe etwa Österreich - auf Grund alliierter Sonderrechte einen schlanken Fuß bezüglich ihrer Mittäterschaft machen konnten, oder die, die ihren Anteil am Genozid der Juden bis heute verschleiern, soll mit den eigenen Einlassungen versucht werden, zunächst einmal mit einer politisch und historisch korrekteren Analyse als der von Goldhagen aufzuwarten.

Der Antisemitismus der jüngeren Geschichte in Europa erfuhr in Kombination mit rassistischen Tendenzen im Faschismus der Zwischenkriegszeit einen erneuten Höhepunkt. Und dies keinesfalls explizit in Deutschland.

Wenn Goldhagen und Protagonisten, meinen den europäischen Aspekt des Holocaust vernachlässigen zu können, dann geben sie sich vor allen Dingen, was das permanente Anwachsen eines rechtextremen, rassistischen und antisemitischen Milieus im derzeitigen Europa betrifft, einem gefährlichen Trugschluss hin.

Ein zweites, mehr emotionsgeladenes und persönliches Motiv, kommt hinzu. Als Angehöriger einer Generation, die die ‚Gnade der späten Geburt' in Sachen NS-Verbrechen für sich beanspruchen darf, aber das Leid und Elend von Kriegs- und unmittelbarer Nachkriegszeit konkret erfahren hat, beanspruche ich auch für die Generation meiner Eltern eine differenziertere und respektvollere Würdigung ihres Schicksals, das im Wesentlichen von Leid, Elend, Verzicht und extremer Not geprägt war.

Pauschalisierende Anwürfe, wie sie nicht nur Goldhagen gegen die Deutschen vorträgt, sondern die, je länger wir uns historisch vom Geschehen entfernen, auch von ähnlich strukturierten Nachbetern im eigenen Land mit einer Unerbittlichkeit und verlogenen Tugendwächterhaftigkeit ohnegleichen vorgetragen werden, bedürfen endlich des Widerspruchs.

All denjenigen, die sich als selbsternannte Richter angemaßt haben und immer noch anmaßen, eine ganze Generation zu verteufeln, sei ins Gedächtnis gerufen, dass wir das Fundament unseres heutigen Wohlstandes den überlebenden Deutschen aus Kriegs- und Nachkriegszeit verdanken.

„In unserem selbstgerechten Zorn haben wir es versäumt, unsere Eltern aufrichtig nach der Faszination zu befragen, die für sie von Hitler ausging.“

Zu dieser (zu) späten Erkenntnis kommt etwa der Schriftsteller Peter Schneider, einst Repräsentant der 68er-Bewegung.[5]

So wie jene bürgerlichen Pseudorevoluzzer aus der 68er-Bewegung - in ihrer Speerspitze der RAF eine menschenverachtende, brutale und letztlich faschistoide Mörderbande - es in ihrer Arroganz versäumt haben, sich im Dialog mit den eigenen Eltern mit der Hitlerdiktatur und dem Holocaust geistig auseinanderzusetzen, und stattdessen einen radikal antisemitischen Schulterschluss mit militanten palästinensischen Terroristen vollzogen, so richtet sich der Fokus einiger Vertreter im aktuellen links-intellektuellen Milieu, deren Gewissen nie unter den Bedingungen einer Diktatur ernsthaft geprüft wurde, in pauschalisierender Anklage gegen eine Generation von Deutschen, die im Begriff ist, sich aus demografischen Gründen, in Kürze aus der Gesellschaft zu verabschieden.

---

[5] Siehe hierzu auch: Volker Ulrich: „Adolf Hitler –Die Jahre des Aufstiegs, Fischer Verlag , Frankfurt, 2013

Wogegen sich diese Schrift zudem weiter mit aller Entschiedenheit wendet, ist der immer noch andauernde Versuch einer „Anthropologisierung oder Hierarchisierung von Opfern". Wer die 9 Millionen Kriegs- und Ziviltoten der Deutschen, die gefallen, oder in Kriegsgefangenenlagern erbärmlich umgekommen sind, in ihrer angestammten Heimat zu Abertausenden getötet, oder aus ihr brutal vertrieben wurden, die, als der Krieg gegen Hitler längst entschieden war, unter dem alliierten Bombenterror in ihren Städten verbrannten, nicht auch zu den Opfern der Hitlerdiktatur und des Zweiten Weltkrieges zählen will, verhindert dadurch einen wichtigen und entscheidenden Erkenntnisprozess zur Überwindung des Antisemitismus und Totalitarismus nämlich den, dass in einer Diktatur, geprägt von nationalistischen und rassistischen Ressentiments, letztlich die Mehrzahl aller Menschen zu Opfern wird.

Zu den eigenen, differenzierten Betrachtungen über den Holocaust gehört auch weiter der Versuch der Frage nachzugehen unter welchen Voraussetzungen die Umkehrung und Pervertierung einer scheinbar normalen Persönlichkeit in die eines faschistoiden Täters erfolgt.

Eine Fragestellung, die speziell auch im Hinblick auf das aktuelle Vorgehen brutaler, verrohter und faschistoider Terroristen aus dem Umfeld radikaler Moslems in den Fokus der öffentlichen Debatte gerückt ist. Eine Frage, die da lautet, wie kann durch Substituierung, Fallanalyse und die Eruierung spezifischer Denkstrukturen, eine Charakterstudie, ein Bild vom faschistoiden Täter gewonnen werden, und wie kann man eventuell präventiv dagegen anarbeiten.

Was weiter klar angesprochen werden muss, ist, dass mit dem Dogma von der Alleinschuld der Deutschen am Holocaust, auch allen Konjunkturrittern in Sachen materieller Wiedergutmachung Tür und Tor geöffnet wurde und wird.

Wenn wir uns als Deutsche darum bemühen, in Europa unseren Part zur Integration zu übernehmen, und bei der Aufarbeitung des Holocaust vergleichsweise mehr geleistet haben als andere Staaten, dann ist es jetzt an der Zeit, auch den Anteil der willigen europäischen Zuarbeiter beim Genozid der Juden, im Sinne einer gesamteuropäischen Erinnerungskultur zu benennen. Auch gebietet es die Selbstachtung, dass wir, die wir nunmehr seit mehreren Generationen in der Wertegemeinschaft demokratischer Staaten angekommen sind, es nicht mehr zulassen sollten, immer noch, und das aus zum Teil sehr berechnendem Kalkül in direkte Schuldhaft genommen zu werden. Allzu durchsichtig sind auch die immer noch ins Spiel gebrachten Wiedergutmachungsforderungen gegenüber der Bundesrepublik. Jüngstes Beispiel: die 162 Milliardenforderung der Griechen.

Das hat Tradition und System. Die Deutschen, als alleinige Verursacher des Ersten Weltkrieges stigmatisiert, zahlten, lange im Europa der Gegenwart angekommen, noch bis zum 01.10.2010(!) Reparationszahlungen in geschätzter Höhe von insgesamt 132 Milliarden Goldmark nach dem Alleinschuldverdikt des § 231 aus dem Versailler Vertrag. Zuletzt hat der Australier Christopher Clark[6], in einer sehr umfangreichen Studie klargestellt, dass an der ‚Urkatastrophe des Ersten Weltkrieges' alle Hauptkriegsmächte gleichermaßen beteiligt waren. Die Reduzierung auf die Alleinschuld der Deutschen, die demütigenden Gebietsabtretungen und die völlig überzogenen Reparationsforderung, boten Hitler und dem Nationalsozialismus erst die entsprechende Plattform für den politischen Aufstieg.

Unter diesen Voraussetzungen wäre ein Hitler auch in jedem anderen Land der Welt möglich gewesen.

Für derart tendenziöse, durchsichtige und unlautere Motive, mit denen letztlich auch die Opfer des Holocaust schamlos missbraucht werden, und die letztlich immer wieder auf neue, überzogene materielle Wiedergutmachungszahlungen hinauslaufen, liefert Goldhagen, be-

---

[6] Christopher Clark: Die Schlafwandler – Wie Europa in den Ersten Weltkrieg zog, DVA, München, 2013

wusst oder unbewusst, durch seine auf eine Alleinschuld der Deutschen abzielende Vereinnahmung die entsprechenden Argumente. Und er unterschlägt und klammert aus, was ihn in seinem wissenschaftlichen Anspruch als Soziologe vollends disqualifiziert, dass der Antisemitismus der Zwischenkriegszeit im Europa der Moderne wieder mehr denn je auf der Agenda steht. Und das zu denen, die von Deutschland Wiedergutmachung fordern, auch häufig jene Länder gehören, die wir getrost zu den Mittätern oder Mitläufern bei den Gewaltverbrechen an den Juden zählen dürfen.

Ein letzter Aspekt sei angeführt: in Kürze verabschieden sich aus demografischen Gründen sowohl die letzten Täter als auch die letzten Opfer des Holocaust. Wenn Geschichte sich auch im Ansatz nicht wiederholen soll, dann bedarf es danach neuer Wege des Erinnerns.

Hierzu möchte ich als Publizist einen bescheidenen Beitrag leisten; und dies auf dem Hintergrund eigener Projektarbeit gegen das Vergessen, und als jemand, der weniger aus dem Wolkenkuckucksheim akademischer Abgehobenheit seine Einsichten gewonnen hat, sondern als jemand, der in seinem Umfeld quer durch alle Schichten der Bevölkerung verortet ist, und hier die Wahrnehmungen und Meinungen seiner Mitbürger wachsam registriert und analysiert. Wer dies als Stammtischerkenntnis abwerten möchte, der sei daran erinnert, dass die Weimarer Republik auch an der Arroganz, dem Nicht-Wahrnehmen-Wollen von untergründigen Volksmeinungen durch die damalige geistige und politische Elite gescheitert ist.

Heutzutage tingeln die neuen Eliten häufig durch diverse Talks-Shows. Glauben von sich, dass sie dabei essentielles und richtungsgebendes absondern. In Wahrheit schweben und wabern sie, indem sie mehr die eigene Wirklichkeit reflektieren, über dem was Volkes Meinung ist.

Sicher werden einige unbequeme Wahrheiten, die hier ausgesprochen sind auch auf Widerspruch stoßen. Und es befremdet, dass sich zwei jüdische Dozenten und ein Europaabgeordneter der GRÜNEN, jeglicher Form der Mitarbeit versagten, weil sie offenbar meinten, Basiserkenntnisse vernachlässigen zu können. Diese Schrift könnte aber auch einen dringend notwendigen aufrichtigeren, zielführenderen und produktiveren Diskurs für eine gemeinsame Zukunft der Deutschen und Europäer in Sachen gemeinsamer Verantwortung beflügeln.

2.0 In Memoriam: Werner Steinberg

„Nicht wenige Abhandlungen über die Hitler- Zeit und ihre Unmenschlichkeit enden mit dem ehrlichen Aufruf: „Nie wieder Ausschwitz!" Diesem redlichen Wollen wird niemand sich ausschließen können.

Indes dürfen wir Heutigen niemals vergessen, wozu Menschen – wir – auch fähig sein können!"

Werner Steinberg

Als ich meinen Schülern das Bild von Werner Steinberg[7] zeigte und sie raten ließ, wer diese Person wohl sei, und welchen Beruf sie ihr spontan zuordnen würden, da antworteten sie: *„Ein Philosoph, ein Weiser, ein Forscher, ein Schriftsteller!"* – Und sie hatten allesamt recht, denn Werner Steinberg verkörperte dies alles unisono in seiner Person.

Ein Barmherziger und Verzeihender würde ich für mich noch hinzufügen. Um mit Letzterem zu beginnen, er trug keinen Hass mehr in seinem Herzen gegenüber seinem Volk, das seine Mitbürger jüdischen Glaubens, darunter die eigenen Verwandten, in der Zeit des Dritten Reiches ausgegrenzt, verfolgt und in großen Teilen vernichtet hatte. – Werner Steinberg war ein Christ, oder wie es die Nationalsozialisten damals nannten: ein ‚Nichtarischer Christ'. – Das half ihm zu überleben, aber nicht zu vergessen. Denn seine jüdischen Anverwandten endeten in den Vernichtungslagern der Nationalsozialisten. - Ich habe von Werner Steinberg viel gelernt. Und im Zusammenhang mit dem Nationalsozialismus und dem Holocaust mehr als ich je in der Schule oder während des Studiums in Erfahrung bringen konnte. Der ganze Wahnsinn, das zutiefst Verbrecherische und die absurde Verschrobenheit der NS-Ideologie erschlossen sich mir in

[7] Werner Steinberg beschreibt seinen Lebensweg u.a. in: ‚Ausgegrenzt', Schicksalswege nichtarischer Christen in der Hitlerzeit, Lutherisches Verlagshaus, Hannover, 1992

Gesprächen mit ihm; aber, was mir im Nachherein genauso wichtig erscheint: Werner Steinberg befreite mich von den Schuldgefühlen, die mir und nachfolgenden Generationen von Deutschen immer noch, und das ist das Perfide, zum Teil aus berechnendem Kalkül, aufoktroyiert wurden und bis in die Gegenwart weiter aufgezwungen werden. - Als ich in einem Gespräch mit ihm die Mitschuld der Deutschen an dem Jahrhundertverbrechen der Nazis zum Ausdruck brachte und mich quasi mit einbezog, da legte er mir die Hand auf die Schulter und widersprach mir heftig: *„Mein lieber junger Freund, weder die Generation, derer, die während des Dritten Reiches mitten im Lebensprozess stand trifft eine Gesamtschuld, und erst recht nicht die, die ihnen gefolgt sind und noch folgen werden. Diese sind frei von jeglicher Schuld, bis auf die Täter und Vollstrecker des Holocaust, und jene die heutzutage immer noch nichts aus der Geschichte gelernt haben und nicht von jenem verbrecherischen Gedankengut ablassen können, dass nicht nur Menschen jüdischen Glaubens, sondern den Völkern, die in das Geschehen des Zweiten Weltkrieges mit einbezogen wurden, unendliches Leid beschert hat."*

Es schien ihm, als ob er mich wohl nicht so recht überzeugt hatte, und so fuhr er fort: *„Ich will Ihnen ergänzend einmal etwas über die Verführbarkeit der Menschen und von der Kraft der Massensuggestion erzählen.*

Als Hitler anlässlich einer Maifeier mit Gefolge im offenen Wagen durch Hamburg fuhr, die Massen ihm frenetisch zujubelten und der Konvoi mit dem Führer dicht an mir vorbei fuhr, da schoss meine rechte Hand zum Heilsgruß empor. Dass ich sie mir dann später, als die Diskriminierung und brutale Verfolgung einsetzte, am liebsten abgeschlagen hätte, werden Sie sicher verstehen können."

Ich muss hier einfügen, wie ich an Werner Steinberg geriet. Während meiner Dienstzeit als Lehrer hatte ich mich bewusst für einen Wohnort in der Nähe meiner Schule entschieden. Das verhalf mir während der gesamten Dauer meiner Dienstzeit nicht nur zu einem besseren Verständnis, sondern auch zu einem besseren Verhältnis mit den mir anvertrauten Schülern. Zudem gab es mir im Gegensatz zu vielen ‚Wanderlehrern' an meiner Schule, auch die Gelegenheit mit den Schülern in Nachmittagsexkursionen u.a. auch Feldforschungen im Bereich der Mikrogeschichte oder besser gesagt Heimatkunde anzugehen und gemeinsam zu dokumentieren.[8] Abgesehen davon, dass mich diese gemeinsamen Ganz-

---

[8] 1. Hubertus Zummach: Projektgruppe und Geschichts-AG der Rainald-von-Dassel-Haupt- und Realschule: Tage davor – Tage danach, Versuch einer Dokumentation über das Kriegsende im Einzugsbereich unserer Schule, Dassel 1997, 116 Seiten
2. Hubertus Zummach, Geschichts-AG der Rainald-von-Dassel Haupt- und Realschule, „Spurensuche" Lebensbilder jüdischer Mitbürger aus unserer Heimatregion, Dassel, 2000, 91 Seiten

jahresprojekte mit meinen Schülern immer wieder neu beflügelt haben, hat diese Vorgehensweise auch zu einem wesentlich verbesserten Verständnis der Geschichte des Dritten Reiches insgesamt beigetragen. – Und sie führte mich zudem über den Umweg einer seiner Vorfahren zu Werner Steinberg. - Der königlich-hannoversche Jäger Georg Steinberg gab in der Schlacht von Langensalza, bei der das Königreich Hannover zwar noch einen Sieg erringen konnte, obwohl die Niederlage im Kampf gegen die Preußen längst besiegelt war, ein Beispiel außerordentlicher Tapferkeit und Treue für seinen König. Als Erster überschritt er beim Vormarsch der Hannoveraner die Unstrut und wurde dafür von seinem Monarchen persönlich ausgezeichnet. - Was Georg Steinberg aber für den regionalen Heimatforscher besonders interessant macht, ist sein Engagement und vor allen Dingen sein herausragendes Talent als Heimatdichter.

„Meine Heimat ist ein Dorf in einem weltvergessenen Winkel, dort oben am Sollinger Wald. Das Schloss meiner Urahnen jedoch, es kann aber auch ein Zelt gewesen sein, wurde von den Fluten des Jordan umspült.“[9]

Man spürt bei ihm immer wieder die schmerzliche Sehnsucht nach seiner Urheimat, dem verheißenen Land der

[9] Georg Steinberg: Kriegs- und Friedenserlebnisse eines hannoverschen Jägers, Mannheim 1991, S. 84

Juden, und dennoch war er gleichzeitig intensiver angekommen als mancher seiner Zeitgenossen in seiner neuen Heimat, dem Weserbergland, dem Lebensraum seiner Kindheit und Jugend.

Als Verfasser von „Nahharkles' (Nachgeharktes), einer im ostfälischen Platt abgefassten Erinnerung an seine Zeit in dem Sollingdorf Mackensen, hat er der Nachwelt ein genau beobachtetes und reflektiertes Kulturbild der dörflichen Gesellschaft im 19. Jahrhundert hinterlassen. Höchst amüsant, mit großem Humor und genauso großer Sachkenntnis, aber auch tiefer Verbundenheit zu seiner regionalen Heimat, geschrieben.

Und auch einer der bedeutenden deutschen Militärschriftsteller, Sammy Steinberg (1845 – 1933), der jüngere Bruder von Georg Steinberg, war ein überzeugter und glühender deutscher Patriot. Insgesamt veröffentlichte er 26 Bände patriotischen Inhalts und wurde dafür von dem Kaiser höchstpersönlich geehrt. Auch er hing mit großer Liebe an seinem Heimatdorf Mackensen.

Noch 1931 schreibt der inzwischen 86-jährige über seinen Heimatort: *„ Alle, das wahre deutsche Empfinden beschämenden Verletzungen (gemeint ist hier der immer heftiger um sich greifende Antisemitismus) sind unseren Bewohnern (Mackensen) stets fern geblieben, alleine entscheidend war das redliche, aufrichtige Streben in* *nationaler Pflichttreue und mühevoller Arbeit. Heute, da endlich nach bitterschwerem Ringen (Erster Weltkrieg), wie es kein Volk der Erde erlitten, das Frührot einer sorgenbefreiten Zukunft am Himmel aufzieht, gedenke ich frohbewegten Herzens des kleinen Dorfes, in dem meine Wiege stand."*[10]

Sein patriotischer Optimismus verkannte die wahren Absichten der braunen Mordbrenner. Der Gott der Juden und Christen ersparte ihm gnädig, mit erleben zu müssen, wie aus dem Frührot der neuen Zeit das Inferno eines ungeheuren Weltbrandes wurde.

Sein Neffe, Werner Steinberg, bis in seine letzten Tage von verzweifelter, angesichts der sich immer wieder zeigenden Hydra dumpf-nationalistischer und antisemitischer Regungen im Nachkriegsdeutschland, auch von zweifelnder Loyalität zu seinem deutschen Vaterland umgetrieben, blieb seiner innersten Überzeugung nach ein deutscher Patriot. Fest verwurzelt im Christentum, fußend aber auch im Alten Testament und dem Glauben seiner Väter. Und das verband uns zutiefst: Er war ein ausgezeichneter Kenner der preußischen und deutschen Geschichte und ein besonderer Bewunderer Friedrichs des Großen.

[10] Einbecker Jahrbuch: Bd. 38, 1987, S. 165

Ich war zunächst zutiefst geschockt, was Werner Steinberg mir da von seinem Erlebnis mit Hitler erzählt hatte. Aber dann überkam mich allmählich Erleichterung. Werner Steinberg hatte mir geholfen, etwas Grundsätzliches zu verstehen.

Natürlich war mir klar, dass ich in keiner Weise in die Verbrechen der NS-Zeit involviert war. Was mich umtrieb, war vielmehr die Frage: *„Wie hättest du, nicht mit der Gnade der späten Geburt versehen, dich verhalten in den Zeiten des Dritten Reiches? Hättest du dich nicht auch begeistern lassen von Jungvolk und Hitlerjugend? Wärst du, mit sportlichem Ehrgeiz versehen und mit großem Stolz auf dein Vaterland nicht auch bei der SS gelandet, so wie einige deiner älteren Cousins oder jener deutsche Schriftsteller, der, als er seine Lebensbilanz in die schöne Parabel vom Häuten der Zwiebel brachte, die seiner Zugehörigkeit bei der SS, die tiefbraune Schale, lange Zeit ausgeklammert hatte?"* – Ich weiß bis heute für mich keine Antwort darauf.

Aber was mich Werner Steinberg gelehrt hat, und worum ich mich in meiner 40-jährigen Tätigkeit als Lehrer und auch heute noch im Ruhestand immer wieder versuche zu bemühen, ist, mich nachhaltig für eine demokratische Grundordnung im eigenen Land in einem Verbund europäischer Staaten, als der besten Garantie für eine Friedenssicherung auf unserem alten Kontinent, einzusetzen.

Letzteres setzt aber voraus, dass die Kulturschande der Verfolgung und Vernichtung der jüdischen Glaubensgemeinschaft über die nationale Dimension hinaus auf eine europäische erweitert werden muss. Denn der Antisemitismus war und ist politisch und gesellschaftlich ein gesamteuropäisches Phänomen.

Und auch der Holocaust der Naziclique hätte ohne die vielfache Duldung, mehr noch, allgemeine Gleichgültigkeit gegenüber dem Leid der Juden, und vor allen Dingen die partielle Mittäterschaft vieler Europäer nicht in seiner ungeheuren Dimension stattfinden können. Denn nochmals, für alle Zeiten und alle Völker und Nationen dieser Erde gilt, was mein alter Mentor Werner Steinberg mir nachdrücklich und überzeugend vermittelt hat:

„Niemals zu vergessen, wozu Menschen – wir – auch fähig sein können!“

Dem muss aber hinzugefügt werden: Niemals zu vergessen, was das jüdischen Volk im Verlauf seiner Geschichte durchlitten hat, was insbesondere wir Deutschen, und wir Europäer insgesamt dem jüdischen Volk angetan haben und immer noch, in Form eines virulenten Antisemitismus, antun.

Also spricht der Herr: „Siehe ich will eure Gräber auftun und euch mein Volk aus denselben herausholen und in das Land Israel bringen!"

3.0 Vom Leidensweg eines auserwählten Volkes

Um einmal klarzustellen, dass der Leidensweg der Juden auf dem europäischen Kontinent bis hin zum Holocaust, zunächst verursacht durch eine religiös motivierte Judenfeindschaft und später ergänzt durch einen mehr politisch-ökonomisch begründeten Antisemitismus, von jeher kein singuläres, auf ein besonderes Volk begrenztes, sondern ein gesamteuropäisches Phänomen war (und bis in unsere Zeit auch noch ist), sei einleitend ein kurzer historischer Abriss vorangestellt.

Sind es jene berühmten Worte des Propheten Ezechiel, der nicht nur metaphysisch-religiös, wie etwa im Christentum, sondern in einem durchaus nationalen und materiellen Sinn, den Israeliten die Auferstehung von den Toten weissagte, der es dem jüdischen Volk ermöglichte, Vertreibung, Verfolgung und Vernichtung von der babylonischen Gefangenschaft bis hin zum Holocaust zu durchleiden und letztlich zu überleben? Das hieße dann die Geschichte des Hiob, des berühmten Schmerzensmannes der alttestamentarisch biblischen Geschichte, wonach Gott jene, die an ihn glauben wollen einer besonders harten und schmerzhaften Prüfung unterzieht, auf ein ganzes Volk zu übertragen und würde in letzter Konsequenz zu der absurden Logik führen, dass es erst des Holocaust bedurfte, um die Israeliten wieder in den Besitz eines Teiles ihrer angestammten Heimat zu bringen.

Dann wäre es also Gott, das Schicksal oder wie es jenes bramarbasierende Ungeheuer der deutschen Geschichte für sich reklamiere, die Vorsehung gewesen, die es mit den Juden besonders schlecht meinte. Das wäre dann wohl zugleich die dümmste, erbärmlichste, verabscheuungswürdigste und zugleich verantwortungsloseste Delegation von Schuld und Verbrechen.

Oder ist es, wenn wir uns schon auf eine religiös-metaphysische Ebene einlassen wollen, die Hybris und Anmaßung, sich vor allen Völkern dieser Erde in besondere Weise als auserwählt zu betrachten, und diesen Status für sich zu reklamieren, die diesen einen Gott auf den Plan gerufen hat, das Volk der Juden mit besonderer Härte abzustrafen? Auch das: genauso abwegig, aberwitzig und irreführend. Wenn auch die Gefolgsleute eines anderen Schmerzensmannes, ihren religiös motivierten Hass auf das Judentum hieraus und aus dem Anwurf, sie, die Juden und nicht die römische Besatzungsmacht hätten ihren Messias umgebracht, ableiteten. Denn die Anfänge barbarischer Übergriffe auf das jüdische Volk in Europa liegen in der fundamentalistischen, römischen Kirche und ihrem rigorosen Alleinanspruch nicht nur in der jenseitigen, sondern auch in der diesseitigen Welt.

Wenn an dieser Stelle eine kurze Übersicht der Geschichte des jüdischen Volkes gegeben werden soll, dann geschieht dies in der Absicht, abseits aller metaphysischen Betrachtungen, den wichtigen Anteil der Juden an der geistigen, kulturellen, geschichtlich-politischen und gesellschaftlichen Entwicklung des Abendlandes zu würdigen, der sich nicht nur auf die Kurzform vom christlichen Abendland reduzieren lässt.

Bevor es zum Exodus aus ihrer angestammten Heimat kam und es sie u.a. auch auf den europäischen Kontinent verschlug, hatte das jüdische Volk längst den Beweis erbracht, dass es durchaus zur Staatenbildung fähig war. Hier bereits, und nicht erst mit der Gründung des Staates Israel im Jahre 1948, entlarvt sich die Phrase der Nazi-Propaganda von den angeblich parasitären Juden, die selbst zu keiner Staatenbildung fähig seien und daher ihr Dasein auf Kosten andere Nationen fristen würden. Und auch das bleibt festzuhalten: entgegen allem Geschrei vom demokratischen Aufbruch in den arabischen Ländern, bisher ist Israel die einzige demokratische Bastion im Nahen Osten. Dem Okzident weitaus näher als dem Orient.

Werfen wir nun einen näheren Blick auf die wechsel- und leidvolle Geschichte des Volkes der Juden. Sie beginnt mit der Eroberung des bis dahin von den Kanaanäern besiedelten uralten Kulturlandes Palästina nach der Flucht aus ägyptischer Zwangsherrschaft in mehreren Wellen. Eine erste politische Vereinigung erfolgte im Königreich des Saul und erreichte um das Jahr 1000 v.Chr. mit der Eroberung ganz Palästinas und Jerusalems durch die Judäer unter ihrem legendären König David einen Höhepunkt. Und es war sein Sohn Salomon, der in Jerusalem zu Ehren Jahwes den Tempel baute. – Die Israelis (Israel ist der Ehrenname des Jakob) haben also durchaus einen historisch legitimiertes Recht auf ihre angestammte Heimat, in die sie sich später in der Diaspora als durch ihren Religionsstifter Moses gefestigte Glaubensgemeinschaft mit großem Verlangen sehnten und um deren Verlust sie wie kein anderes Volk zutiefst trauerten.

Nach Salomon spaltete sich das Volk 926 v.Chr. in zwei Reiche. Das Königreich Israel und das Königreich Juda, die sich in den folgenden Jahrhunderten in einem verhängnisvollen Bruderkrieg verwickelten, der es fremden Herrschern ermöglichte, sie zu unterwerfen. So wurde das Nordreich Israel 722 v.Chr. von den Assyrern vernichtet, während das Südreich Juda, zusammen mit der Hauptstadt Jerusalem, 586 V.Chr vom babylonischen

König Nebukadnezar erobert wurde, womit die babylonische Gefangenschaft des Volkes und in der Folge der Exodus einsetzte. Alle verbliebenen Judäer und zurückkehrenden Israeliten blieben im Nahen Osten fortan eine unter Fremdherrschaft lebende Religionsgemeinschaft, die ab jetzt als Juden bezeichnet wurde.

Im vorchristlichen Westeuropa treten Juden erstmals im 2. Jahrhundert v.Chr. vereinzelt auf. Es waren dies überwiegend jüdische Missionare, die die Botschaft ihres Gottes Jahwe zu verbreiten versuchten.

Nachdem die verbliebenen Juden in Palästina und vor allen Dingen in Jerusalem sich nach erbittertem Widerstand in den Jahren 66 – 73 v.Chr. und nochmals 132 – 135 v.Chr. den römischen Besatzern unterwerfen mussten, und viele von ihnen als Sklaven nach Rom verschleppt wurden, verbreiteten sie sich später rasch entlang der Fernstraßen des Imperiums. Es darf angenommen werden, dass es bis um 300 n.Chr. im europäischen Teil des römischen Reiches keine größere Stadt oder Ansiedlung ohne jüdische Gemeinde und Synagoge gab.

Nach dem Edikt des Kaisers Caracalla aus dem Jahre 212 n.Chr., das das römische Bürgerrecht auf alle Einwohner des Reiches ausdehnte, lebten die Juden auf gleicher Stufe mit allen Bürgern Roms. Dieser Zustand änderte sich aber bereits ein Jahrhundert später mit der Verkündigung des Ediktes von Mailand durch Konstantin den Großen, auf dessen Grundlage das Christentum für die kommenden Jahrhunderte zur beherrschenden Religion in Europa wurde.

Der monotheistische Glaube der Juden wurde dabei von der christlichen Kirche nicht mehr als verwandte Religion betrachtet und toleriert, sondern die Versuche der Christen, die Juden zu ihrem Glauben zu bekehren, wurden im Verlauf der Zeit immer aggressiver. Mit der Schuldzuweisung am Kreuzestod des Erlösers, rückte ein Motiv zunehmend in den Mittelpunkt der Auseinandersetzungen, das bestimmend für die spätere Stellung und Tragödie der Juden in Europa werden sollte. In den kommenden Jahrhunderten waren sie daher vielfach vor die Alternative Taufe, Vertreibung oder Tod gestellt.

Vom 8. Jahrhundert n.Chr. an, mit dem beginnenden Mittelalter, verbesserte sich kurzzeitig das Leben der Juden. Im Islam war dem Christentum eine äquivalente Konkurrenz erwachsen. Den arabischen Wüstenkriegern, die ausgehend vom Mittleren Osten, über Nordafrika bis nach Spanien die Glaubensherrschaft ihres Propheten Mohammed errichteten, folgten die Juden, die von ihnen als Religionsverwandte toleriert wurden.

Die wechselseitige Durchdringung von arabischer, jüdischer und christlicher Kultur, führte zu einer Hochblüte von Wissenschaft und Wirtschaft vor allen Dingen in Spanien. Es waren dies zweifellos die Voraussetzungen für die Entdeckungsfahrten und die Weltherrschaft der Spanier in der Neuzeit. Jüdische Gelehrte und Kaufleute leisteten hierzu einen bedeutenden Beitrag. Es war dies aber auch eine erste Glanzzeit der neuhebräischen Dichtung und Religionsphilosophie.

Lange vor den Medici aus Florenz und den Fuggern aus Augsburg betätigten sich jüdische Rhadaniten aus Spanien und Südfrankreich als äußerst aktive Agenten eines internationalen Warenaustausches. Man könnte sagen: sie waren damit die Vorreiter einer globalen Ausrichtung der Märkte. – Ihre Handelsverbindungen reichten bis zu allen Häfen des Mittelmeeres, bis Konstantinopel und noch weiter bis zum Indischen Ozean. Zu Lande waren sie quer durch Europa unterwegs und selbst auf den Karawanenstraßen Nordafrikas waren sie tätig.

Die Karolinger, insbesondere Karl der Große und seine Söhne, nutzten bei der Etablierung des Heiligen Römischen Reiches nach Kräften die Handelsbeziehungen, das Wirtschaftswissen und die Wirtschaftskraft der Juden. Sie förderten daher verstärkt die Ansiedlung von Juden in ihrem Reichsgebiet. Bedeutende jüdische Gemeinden entstanden zu dieser Zeit an den Ufern von Rhone, Seine, Maas, Donau, Rhein, Main, Neckar, Saale und Elbe.

Mit großer Wahrscheinlichkeit hatte sich um das 11. Jahrhundert n. Chr. herum das Judentum in ganz Westeuropa so stark verbreitet, dass sich der Mittelpunkt des jüdisch-kulturellen Lebens und der jüdischen Bevölkerung aus dem Mittleren Osten nach Westeuropa verlagert hatte. Für viele Generationen konnten die Juden relativ ungestört, und abgesehen von gelegentlich auftretenden Gewalttätigkeiten zur Osterzeit, in Frieden und Wohlstand leben.

Die Stimmung in Westeuropa schlug um, als im Jahr 1096 n. Chr. zum ersten Kreuzzug aufgerufen wurde. Die fanatischen Kreuzzügler richteten auf ihrem langen und gefahrvollen Weg zur Befreiung der heiligen Stätten von den ungläubigen Moslems zuvor ein furchtbares Blutbad unter den nach ihrer Meinung schlimmsten Ungläubigen, den Juden, an. In den Städten Mainz, Speyer, Worms und Köln kam es dabei zu besonders gewalttätigen Ausschreitungen, die trotz des Entgegentretens einzelner mutiger Bischöfe und christlicher Mitbürger nicht verhindert werden konnten.

Eine rühmliche Ausnahme unter den Herrschern des Heiligen Römischen Reiches bildet der weit über seine Zeit aufgeklärte, hochgebildete und tolerante Stauferkaiser Friedrich II., der das Zentrum seiner Herrschaft nach Sizilien verlagert hatte. Er war ein Freigeist, der als einziger Herrscher des Mittelalters heraustrat aus der

Enge eines durch den fundamentalistischen Anspruch der Römischen Kirche geprägten Zeitalters, die in ihm die Verkörperung des Antichristen sah. – Dieser genial begabte Kaiser schuf in seiner Zeit die Grundlagen für ein reformiertes, modernes Kaisertum, das, wäre man ihm gefolgt der europäischen Geschichte eine frühe Wendung in Richtung Aufklärung und Emanzipation hätte geben können.

Er schuf als erster Herrscher ein stehendes Heer, statt der mittelalterlichen Lehenstruppe. Führte eine effiziente Verwaltung ein, deren Spitzenpositionen nicht mehr nur dem Adel vorbehalten waren, sondern zu denen auch Juden aufsteigen konnten.

Was Friedrich II. weiter auszeichnete, war seine Weltläufigkeit im Umgang mit den mohammedanischen Fürsten des Orients. Insbesondere mit den Fürsten Ägyptens und Syriens stand er in freundschaftlichem Verkehr. Seine Schlösser ließ er im maurischen Stil bauen. Dem Glanz mittelalterlicher Ritterspiele und der Poesie abendländischer Troubadoure war er genauso zugetan, wie der Kunst und Wissenschaft des Islam. Er leistete sich, gegen christliches Gebot, neben seinen jeweils christlichen Ehefrauen, insgesamt war er dreimal verheiratet, einen Harem. In seinem normannisch-arabischen Domizil etablierte er erstmals eine abendländisch-morgenländische Mischkultur von wegweisendem und einzigartigem Flair.

Seinen Hof in Palermo verwandelt er in eine Wissenschaftsakademie. Er selbst betrieb intensiv naturwissenschaftliche Forschungen und übersetzte arabische Werke ins Lateinische. Und, auch wiederum seiner Zeit weit voraus: er veranlasste, dass an der medizinischen Hochschule in Salerno auch weibliche Studierende zugelassen wurden.

Leider erfolgte eine unter der zunehmenden Pression von Papsttum und Römischer Kirche, deren Ambitionen nicht nur auf die jenseitige Welt gerichtet waren, sondern die im Dualismus mit den weltlichen Herrschern des Abendlandes, ganz wie im heutigen, extremistischen Islam, auch auf weltliche Herrschaft ausgerichtet waren, im Westen Europas eine Eskalation der Feindschaft gegenüber den Juden.

Die zunehmend offenen Feindseligkeiten, veranlassten viele Juden nach Litauen, Polen, Galizien und andere osteuropäische Nachbarländer auszuweichen, wo sie dann aber vom 16. bis zum 19. Jahrhundert verstärkt üblen Pogromen ausgesetzt waren, so dass sie teilweise wieder nach Westeuropa zurückkehrten, weil sich dort die Lage inzwischen entspannt hatte.

Vom 16. Jahrhundert an begannen sich dann, vor allen Dingen in Spanien, die Verhältnisse für die Juden grundlegend zu verschlechtern. Nach Vertreibung der Araber und der Einführung der Inquisition im Jahre 1478 kam es in der Straße von Gibraltar bis zu den Pyrenäen zu einer Welle beispielloser Gewaltausbrüche, die im Jahre 1492, im Jahr der Entdeckung Amerikas, einen Höhepunkt erreichten, als die katholische Herrscherin Isabella ein Auswanderungsdekret für alle Juden erließ.

Über 20 000 Juden mussten daraufhin Spanien mittellos verlassen. Sie suchten eine neue Heimat in Italien, Marokko, Algerien, Tunesien und in Teilen von Griechenland und der Türkei. Gastfrei aufgenommen wurden sie insbesondere in Holland, Belgien und in der Hansestadt Hamburg.

Ihre Sprache blieb lange Zeit ein mit Hebräisch vermengtes Altspanisch, das ‚Spaniol'. Während die aus Osteuropa zurückgekehrten Juden sich des ‚Jiddisch' bedienten. Einem Sprachgemisch aus mitteldeutschen Mundarten, hebräischen und slawischen Bestandteilen.

Die Geschichte der Juden Europas in Mittelalter und Neuzeit ist also eine sehr wechselvolle. Und im Hinblick auf Deutschland trifft dies in besonderer Weise zu. Nach einer ruhigen und relativ friedlichen Phase im Frühmittelalter folgen mit Kreuz- und Pseudokreuzzügen nicht nur religiös motivierte Übergriffe auf die jüdischen Gemeinden, sondern die Juden geraten zunehmend in den Fokus als durchaus wirtschaftlich einträgliche Angriffsobjekte. Womit eine zweite Komponente der Judenfeindschaft erkennbar wird: die wirtschaftliche Ausbeute einer Minderheit, auf deren Vermögen man immer wieder leichten Zugriff hatte.

Zu allen Zeiten aber waren die Juden Bestandteil nicht nur der deutschen, sondern auch der europäischen Gesellschaft. Im Allgemeinen hochgebildet und weltläufig unterwegs, waren sie die der Aufklärung vorauseilende emanzipatorische Komponente im gesellschaftlich-sozialen Prozess eines fortschrittlichen und liberalen Weges für ein gesamteuropäisches Zusammenleben.

Es waren daher in der Mehrzahl Juden, die es vermochten auch im Zeitalter eines sich formierenden reaktionären Nationalismus, über den nationalen Tellerrand hinaus zu denken, zu planen und zu handeln. Und ein Beispiel für die neuere deutsche Geschichte, dass sich Patriotismus und Weltläufigkeit nicht ausschließen müssen, ist Walter Rathenau; jener hellsichtige politische Visionär und pragmatische Politiker zugleich, der, hätte ihn die braune Bande nicht wegen seines jüdischen Glaubens hinterrücks ermordet, die Weimarer Republik vorzeitig auf einen Weg der europäischen Integration hätte führen können.

Wir haben uns noch lange nicht aus der verengenden chauvinistischen Sicht auf die Juden verabschiedet. Noch immer ist viel zu wenig bekannt über ihren Beitrag zur europäischen Bildung und Kultur. Werfen wir daher nochmals einen Blick auf das angeblich so finstere Mittelalter. - Juden sprachen neben ihrer Sprache immer auch die Sprache ihrer Umgebung. So finden sich in der kulturellen Blütezeit des Mittelalters unter den Troubadours in Frankreich und den Minnesängern in Deutschland auch Juden. Ihre frühe Bedeutung für die geistige und schulische Entwicklung darf nicht übersehen werden.

Überall, wo sie sich in größeren Zentren niederließen, errichteten sie Schulen und Akademien, denn die Gelehrten standen bei ihnen seit jeher in höherem Ansehen als die Kaufleute und Händle. In einer Welt, in der fast noch jeder ein Analphabet war, gab es zumindest keinen männlichen Juden, der nicht lesen und schreiben konnte.

Aber die Juden nahmen auch ganz pragmatisch teil am Alltagsleben ihrer Umgebung. Sie mischten sich unter ihre Nachbarn auf Straßen und Marktplätzen. Nicht selten beteiligten sich Juden an christlichen Festen und umgekehrt. Es bildeten sich häufig Freundschaften. Juden konvertierten gelegentlich zum christlichen Glauben, und auch Christen nahmen vereinzelt den jüdischen Glauben an.

Es kam durchaus vor, dass sie Seite an Seite mit ihren christlichen Nachbarn auf den Stadtmauern standen, um ihre Stadt vor den Angriffen feindlicher Truppen zu schützen, denn sie waren keinesfalls für die gesamte Dauer des Mittelalters gezwungen, in den jüdischen Zwangsvierteln, den späteren Ghettos zu leben.

Es ist darüber hinaus ein weit verbreitetes und bis in unsere Zeit tradiertes Vorurteil, dass den Juden fast ausschließlich die Rolle der Geldverleiher zugeschrieben wird. Waren sie im Altertum noch vorwiegend Landwirte, die sich auch erfolgreich im Weinbau betätigten, oder tüchtige Handwerker, insbesondere in den verschiedenen Zweigen des Textilgewerbes, so rückte zwar im Mittelalter, der Geldverleih in den Mittelpunkt, da das Geschäft mit dem Geld den Christen ja als ‚unnatürliche Sünde' untersagt war, aber es war letztlich eine vergleichsweise Minderheit wohlhabender Juden, die von den erträglichen Zinsen der gegebenen Darlehen lebten. -Jüdische Kaufleute und Handwerker waren noch immer in der Mehrzahl. Sie wurden erst mit dem Aufkommen straff organisierter christlicher Gilden und Zünfte aus diesen Erwerbszweigen heraus gedrängt. Das Spektrum der von Juden ausgeübten Berufe, wird durch Diplomaten im höfischen Dienst, Ärzte, Lehrer, Buchbinder, Buchmaler, Jäger, Falkner und Spielleute ergänzt. Und als Löwenbändiger, Diener, Bettler und Wegelagerer ergänzten sie das ganze Sozialgefüge der damaligen Zeit. Es ist einfach ein Irrtum zu glauben, dass die Juden im Mittelalter und in der Neuzeit durchgängig von einer Mauer unversöhnlichen Hasses umgeben gewesen seien. - Die Menschen dieser Epoche waren in ihren Grundhaltungen, Charakteren und Temperamenten sehr schwankend und wechselhaft. Nach Zeiten blutiger Auseinandersetzungen, ging man relativ schnell wieder zu reibungslosen, ja bisweilen friedlichen und freundschaftlichen Verkehr miteinander über. - In ihrer für die damalige Zeit oft intensiveren Bildung, höheren Intellektualität, einer daraus resultierenden weltläufigeren Individualität und ihrer zugleich unbedingten und festen Hingabe an den Glauben, wurden sie in Krisen- und Umbruchzeiten, als leicht auszumachende Minderheit, immer wieder Opfer dumpfer Aggressionen. - Wobei im emotionalen Bereich diese Feindschaft überwiegend religiös motiviert war. Es kam aber später auch ein durchaus berechnendes Kalkül hinzu: die aus dem Neid auf die wirtschaftlich erfolgreich agierenden Juden erwachsende Überlegung, sich deren Reichtümer gewaltsam anzueignen. - Wir sehen aber: so finster war das Mittelalter gar nicht. Barbarisch und im tiefsten Sinn menschenverachtend und Massen vernichtend zu agieren, das blieb, auch nach den Epochen von Aufklärung und Humanismus, erst den Akteuren des 20.Jahrhunders vorbehalten.

4.0 Waren nur die Deutschen Hitlers willige Vollstrecker?

Bis in unsere Tage hält sich hartnäckig das Vorurteil, dass der Antisemitismus ein besonderes nationales Problem der Deutschen sei. Und der Holocaust lasse sich letztlich nur aus einem besonders bösartigen Antisemitismus und einer bereitwilligen Komplizenschaft der Deutschen mit der NS-Diktatur erklären. Den europäischen Mittätern wurde bisher so gut wie keine Aufmerksamkeit geschenkt, oder sie wurden als unbedeutend nur am Rande erwähnt. Dies scheint unter dem Aspekt, dass diese Länder zugleich selbst Opfer der Naziherrschaft waren, oder zu den späteren Siegern zählten, zwar verständlich zu sein, bedarf aber auf Dauer auch im Interesse der Wahrhaftigkeit beim Prozess der europäischen Integration einer historischen Aufarbeitung. - Aktuelle Diskussionen über den Antisemitismus zeigen weitgehende Übereinstimmung darin, dass der Antisemitismus keinesfalls ein auf Deutschland begrenztes Phänomen war und ist.[11]

Eine weitergehende, vergleichende Studie über den Holocaust müsste dann auch konsequenter Weise den

[11] Vergleiche hierzu etwa die Ergebnisse des Zentrums für Antisemitismus Forschung der TU Berlin: Antisemitismus in Europa (1879-1914), unter der Leitung von Professor Werner Bergmann und Privatdozent Dr. Ulrich Wyrwa

Fragen nachgehen, weshalb etwa Polizeieinheiten und Verwaltungsbeamte aus Ost- und Westeuropa in Teilen willige Zuarbeiter waren, lettische Hilfspolizisten, flämische SS-Leute, kroatische und rumänische Nationalisten sich durch besondere Brutalität auszeichneten. In Ungarn und Rumänien die Nürnberger Gesetze Anwendung fanden, und Niederländer zu Denunzianten wurden. In Polen, dem Land, das von den Nazis in besonderer Weise heimgesucht wurde, erschlugen fanatische Antisemiten noch nach dem Kriegsende zahllose jüdische Holocaust Überlebende.

So gehörten auch 200 000 Juden aus Osteuropa zu den im Zuge des ‚Kalten Krieges' sich anbahnenden Differenzen innerhalb der vormaligen Anti-Hitler-Koalition zu den sogenannten ‚Displaced People'.

„Deren Zahl stieg noch deutlich an, als es in Polen zu ersten Pogromen gegen Schoa-Überlebende kam. Als Folge der Pogrome verließen etwa 150 000 Juden Polen und fanden zunächst Zuflucht im Nachkriegsdeutschland."[12] – Damit teilten sie das Schicksal von Millionen vertriebener und entrechteter Deutscher aus ehemaligen deutschen Ostprovinzen.

[12] Aus: Informationsschrift des Zentralrates der Juden in Deutschland: Judentum in der BRD, 01.02.2014, S.1

In Frankreich blieben 96% der arisierten Unternehmen in französischer Hand, und die ungarische Regierung konnte dank des den Juden abgepressten Vermögens das Rentensystem ausbauen und die Inflation stoppen.

Experten, wie Dieter Pohl vom Institut für Zeitgeschichte, schätzen die Zahl der Nichtdeutschen, die Mordaktionen an Juden unterstützten, vorbereiteten und durchführten auf 200 000. Etwa genauso viele wie Deutsche und Österreicher zusammen. Und der Hamburger Historiker Michael Wildt kommt zu der Erkenntnis, dass die Deutschen den millionenfachen Mord an den Juden nicht allein hätten bewerkstelligen können.

Der Sobibor-Überlebende Thomas Blatt, der als Zeuge im Prozess gegen den aus den USA überführten ukrainischen KZ-Wärter Demjanjuk aussagte, erklärte im Vorfeld, ohne die willigen 120 Helfer vom Schlage eines Demjanjuk wäre die Handvoll deutscher SS-Angehöriger gar nicht in der Lage gewesen, in Sobibor 250 000 Juden umzubringen.

In diesem Zusammenhang muss auch einmal festgehalten werden, dass es nicht das millionenfache Verbrechen an den Juden war, das die alliierte Kriegsallianz zum Krieg gegen Hitler bewogen hat.

Der Berliner Historiker Götz Aly hat sich angesichts der ungeheuren Opferdimensionen des Holocaust schon

vor einigen Jahren die Frage gestellt, ob es sich bei der Endlösung der Judenfrage womöglich um ein ‚europäisches Projekt' handelte, das sich nicht allein aus den speziellen Voraussetzungen der deutschen Geschichte erklären lässt.[13]

Der Amerikaner Daniel Jonah Goldhagen sieht dagegen primär die ganz gewöhnlichen Deutschen als willige Vollstrecker des Holocaust, und glaubt, die Mittäterschaft anderer Nationen vernachlässigen zu dürfen.

Und um dieses Vorurteil bedienen zu können, wartet er mit einem umfangreichen Pamphlet auf, das in nahezu eifernder Manie auf die Alleinschuld der Deutschen fokussiert ist. - Vage, immer auf Übertreibung abzielend, sind viele seiner Angaben, wenn er zum Beispiel anführt:

„Überspitzt kann man sagen, dass nahezu jede deutsche Institution im besetzten Osteuropa und vor allem in Polen zumindest Beihilfe zum Völkermord leistete. Die Zahl der in diesen Institutionen tätigen Menschen geht, wenn man die Wehrmachtsangehörigen einbezieht, die sich der Komplizenschaft schuldig gemacht haben, in die Millionen.

---

[13] Götz Aly in: Fritz Bauer (Hrsg.): Grenzenlose Vorurteile – Jahrbuch 2002 zur Geschichte und Wirkung des Holocaust, Campus Verlag, Frankfurt/Main, 2002, S. 237- Aly wird hier angeführt für die These, dass der Holocaust in Wahrheit als europäisches Projekt eben auch von nichttotalitären Regierungen unterstützt worden sei.

Man muss davon ausgehen, dass es Millionen von Deutschen waren, die schwere Verbrechen begingen. Von diesen waren sicherlich mehr als hunderttausend Vollstrecker des Holocaust... Es wäre auch nicht überraschend, wenn es sich um mehr als eine halbe Million Menschen handelt."[14]

„Man kann sagen, man muss davon ausgehen, es waren sicherlich, es wäre nicht überraschend, wenn..."

Letztlich in der Summe alles hypothetische, einseitig ausgerichtete, übertriebene, verallgemeinernde auf keinerlei konkretem Zahlenmaterial fußende Anwürfe.

Wir wollen daher, da es sich hier um einen erneuten, zwar diffizileren, zum Teil aber auch raffinierteren Versuch handelt, die Deutschen wiederum mit dem Alleinstellungsmerkmal eines brutalen Antisemitismus zu stigmatisieren, und sie dabei auf eine die Vernichtung der jüdischen Rasse angelegte Grundhaltung festlegen zu wollen, also die These von der Allein- und Kollektivschuld der Deutschen am Holocaust wieder einmal neu zu beleben, zunächst die von Goldhagen angeführten Kernthesen auflisten.

---

[14] Daniel Jonah Goldhagen: Hitlers willige Vollstrecker – Ganz gewöhnliche Deutsche und der Holocaust, Siedler-Verlag, Berlin, 3. Auflage, 1996, S. 203,204

Dann soll der von ihm in seinem umfangreichen Kompendium unterstellten Subsummierung und Pauschalisierung: die gewöhnlichen Deutschen seien bei der Umsetzung des Holocaust ‚Hitlers willige Vollstrecker' gewesen, nicht nur in ihrem generalisierenden Anwurf widersprochen werden, sondern es soll insbesondere der europäischen Aspekt des Antisemitismus und des Genozids an den Juden im Sinne einer gesamteuropäischen Verantwortung in das Blickfeld der Betrachtungen rücken.

„Meine These ist, dass sich der Wille die Juden zu töten, sowohl bei Hitler, als auch bei denen, die seine mörderischen Pläne in die Tat umsetzten, vorrangig aus einer gemeinsamen Quelle speiste: aus einem bösartigen Antisemitismus."[15]

Und weiter:

„Ohne diese Bereitschaft (der Deutschen) hätte das Regime nicht sechs Millionen Juden ermorden können. Die Machtergreifung der Nationalsozialisten und die Bereitschaft der Deutschen, dem Staatspolitik gewordenen Antisemitismus zu folgen, waren beide in gleichem Maße

---

[15] Daniel Jonah Goldhagen: daselbst, S.8

notwendige Voraussetzungen des Holocaust. Und nur in Deutschland waren diese zwei Prämissen erfüllt."[16]

„Der Holocaust markiert die Abkehr der Deutschen von der Gemeinschaft der zivilisierten Völker."[17]

„Will man die Durchführung des Holocaust verstehen und erklären, muss man darlegen, warum die Deutschen damals von einem derartigen Drang, die Juden zu töten, beherrscht waren. Denn weil das, was über die Deutschen gesagt werden kann, für keine andere der beteiligten Nationen, auch nicht für sie alle zusammengenommen gilt – konkret: keine Deutschen, kein Holocaust."[18]

„Hundertausende von Deutschen trugen zum Genozid und dem weit umfassenderen System der Unterwerfung, dem riesigen Lagersystem, bei."[19]

Und die Schlussfolgerungen seines Buches lauten:

„Die antisemitischen Auffassungen der Deutschen waren die zentrale Triebfeder für den Holocaust, ...der viele Tausende gewöhnlicher Deutscher veranlasste, Juden grausam zu ermorden, und dass auch Millionen anderer

---

[16]Goldhagen, daselbst, S. 9
[17] Goldhagen daselbst, S. 17
[18] Goldhagen, daselbst, S. 21
[19] Goldhagen, daselbst, S. 21

Deutscher nicht anders gehandelt hätten, wären sie in die entsprechenden Positionen gelangt.“[20]

Und weiter:

„Meine Erklärung lautet – und dies ist neu in der wissenschaftlichen Literatur über die Täter – dass die ‚ganz normalen Deutschen‘ zu dem Schluss kommen ließ, dass die Juden sterben sollten.

Die Überzeugung der Täter, ihr spezifischer Antisemitismus, war zwar offensichtlich nicht der einzige, aber doch so behaupte ich, eine entscheidende Ursache ihres Handelns. Jene Auffassungen müssen daher in den Mittelpunkt aller Erklärungen gestellt werden. Um es ganz einfach auszudrücken: Die Täter, die sich an ihren eigenen Überzeugungen und moralischen Vorstellungen orientierten, haben die Massenvernichtung der Juden für gerechtfertigt gehalten, sie wollten nicht nein dazu sagen.“[21]

Der gewöhnliche Deutsche, die Deutschen, allesamt verstrickt in ein Jahrhundertverbrechen von historisch einmaliger Dimension? Das ist, trotz aller relativierenden Volten und Umschreibungen, für Goldhagen keine Frage, sondern eine Feststellung, die verkürzt wieder zu der

---

[20] Goldhagen, daselbst, S. 22
[21] Goldhagen daselbst, S. 28

Sichtweise auf die Deutschen führt, wie sie unmittelbar nach Kriegsende gängig war. Und die damals zu kruden Ausgeburten des Hasses gegen alle Deutschen wie dem Morgenthau-Plan führten.

Alles, was Goldhagen zum Beleg seiner Thesen, oder besser gesagt seiner Unterstellungen, anführt, und was er angeblich meint als neuere Forschungsergebnisse ausgeben zu müssen, füllt den Großteil seines ‚wissenschaftlichen Kompendiums'. Nichts davon ist aber neu. Geht über das hinreichend Bekannte, randvoll mit Grauen und Entsetzen angefüllte Geschehen hinaus. Was über den NS- Staat und seine Schergen von einem Großteil der von ihm zitierten Autoren nachträglich interpretiert, um-, ab- oder nachgeschrieben wurde, hätte Goldhagen an authentischer Quelle bei dem deutschen Politologen Eugen Kogon nachlesen können.

Kogon, auch ein ‚gewöhnlicher Deutscher', wie Abertausende im Widerstand gegen Hitler, war vom September 1939 bis April 1945 selbst Häftling im KZ-Buchenwald. Und er hat akribisch das System der totalitären NS-Herrschaft, das sich auch, je mehr es seinem Untergang entgegen ging, in brutalst möglicher Form gegen das eigene Volk richtete, analysiert und beschrieben.

Und wenn schon bei keinem deutschen Chronisten, dann wäre es für Goldhagen allemal äußerst aufschlussreich gewesen, sich Einblick in das Lebenswerk des wohl profundesten Kenners der Geschichte des Holocaust zu verschaffen. Sein amerikanischer Landsmann und jüdischer Glaubensgenosse, Raul Hilberg[22], hat mit seinen bereits in 1961 erstmals aufgelegten drei Bänden: ‚Die Vernichtung der europäischen Juden', das bis heute wohl umfangreichste und am gründlichsten recherchierte Werk über die Täter, ihr Tatschema, sowie die Pläne und Absichten der nationalsozialistischen Führungsclique vorgelegt. Mit Akribie und Besessenheit hat Hilberg den Holocaust zu seinem Lebensthema gemacht und das bis zu seinem Tod. Die Aufzeichnungen von Opfern und Tätern, ihre Biographien abgeglichen, ohne das Schreckliche, bis in seine tiefsten Abgründe nicht zu Begreifende, zu kommentieren. Aber das ist es, was Hilberg von seinen Epigonen unterscheidet. Nie und nirgendwo maßt er sich ein Urteil über die Gesamtverantwortung der Deutschen während des Dritten Reiches an. Immer beschreibt und schildert er, nüchtern und präzise, das individuelle Denken und Handeln des einzelnen Bürokraten, Lagerleiters oder KZ-Aufsehers, Polizisten und Soldaten im Ausrottungswerk der Nationalsozialisten.

Goldhagens Pamphlet, die ‚gewöhnlichen Deutschen' als Kollektiv, als willige Vollstrecker, in die Gesamtver-

---

[22] Raul Hilberg: Die Vernichtung der europäischen Juden, 3 Bände, Fischer Taschenbuch, 2010/ 11., erweiterte Auflage

antwortung zu nehmen, ist nicht nur bar jeglicher wissenschaftlichen Vorgehensweise. Es sei denn man bediene sich der gleichen Muster des nationalistischen Rassenwahns und deren Rassenideologie, um wiederum, gleichermaßen primitiv und unreflektiert, unhaltbaren Thesen vom Vorhandensein eines angeblich spezifischen Volkscharakters, womöglich noch genetisch bedingt, erneut eine pseudowissenschaftliche Plattform zu geben, oder in Umlauf zu bringen.

Goldhagens Werk ist aber nicht nur aus den hier angeführten Gründen überflüssig wie ein Kropf, sondern er blendet bewusst oder unbewusst aus, dass es sich beim Antisemitismus nicht um ein singuläres Problem der Deutschen handelt, sondern das Judenfeindschaft auf dem europäischen Kontinent bis in unsere unmittelbare Gegenwart eine mehr oder weniger konstante Größe war und ist. Ja, dass der Antisemitismus zunehmend auch als ein globales Phänomen wahrgenommen werden muss. Und dass die auf den Genozid der Juden abzielenden Gedanken und Pläne, wie sie etwa von dem ehemaligen iranischen Staatspräsidenten Mahmud Ahmadinedschad geäußert wurden, trotz des abgrundtiefen Grauens und Leidens und der barbarisch-perfekt organisierten Massenvernichtung der europäischen Juden im 20. Jahrhundert, auch im 21. Jahrhundert immer wieder Nachbeter jener wohl unglücklichsten Metapher in der Menschheitsgeschichte finden, die da lautet: *„Die Juden sind unser Unglück!"*

Warum aber herrscht, nachdem alles Geschehen um das Dritte Reich in all seinen Dimensionen bereits hinreichend vermessen wurde, durch die erschütternden Berichte von Zeitzeugen dokumentiert und von Historikern allumfassend beschrieben und ausgelotet wurde, immer noch ein solch hartnäckiger Furor nachhallender, pauschalisierender Anklage nicht nur gegenüber den Deutschen aus zwölf Jahren NS-Diktatur, sondern auch gegenüber den Nachkriegsdeutschen, die sich doch in mehr als sechs Jahrzehnten als demokratische Musterknaben erwiesen haben? - Und warum wird immer wieder der Versuch unternommen, die Deutschen mit dem Stigma eines besonders bösartigen Judenhasses zu versehen, sie allesamt als Hitlers willige Helfer zu vereinnahmen?

„In Deutschland lebte eine Opposition, die zum Edelsten und Größten gehört, was in der politischen Geschichte der Völker je hervorgebracht wurde. Die Männer kämpften ohne Hilfe von innen oder außen, einzig getrieben von der Unruhe ihres Gewissens. Ihre Taten und Opfer sind das Fundament eines neuen Aufbaus."

Winston Churchill, im Jahr 1945

5.0 Widerstand und Emigration

Winston Churchill war es, der als erster erkannt hatte, dass Hitler nicht durch Appeasement-, sondern durch Kriegspolitik eliminiert werden musste. Er war es auch, der nicht nur von gleicher Statur, sondern auch von hellwachem Intellekt und robuster Physis sich ähnlich wie Bismarck dazu entschlossen hatte, wenn es denn sein muss und kein anderer Ausweg bleibt, die Fragen der Zeit nötigenfalls mit „Blut und Eisen" anzugehen. Er war es aber auch, der genau wusste, dass der Preis des Sieges über Hitler ein sehr hoher sein würde. Er machte sich keinerlei Illusionen über Stalin, den satanischen, bolschewistischen Bündnisgenossen der westlichen Alliierten, der kurz zuvor noch im Bündnis mit seinem nationalistischen Geistesverwandten Hitler gestanden hatte, und die sich gemeinsam den Raub aus polnischer Beute geteilt hatten. Churchill prognostizierte sehr früh das Niedergehen des „Eisernen Vorhanges“ nach dem Ende des Zweiten Weltkrieges.

Bis auf vereinzelte Gräueltaten, zu denen es im Gefolge kriegerischer Auseinandersetzungen immer wieder kommt, begegneten sich deutsche und britische Soldaten sowohl während als auch nach dem Krieg mit Respekt und Fairness. Keinem britischen Kriegsteilnehmer würde es einfallen, seine Gegner mit der anderen Feldpostnummer, so wie es in der Tendenz bei der verengenden, einseitigen Betrachtungsweise eines linksintellektuellen Spektrums in Deutschland der Fall ist, unisono mit dem Stigma von Kriegsverbrechern zu versehen.

Und hier gilt es, nicht nur um der Wahrhaftigkeit willen, sondern auch aus der Verpflichtung gegenüber den millionenfachen Opfern der Hitlerdiktatur im eigenen Land, Stellung zu beziehen. Es gilt dabei zu benennen, was scheinbar im Mäntelchen der Wissenschaftlichkeit daher stolziert, um die Deutschen immer wieder unisono als ein Volk von einzigartigem, aggressiven Antisemitismus abzustempeln. Bereit, in einem flächendeckenden inneren Einverständnis mit dem Massenmörder Hitler, den Holocaust am jüdischen Volk zu vollziehen. - Goldhagen, der in seinem voluminösen Pamphlet die Deutschen insgesamt, gewissermaßen als die von den Nazis gewollte und proklamierte Volksgemeinschaft, auch für sich reklamiert, um die Deutschen unter Hitler allesamt als willfährige Helfer der Naziverbrechen zu diskriminieren, entlarvt sich auch dadurch als wissenschaftlich unprofessionell, einseitig und tendenziös, weil er bewusst oder unbewusst den innerdeutschen Widerstand und das Schicksal zahlloser deutscher und österreichischer Emigranten aus dieser Zeit total ausblendet.

„Immer fand ich den Namen falsch,

den man uns gab: Emigranten.

Das heißt doch Auswanderer.

Aber wir wanderten doch nicht aus,

nach freiem Entschluss.

Wählend ein anderes Land.

Wanderten wir doch auch nicht ein in ein Land,

dort zu bleiben, womöglich für immer.

Sondern wir flohen. Vertriebene sind wir, Verbannte."

So beschreibt Bertolt Brecht, stellvertretend für das Heer der Exilanten, das Gefühl des Ausgegrenzt-Seins und der Verlorenheit im Exil.

Spätestens nach dem barbarischen Akt der Bücherverbrennung im Mai 1933, kehrten deutsche Schriftsteller wie Bertolt Brecht, Stefan Zweig, Thomas und Heinrich

Mann, sowie der Publizist Sebastian Haffner ihrer Heimat den Rücken. - Stefan Zweig litt trotz materiell abgesicherter Existenz so sehr unter dem Verlust seiner deutschsprachigen Heimat, dass er sich am 23. Februar 1942 in Petropolis, bei Rio de Janeiro das Leben nahm.

Die etwa 500 000 Deutschen, die während der Hitlerzeit ins Exil gingen, gehörten überwiegend zur bildungspolitischen Elite. Sie verkörperten in ihrer Mehrheit das moderne, weltaufgeschlossene und zukunftsweisende Deutschland, das begonnen hatte in der Weimarer Republik Fuß zu fassen. Filmschaffende sowie Künstler unterschiedlichster Art entzogen sich dem Ungeist der ‚Blut und Boden Ideologie'; desgleichen flohen Politiker und Wissenschaftler aus der geistigen Enge des Dritten Reiches.

Die Geschichte der deutschen Exilanten verdient ein besonderes Kapitel, und sie soll keineswegs abgewertet werden, wenn im Folgenden der Fokus mehr auf den inneren Widerstand derer gerichtet werden soll, die unter Gefahr für Leib und Leben den Kampf gegen ein unmenschliches System im eigenen Land aufnahmen, und die damit ein Fanal für das ‚andere Deutschland', ein Deutschland der Mutigen und Aufrechten setzten.

Diesen Widerstand auszuklammern zu wollen, hegt den Verdacht, dass hier mit einer zunehmend reißerischen und einseitigen Darstellung von Thematik und Geschehen, mit immer größerem Abstand zum historischen Zeitgeschehen, durch zum Teil verzerrte und unreflektierte Aufmache, national und international Aufmerksamkeit erlangt werden soll. Das kann sowohl im Fall von Goldhagen als auch bei vielen seiner Epigonen nicht von der Hand gewiesen werden.

Dass, abzielend auf eine permanent anhaltende Scham der Deutschen, in der bundesdeutschen Gegenwartsliteratur, der Filmindustrie und in den Printmedien, Themen und Arbeitstitel zum Dritten Reich bevorzugte Aufmerksamkeit erreichen, entsprechend finanziell gefördert und eher preisgekrönt werden als andere Werke, gehört auch zur Realität.

Was im Einzelfall ein durchaus gelungener Beitrag zur Erinnerungskultur sein kann, trägt in Form der Dauerberieselung und Dauerbearbeitung weniger zu einer Vergangenheitsbewältigung bei, sondern ist im schlimmsten Fall oft weiter nichts als ein gutes Geschäftsmodell.

Die ‚gewöhnlichen Deutschen' Goldhagens, waren und verhielten sich in einer Diktatur, die sich zunehmend in ein brutales, verbrecherisches Gewaltregime verwandelte, so, wie es alle gewöhnlichen und ungewöhnlichen Menschen auf diesem Erdball in allen Zeiten von Diktatur und Alleinherrschaft getan haben und zukünftig auch tun werden.

Die Meisten werden als Mitläufer, angepasste Wegducker oder um der Karriere willen zur tragenden Säule des Systems. Stets widersetzt sich der Tyrannei immer nur eine kleine Minderheit der Aufrichtigen, Mutigen und moralisch Integeren. Denn es ist nun einmal leider so, dass, um es in einer verallgemeinernden Metapher auszudrücken, Angst eine sehr verbreitete Weltanschauung und zugleich Überlebensstrategie unter den Menschen ist.

Die Leuchttürme der Hoffnung, mit der Chance für eine sich immer wieder regenerierende Zivilgesellschaft freier Bürger, stehen in Zeiten machtpolitischer Pression nur vereinzelt und wenig wahrgenommen im Land. Selten gelingt es ihnen mit ihrem Warnfeuer, die Massen rechtzeitig zum Widerstand zu ermutigen, aber sie bleiben die zeitlosen Mahnmale dafür, dass es sie auch gibt, und zwar in jedem Volk dieser Erde: die Mutigen, das bessere Gewissen und der Stachel des Widerstands gegen alle Despoten und Menschenschinder dieser Erde.

Widerstand gegen das Naziregime und Emigration als mögliche Handlungsalternativen gegenüber der Hitlerdiktatur wurden in der unmittelbaren Nachkriegszeit nicht nur unter dem Generalverdikt der Siegermächte von der Kollektivschuld aller Deutschen häufig bewusst ausgeklammert. Auch von der Mehrzahl der Hitler bis in den Untergang blindlings gefolgten Volksgenossen, zwar von den Alliierten durch das lächerliche Prozedere der ‚Entnazifizierung' scheinbar gesäubert, aber keineswegs geläutert, da immer noch zutiefst mit dem Bazillus der nationalsozialistischen Ideologie infiziert, wurden Widerständler und Emigranten mehr als Fahnenflüchtlinge und Vaterlandsverräter angesehen.

Und lange bis in die Nachkriegszeit und partiell bis in unsere Tage befindet sich das Erinnern an Widerstand und Emigration in einem merkwürdig ambivalenten Zustand von Desinteresse im Volk, und offizieller, weihevollvoller Zeremonie von Mandats- und Würdenträgern in der bundesrepublikanischen Gesellschaft. Ein Grund dafür könnte sein, dass die pädagogische Aufarbeitung des Kapitels Widerstand historisch bis in unsere Tage nicht geleistet worden ist. Das liegt zum großen Teil auch daran, dass sich die Legitimationsbedürfnisse der deutschen Nachkriegsgesellschaft bis in unsere Tage immer noch fast ausschließlich auf das Stauffenberg Attentat vom 20. Juli 1944 fokussieren.

5.1 Der Widerstand in der Wehrmacht

Im aufkommenden Ost-Westkonflikt stellten die Westalliierten sehr bald fest, dass man sich zwar des einen Massenmörders auf dem europäischen Kontinent entledigt hatte, der andere, nicht minder üble Schlächter und Menschenschinder Stalin, den sie sich gegen die Hitlerdiktatur zum Verbündeten gewählt hatten, sich inzwischen daran gemacht hatte, ganz Osteuropa seinem Gewaltimperium einzuverleiben. – nicht einmal Polen, das sich Hitler und Stalin zuvor einvernehmlich geteilt hatten, und dessen Befreiung doch der eigentliche Grund für die Westalliierten war, Hitlerdeutschland den Krieg zu erklären, konnten sie befreien und zu seiner nationalen Souveränität verhelfen.

Erst als die Gesamtbedrohung der westlichen Staatengemeinschaft durch das Sowjetimperium mit dem sogenannten ‚Kalten Krieg' immer deutlicher und bedrohlicher wurde, rehabilitierte man die Deutschen in Ost und West stufenweise. Darunter auch Teile der verantwortlichen Führungsclique der Großdeutschen Wehrmacht. Mit etlichen Führungsoffizieren wurde unmittelbar nach Kriegende kurzer Prozess gemacht. Sie wurden zum Teil entweder gleich vor Ort standrechtlich erschossen oder in späteren Kriegsverbrecherprozessen zum Tode durch den Strang verurteilt. Anderen, mit ähnlichen Verbrechen gegen die Menschheit belastet, wurde Gnade gewährt, als sich die ideologischen Fronten zu verhärten begannen, und die vormals Verbündeten nun gegeneinander hochrüsteten.

Nun bediente man sich in West und Ost gleichermaßen der Erfahrungen von Hitlers Blitzkriegern. Rüstete die Deutschen wieder auf, und stellte sie gleichermaßen in die vorderste Phalanx für ein mögliches Kriegsszenario. Entsprechend hochstilisiert wurde in der Bundesrepublik daher auch das Attentat vom 20. Juli. 1944. – Ob es dazu taugt, als das Fanal des deutschen Widerstandes schlechthin hochgehalten zu werden, oder doch mehr als ein Feigenblatt für das Versagen der Mehrheit der verantwortlichen militärischen Führungsclique im Dritten Reich herhalten muss, das wird sich mit entsprechend längerem und kritischen Abstand auf das Geschehen noch zeigen. - Dennoch gab es auch unter den militärisch Verantwortlichen, vereinzelte, höchst hellsichtige und vorausschauende Persönlichkeiten, die rechtzeitig Hitlers Welteroberungspläne durchschauten und vor ihm warnten. So trat Generalstabchef Ludwig Beck bereits 1938 von seinem Amt zurück, nachdem er sich in mehreren Denkschriften erfolglos gegen Hitlers Kriegs- und Eroberungspläne gegenüber der Tschechoslowakei gewandt hatte.

Putschisten und Widerständler in allen Armeen der Welt sind im allgemeinen die Obristen. Generalstabsmäßig geschult, ehrgeiziger, auch karrieresüchtiger, häufig flexibler im Intellekt, meist näher am Kampfgeschehen und damit mit besserer Kenntnis des Kriegsgeschehens vor Ort als ihre Vorgesetzten im Generalsrang, und was im Einzelfall von besonderer Bedeutung ist: sie sind wegen ihrer Jugend noch idealistischer eingestellt und eher bereit, das Geschehen zu hinterfragen. So waren es dann auch vermehrt die Obristen, die insbesondere bei der Kriegsführung der Wehrmacht im Osten als moralische und ethische Normen in besonderer Weise verletzt und außer Kraft gesetzt wurden, zum Widerstand gegen Hitler bereit waren. Sicher besteht ein genereller Unterschied in der Mentalität von Putschisten südamerikanischer oder afrikanischer Provenienz zu denen des alten Kontinents. Umso erstaunlicher ist es aber, dass sich ausgerechnet in der Deutschen Wehrmacht, durch Führereid pauschal vereinnahmt, angeblich in der Vorprägung durch einen preußischen Kadavergehorsam zu blinder Gefolgschaft gedrillt, und auch angesichts der zu erwartenden brutalen Vergeltung durch das Regime, insbesondere bei den Obristen ein relativ hoher und entschlossener Widerstand gegen die Hitlerdiktatur formierte. Sicher aus sehr unterschiedlichen Motiven. Es war aber auch, wie häufig behauptet, eben nicht preußischer Kadavergehorsam, sondern mehr der Geist Friedrichs des Großen, den Krieg, wenn er denn schon sein muss, wenigstens anständig zu führen, der viele Offiziere zum Widerstand gegen Hitler bewog. Für die junge Garde der Obristen in der Wehrmacht kam noch eine politisch-ethische Komponente hinzu.

„Ich halte Hitler nicht nur für den Erzfeind Deutschlands, sondern auch für den Erzfeind der Welt. Wenn ich in wenigen Stunden vor den Richterstuhl Gottes treten werde, um Rechenschaft abzulegen über mein Tun und Unterlassen, so glaube ich mit gutem Gewissen das vertreten zu können, was ich im Kampf gegen Hitler getan habe. Wenn einst Gott Abraham verheißen hat, er werde Sodom nicht verderben, wenn auch nur zehn Gerechte darin seien, so hoffe ich, dass Gott auch Deutschland um unseretwillen nicht vernichten wird. Niemand von uns kann über seinen Tod Klage führen. Wer in unseren Kreis getreten ist, hat damit das Nessushemd angezogen. Der sittliche Wert eines Menschen beginnt erst dort, wo er bereit ist, für seine Überzeugungen das Leben hinzugeben."

So verabschiedete sich Henning von Tresckow von Fabian von Schlabrendorff, bevor er sich nach dem gescheiterten Attentat vom 20. Juli an die Front begab, um sich dort das Leben zu nehmen.

Hellsichtiger und viel früher als etwa Graf Schenk von Stauffenberg, der lange Zeit ein glühender Verehrer des Führers war und zeitweise etwa dessen Einstellung vom slawisch-bolschewistisch-jüdischen Untermenschentum teilte, hatte von Tresckow bereits lange vor Ausbruch des Zweiten Weltkrieges mit klarer politischer Analyse und aus sicherem Instinkt gegen die Nationalsozialisten Stellung bezogen. Gegenüber von Schlabrendorff hatte er resümiert, was ihn sehr bald zum entschlossenen Hitler-Gegner machte: *„Es ist der Widerwille gegen alles, was der Wurzel der Gemeinheit entspringt!"*

Desgleichen wäre hier Hans Oster zu nennen, Oberstleutnant in der Abwehr Ausland im Oberkommando der Wehrmacht. Er darf seit 1938 als Kopf der Militärverschwörung gegen Hitler angesehen werden. Er wurde nach dem Attentat auf Hitler am 20. Juli 1944 hingerichtet. Diese erste Offiziersverschwörung, mit dem Ziel eines allgemeinen Offiziersstreiks gegen Hitler, der konkret auch die Verhaftung und Ausschaltung des Führers beinhaltet hätte, wurde durch die Appeasement-Politik der Alliierten im Münchner Abkommen vom 30. September 1938 zunichte gemacht. - Ein Beleg dafür, dass von dem Königtum der Preußen, keinesfalls eine direkte Linie zu der barbarischen Großmannssucht der Nationalsozialisten unter Hitler zu ziehen ist, wie es uns eine recht eigenwillige und einseitige Geschichtsdeutung insbesondere in den 70er- und 80er-Jahren weismachen wollte, ist der vergleichsweise hohe Anteil von Offizieren aus preußischem Uradel am Widerstand der Wehrmachtsoffiziere gegen Hitler.[23] - In Manier der postmodernen Selbstmordattentäter versuchte sich Rudolf-Christoph Freiherr von Gersdorff mit dem Führer in die Luft zu sprengen. Die Gelegenheit dazu bot sich ihm, als Hitler am 13. März 1943 anlässlich des Heldengedenktages im Berliner Zeughaus eine Ausstellung mit sowjetischen Beutewaffen präsentieren wollte. Wieder einmal, wie so häufig, war es die ‚Vorsehung', oder doch wohl besser jene dunkle, dämonische Schicksalsmacht, die periodisch die Menschheit mit der Willkür und Gewaltorgie von Diktatur und Alleinherrschaft überzieht, die dies verhinderte. – Hitler hastete durch die Ausstellung und verließ sie vorzeitig, ohne dass sich von Gersdorff Gelegenheit geboten hätte, in seine Nähe zu gelangen.

Freiherr von Gersdorff stand in der Tradition bester, preußischer Militäreliten

[23] Vergl. hierzu: Hubertus Zummach: Preußens großer Friedrich – Versuch einer Annäherung, Cuvillier-Verlag-Göttingen, 2. Auflage, 2012, Kap. : Leichenfledderei, S. 96-114

Über Generationen waren seine Vorfahren Offiziere im 1. Schlesischen Leibkürassierregiment „Großer Kurfürst" gewesen. Auch er hatte hier in Breslau in der Kleinburger Kaserne seine militärische Grundausbildung absolviert, und wurde 1938/39 an die Preußische Kriegsakademie in Berlin abkommandiert. Im Krieg, an der Ostfront, als Generalstabschef des LXXXII. Armeekorps entdeckte Gersdorff die Gräber mit den Leichen der 4000 polnischen Offiziere des Massakers von Katyn, dass ursprünglich den Deutschen angelastet wurde, nach gründlicheren Recherchen aber als eine Bluttat dem stalinistischen NKWD zugeordnet werden konnte. Gersdorff verdankt sein Überleben der Tatsache, dass er ab dem 22. Juni 1944 zur Heeresgruppe Mitte abkommandiert wurde und dass die Verschwiegenheit seiner Mitverschwörer ihn vor der Hinrichtung bewahrte.

Wie sehr die Legende von den tapferen und tüchtigen Blitzkriegern Hitlers, die sich bis zuletzt an ihren Eid in Treupflicht gebunden fühlten und dies als Generalamnesty für sich beanspruchten, fortlebte, und wie sehr dabei die einzelnen Verbrechen und auch die Verbrecher aus der höchsten Offizierskaste der Wehrmacht aus der Betrachtung der Adenaueradministration auf die Deutsche Wehrmacht ausgeblendet wurden, Widerständler dagegen mit dem Leumund des Treuebruchs und Verrats diskriminiert wurden, musste auch von Gersdorff erfahren.

Eine der wohl übelsten Gestalten in der unmittelbaren deutschen Nachkriegspolitik, der Intimus und wichtigste und einflussreichste Staatssekretär in der Ära Adenauer, Globke, unter Hitler Mitverfasser der perfiden Nürnberger Rassegesetze, intervenierte bei seinem Chef erfolgreich gegen die Bewerbung von Gersdorffs auf Aufnahme in die Bundeswehr. – Für „Verräter" war in einer Armee, die angeblich den „Bürger in Uniform" zum neuen Leitbild für künftige Soldaten kreieren wollte, einfach noch kein Platz. Dafür konnten sich im Nachkriegsdeutschland in Ost und West mehr oder weniger auffällig die alten Eliten und Führungskräfte aus NS-Zeiten unbehelligt tummeln.

Als Beleg dafür, dass es insbesondere häufig preußischer Korpsgeist war, der viele Offiziere dazu veranlasste, Hitler in besonderer Weise zu widerstehen, sei noch Axel von dem Busche, Spross eines alten westfälischen Adelsgeschlechtes angeführt. Er stand in der besten Tradition jenes von Marwitz, der Friedrich dem Großen die Stirn bot, als er sich weigerte Schloss Hubertusburg zu plündern und von dem der erste Präsident dieser Republik sagte: *„So mag das Preußische als moralische Instanz begriffen werden. Und wenn irgendwo, dann steht Preu-*

ßens Denkmal in einer Dorfkirche in der Mark Brandenburg. In Friedersdorf."

Axel von dem Busche diente im Infanterie-Regiment 9 der 23. Division. Wegen des hohen Anteils Adliger, vor allen Dingen preußischer Offiziere in der Wehrmacht, salopp ‚Regiment Graf Neun' genannt. In diesem Regiment tat auch der spätere Bundespräsident Richard von Weizäcker als junger Offizier seinen Dienst. Insgesamt 18 Offiziere dieses Regiments verloren im Widerstand gegen Hitler ihr Leben.

„SS-Leute führten die Juden an eine Grube. Dort mussten sie sich entkleiden, danach in die Grube steigen, in der schon eine Schicht zuckender Leiber lag: Mit dem Gesicht nach unten mussten sie sich dem Befehl gehorchend auf die Ermordeten legen und wurden dann durch Schüsse in den Hinterkopf getötet."[24]

Am 15. Oktober 1942 in der Nähe des Flugplatzes von Dubno in der Ukraine wird der hochdekorierte, 23-jährige Oberleutnant von dem Busche Zeuge dieser von ihm beschriebenen Massenexekution. Über dreitausend Zivilisten, darunter auch Kinder, die meisten von ihnen Juden, werden binnen zweier Tage von acht SS-

[24] Zitiert nach: Marion Gräfin Dönhof, aus: Axel von dem Busche, von Hase/Koehler Verlag, 1994, S. 32

Angehörigen, etlichen SD- Leuten sowie ukrainischen Hilfswilligen systematisch hingerichtet.

„Für einen Offizier gibt es nur drei Wege, um seine Ehre zu bewahren: Durch sich Einreihen in die Gruppe der Opfer – durch Fallen, Fahnenflucht oder Rebellion!“

Axel von dem Busche

Axel von dem Busche im Jahre 1943

Das war für von dem Busche der Augenblick, seinen persönlichen, auf den Führer geleisteten Eid zu hinterfragen, seinem oberstem Kriegsherren innerlich die Gefolgschaft aufzukündigen und sich dem militärischen Widerstandskreis anzuschließen. Er gelangte in den innersten Kreis der Verschwörer um Henning von Tresckow und Claus Schenk Graf von Stauffenberg und bot sich an, Hitler durch ein Selbstmordattentat zu beseitigen. Als geeigneten Zeitpunkt wählten die Verschwörer den Dezember 1943; Hitler hatte in seinem ostpreußischen Hauptquartier in der Wolfsschanze eine Vorführung von Uniformen für die Wehrmacht vorgesehen, und von dem Busche war als Vorführer benannt worden. Er bereitete sich auf das sorgfältigste vor. Aus den Erfahrungen des misslungenen Gersdorff-Attentates, das an einem Langzeitzünder gescheitert war, wählte er einen schnellwirkenden Handgranatenzünder mit dessen Hilfe er sich samt Hitler in die Luft sprengen wollte.

Wieder aber einmal gelang es nicht "den apokalyptischen Reiter von Untergang und Verderbnis, Hitler" aufzuhalten. Wieder einmal schien die ‚Vorsehung' beschlossen zu haben, dem massenmordenden Tun ihres willfährigen Gehilfen seinen Lauf nehmen zu lassen. Der Eisenbahnwaggon mit den Vorführuniformen wurde am 17.November 1943 bei einem alliierten Luftangriff auf Berlin vernichtet. Als das Attentat zu einem späteren Zeitpunkt wiederholt werden sollte, wurde von dem Busche am 30. Januar 1944 an der Ostfront schwer verwundet. Als Episode sei angefügt, dass Boris Jelzin im Jahre 1997 Helmut Kohl Kopien von Planungsunterlagen zu diesem Attentat übergeben hat. Sowjetische Offiziere waren am 17. Februar 1945 bei Verhören in den Besitz der Dokumente gelangt.

Wenn der militärische Widerstand überhaupt Erfolg hätte haben können, dann zu diesem Zeitpunkt. Mit der

Beseitigung Hitlers durch von dem Busche und der Auslösung des Falls ‚Walküre' durch die organisatorisch-strategischen Köpfe von Tresckow und von Stauffenberg, hätten nicht nur Millionen von Menschenleben gerettet werden können, wären unzählige deutsche Städte vor dem Flammeninferno bewahrt geblieben, und der deutsche militärische Widerstand insgesamt hätte den ihm gebührenden Stellenwert erhalten.

Mit Axel von dem Busche starb 26. Januar 1993 der letzte deutsche Berufsoffizier, der im Widerstand gegen Hitler in bester protestantisch-preußischer Tradition stand. Er war jemand, der im Nachkriegsdeutschland zum kritischen Mahner, zum wachen Gewissen dieser Republik wurde.

Fügen wir, um aufzuzeigen, wie sehr sich durch alle Gruppierungen und Ränge der Wehrmacht Gewissen regte und Widerstand zeigte, noch einige Beispiele an. Da ist der einfache Soldat Heinz Drossel, der im November 1939 zur Wehrmacht eingezogen wird. Von Grund seiner Seele Pazifist, ist er nicht gewillt, auf andere zu schießen. Um aber das eigene Leben zu retten, wird er Soldat, und riskiert es dann für andere.

An die Ostfront versetzt, gerät Drossel 1941 nach Litauen und Lettland. Als er in Dagda Augenzeuge eines Massakers der SS an jüdischen Männern, Frauen und Kindern wird, empört er sich. Zunächst in ohnmächtiger Wut, und indem er seinen Kameraden davon erzählt. Dann handelt er. Er verhindert, dass eine Gruppe russischer Kriegsgefangener erschossen wird. Lässt kurz darauf einen gefangenen Politkommissar der Roten Armee befehlswidrig laufen. Das Erstaunliche: Heinz Drossel macht dennoch in der Wehrmacht eine bescheidene Karriere und kann damit noch wirkungsvoller Unrecht verhüten. – Als er, inzwischen zum Oberleutnant befördert, im Februar 1945 auf Urlaub bei seinen Eltern in Berlin verweilt, beteiligt er sich mit diesen aktiv an der Rettung einer jüdischen Familie, die denunziert worden ist. Spontan, mit List und Übersicht, gelingt es, die jüdische Familie Hess zu retten. Bis auf den heutigen Tag sind die Nachkommen der Familien Drossel und Hess in enger Freundschaft verbunden.

Hauptfeldwebel Hugo Armann konnte in den Jahren 1942/43 in der weißrussischen Stadt Baranowitschi etliche Juden vor dem sicheren Tod bewahren, weil er sie zu dienstlichen Zwecken beschäftigte. Desgleichen verhalf er 40 weiteren Juden zur Flucht zu den Partisanen.

Der österreichische Feldwebel der Großdeutschen Wehrmacht, Anton Schmid, benutzte seine Stellung als Leiter einer Versprengtensammelstelle in dem von Deutschen besetzten Wilna, um zahllose Juden zu retten. Er verschaffte ihnen u.a. falsche Pässe, beschäftigte sie in seinen Werkstätten und unterstützte den jüdischen Widerstand im Raum Wilna, indem er Kurierdienste für die einzelnen Widerstandsgruppen übernahm. Der mutige Feldwebel wurde verraten, nachdem er mehrere hundert Juden an sichere Orte transportiert hatte. Er kam vor ein Kriegsgericht, wurde im Februar 1942 zum Tode verurteilt und zwei Monate später erschossen.

Als Begebenheit, die bezeugt und überliefert ist, und die dafür steht, dass es wohl tausende im Millionenheer der Deutschen Wehrmacht gegeben hat, die gegen ausdrücklichen Befehl Leben retteten, sei die Geschichte eines unbekannten Soldaten angeführt. Dieser Soldat unternahm am 3. Mai 1944 in Ungarn den Versuch 13 Juden zu retten, die er im LKW nach Rumänien in Sicherheit bringen wollte. Der mutige, hilfsbereite Soldat hatte die Juden zwischen Fässern versteckt. Bei der Grenzkontrolle wurden die Flüchtlinge entdeckt. Der Retter in Uniform wurde am 9. Mai 1944 wegen ‚versuchten Judenschmuggels' und wegen ‚Kriegsverrats' zum Tode verurteilt. Das Urteil wurde zur Abschreckung für alle Wehrmachtangehörigen in Rumänien bekannt gegeben.

Dem Kapitel Widerstand und Zivilcourage in der Deutschen Wehrmacht, das hier nicht in seiner Vollständigkeit erörtert oder aufgelistet werden kann, wurde hier im Rahmen einer sicher auch verkürzten und unvollständigen Übersicht über den Deutschen Widerstand insgesamt, eine besondere Rolle zugemessen. Widerlegt sich doch hier die These von der allgemeinen Schuldhaftung aller Deutschen in den Holocaust in besonderer Weise. Dass unter den besonderen Bedingungen eines Treueeides auf den Führer und obersten Kriegsherren und einer durch hierarchische Strukturen, eines stringenten Prinzips von Befehl und Gehorsam und einer ideologischen Ausrichtung, Widerstand unter Lebensgefahr geleistet wurde, konterkariert wohl am besten die These Goldhagens von den Deutschen als einem Volk williger Helfer und Vollstrecker im Holocaust. Goldhagen selbst lässt die Deutsche Wehrmacht auch weitestgehend außen vor. Er reduziert die Verbrechen in Uniform auf die Polizeibataillone und den SD, die im Hinterland zusammen mit den aberhunderten ausländischen Hilfswilligen (Hiwis) und Spitzeln ihr mörderisches Handwerk versahen. Bei den Polizeibataillonen handelte es sich überwiegend um Freiwillige, die sich hier zum Dienst meldeten, um dadurch dem Einsatz in der Wehrmacht und an der Front zu entgehen.

All denen, die posthum versuchen die deutschen Soldaten im Zweiten Weltkrieg insgesamt mit dem Odium des Verbrechens zu überziehen sei mit aller Entschiedenheit gesagt: es gab in der Deutschen Wehrmacht, in einem Millionenheer, nicht mehr und nicht weniger

Übergriffe und Gräueltaten als in allen Armeen der Welt, die demokratisch legitimierten eingeschlossen.

Zugegeben: es ist eine heikle Geschichte. Heikel aber auch deshalb, weil sie zum genauen und differenzierten Hinsehen zwingt. Immer und überall, wo die Runen der SS auftauchen, wo von dieser Sonderformation des Dritten Reiches die Rede ist, sind es unisono Gräueltaten und Gewaltverbrechen, von denen berichtet wird. Dabei wird, und das macht dann schon einen Unterschied, kein Unterschied gemacht zwischen der Waffen-SS und den SS-Bewachern in den Konzentrationslagern. Sicher, auch die Waffen-SS, als eine dem Regime treu und bedingungslos ergebene Sondertruppe hat, insbesondere in der Endphase des Krieges, abscheuliche Verbrechen auf sich geladen. Unter ihnen gab es aber auch jene Kampfverbände, denen weiter nichts vorzuwerfen ist, als dass sie Seite an Seite mit ihren Wehrmachkameraden fochten, und die sich häufig tollkühn in die Bresche warfen, wenn es galt, eingeschlossene Wehrmachtsabteilungen vor dem sicheren Tod und Untergang zu bewahren. Dies ist von Seiten der ‚regulären Truppenverbände' hinreichend belegt worden.

Weil seine Geschichte ganz offensichtlich nicht in die gängige Schwarz-Weiß-Malerei passte und immer noch nicht passt und weil für die Moralapostel der schreibenden Zunft ganz offensichtlich nicht sein kann, was nicht sein darf, soll sie hier am Schluss mit angeführt werden.

Alfons Zündler war dem Rang nach Unterscharführer der SS. Seinen Wehrdienst leistete er in Amsterdam, in der Schouwburg, einem Theatergebäude, das als Sammelstelle für mehr als 60 000 niederländische Juden zum Abtransport in die Vernichtungslager diente. – Die Historikerin Sabine Selle-Gutzeit[25] hat recherchiert, dass mit Hilfe des SS-Unterscharführers Alfons Zündler etwa 600 Erwachsene und vor allen Dingen Kinder dem sicheren Tod entkommen konnten.

In diesem Zusammenhang sei auf die Fallgeschichten von Deserteuren, Helfern und Rettern aus Wehrmacht, Polizei und SS verwiesen, die der Militärhistoriker Wolfram Wette in einem Sammelband herausgegeben hat. Hier ist die Zivilcourage von angeblich besonders ergebenen ‚Vollstreckern' im NS-System umfangreicher recherchiert worden, als es im Zusammenhang mit der vorliegenden, mehr allgemeinen Übersicht, der Fall sein kann. - Insgesamt aber ist die militärische Führung des Dritten Reiches, auch wider besseres Wissen, Hitler bis in die letzten Tage gefolgt. Die versammelte Clique der Feldmarschälle und Verantwortlichen der obersten Hee-

---

[25] Sabine Selle-Gutzeit im Sammelband: Zivilcourage – Empörte Helfer und Retter aus Wehrmacht, Polizei und SS, Hrsg. Wolfram Wette, Fischer Taschenbuch Verlag, Frankfurt am Main, 2003

resleitung wusste, dass der Krieg nach dem Fiasko von Stalingrad militärisch verloren war. Sie nahmen die Millionen Kriegs- und Ziviltoten mehr oder weniger billigend in Kauf, um sich der Gunst ihres obersten Kriegsherren gewiss zu sein. Das schäbigste Beispiel lieferte Paulus. Erst als ihn Hitler zum Generalfeldmarschall ernannt hatte, kapitulierte er mit seinen 23 Generälen. Sie alle wurden in sowjetischer Kriegsgefangenschaft bevorzugt behandelt. Von den 350 000 Soldaten der 6. Armee dagegen überlebten Krieg und Gefangenschaft nur ein paar Tausende.

Was für immer ein Schandfleck der deutschen Wehrmacht bleiben wird, sind die Verbrechen an der Zivilbevölkerung und die Mittäterschaft, nicht der Wehrmachtsangehörigen insgesamt, aber einzelner Einheiten, an der von den Nationalsozialisten betriebenen Endlösung der Judenfrage. Insbesondere im Krieg gegen die Sowjetunion. - Und auch, dass sie zuließ, dass ihre deutschen Kameraden jüdischen Glaubens, die tapfer und entschlossen Seite an Seite mit ihnen im Ersten Weltkrieg gekämpft hatten, jetzt als rassisch minderwertig diffamiert, verfolgt und in den Konzentrationslagern der Nationalsozialisten vernichtet wurden, sofern es ihnen nicht rechtzeitig gelang, ihr deutsches Vaterland zu verlassen.

5.2 Die Opposition in politischen Gruppierungen, Verbänden und Kirchen

Der deutsche Widerstand formierte sich denn auch weniger in der Großdeutschen Wehrmacht, die durch einen besonderen Treueeid auf den Führer Adolf Hitler eingeschworen war, sondern vielmehr als ziviler Ungehorsam; teils als Massenwiderstand, teils in mutigen Aktionen von einzelnen Personen. In der unmittelbaren Phase der Machtergreifung bis etwa 1936, war es vor allen Dingen die Arbeiterbewegung. Zwar reklamierten die Einheitssozialisten der DDR später diesen Widerstand ausschließlich für sich. Was aber in keiner Weise den historischen Tatsachen entspricht. Ein internes Papier von Exilkommunisten aus dem Jahr 1935 widerlegt diese Vereinnahmung.

Danach waren von den 422 leitenden Funktionären zu diesem Zeitpunkt von der Gestapo 219 verhaftet worden, 125 rechtzeitig emigriert und 14 ermordet worden.[26] Im Übrigen hatten bis zu diesem Zeitpunkt etwa 10% der Mitglieder die KPD verlassen.

Neben der KPD waren es vor allen Dingen die Sozialdemokraten, die gegen Hitler opponierten, und deren bleibendes Verdienst es ist, als einzige Partei gegen das Er-

[26] Angaben von Wilhelm Pieck, dem späteren DDR Ministerpräsidenten auf der ‚Brüsseler Konferenz' der KPD im Oktober 1935

mächtigungsgesetz gestimmt zu haben, um dadurch den endgültigen Schritt in die Diktatur zu verhindern.

Bleiben wir ein wenig bei den Gruppierungen, die im Untergrund gegen die NS-Diktatur opponierten. Neben den Parteiorganisationen von KPD und SPD waren es aus der Arbeiterbewegung noch etliche kleinere Widerstandsorganisationen. Zu nennen wäre hier etwa die Sozialistische Arbeiterpartei (SAP) oder die Sopade, ein Ableger von ins Ausland emigrierten Sozialdemokraten. Sie war insbesondere als Informations- und Propagandaaußenstelle für die politische Untergrundarbeit im Deutschen Reich von großer Wichtigkeit.

Weil teils mit internationalen Kontakten und entsprechenden Außenstellen versehen, konnten, auch nach der Besetzung der Gewerkschaftshäuser am 2. Mai 1933, die deutschen Gewerkschaften, zwar nicht mehr als wirksame Massenorganisation wie bei der Vereitelung des Kapp-Putsches in der Weimarer Republik, so doch in Einzelaktionen weiter im Dritten Reich agieren. Allerdings muss auch konstatiert werden, dass sich die Spitzenverbände der Gewerkschaften, wie etwa der Metallarbeiterverband (DMV), die Internationale Transportarbeiterföderation, der Einheitsverband der der Eisenbahner und der Arbeitsausschuss freigewerkschaftlicher Bergarbeiter, mehr oder weniger in das Fahrwasser nationalsozialistischer Indoktrination begaben. Vor allen

Dingen die schnellen Erfolge des Regimes bei der Bekämpfung der Arbeitslosigkeit brachten das Gros der Arbeiter auf die Seite der Nationalsozialisten. Im Allgemeinen Deutschen Gewerkschaftsbund (ADGB) interpretierte man die Machtergreifung durch die NSDAP und deren großangelegtes Arbeitsbeschaffungsprogramm als *„neues, nationales Stadium der Revolution von 1918."*

Als Dokument eines vorauseilenden Gehorsams und anbiedernder Gleichschaltung darf das Ergebnis eines Treffens des ‚Führerkreises der vereinigten Gewerkschaften' gewertet werden, das Heinrich August Winkler zu Recht als ‚Hymne auf das Dritte Reich' bezeichnet.[27]

Dieser mehr oder weniger freiwilligen Gleichschaltung der deutschen Arbeiterbewegung zu Beginn des Dritten Reiches entsprach ein entsprechend resignatives Verhalten der Gewerkschaftsbewegung in Europa. So stellte bereits Anfang März 1933 das Exekutivkomitee der Internationalen Transportarbeiterföderation bei seiner Sitzung in Amsterdam fest, nachdem es sich eigentlich mit dem Widerstand in Deutschland befassen wollte: *„Es ergab sich aber, dass von irgendwelchem Widerstand der*

[27] Heinrich August Winkler: Der Weg in die Katastrophe. Arbeiter und Arbeiterbewegung in der Weimarer Republik 1930 bis 1933, Berlin/Bonn 1987, S. 926

Deutschen selbst, der doch Voraussetzung für eine internationale Aktion sein musste, keine Rede sein konnte."[28]

Hinzu kommt, und es wird später noch ausführlicher darauf eingegangen werden, dass der Faschismus und somit auch Hitler zu dieser Zeit Hochkonjunktur in Europa hatten. So waren große Teile der französischen Bourgeoisie, bevor Nazideutschland Frankreich militärisch überrannt und okkupiert hatte, der Ideologie des Nationalsozialismus gegenüber durchaus aufgeschlossen. Eine ihrer Parole lautete: *„Plutôt Hitler que le Front populaire!"*[29] *(Eher für Hitler als für die Front populaire)*

Wenn hier ein wenig intensiver der Fokus auf die Gewerkschaften gerichtet wird, dann, weil diese sowohl national als auch europaweit die Möglichkeiten besessen hätten und die Kräfte hätten mobilisieren können, um Hitler rechtzeitig in den Arm zu fallen. – So waren es hier dann auch mehr Kleinstgruppen und Einzelpersonen, die weitsichtig, mutig und entschlossen, trotz aussichtsloser Lage, ein Zeichen setzten.

Zu nennen wären hier als Vertreter für viele andere: Fritz Husemann, der im März 1935 verhaftet, und am 20.

---

[28] Aus dem Bericht des Sekretariats an die Exekutivsitzung der ITF vom 8. Juni 1933

[29] Siehe hierzu: Bernhard Schmid: Vor 70 Jahren in Frankreich. Sommer 1936: Der Front populaire, der Generalstreik und die sozialen Errungenschaften, aus einem Aufsatz in: trend, 2006, S. 8

April 1936 im Konzentrationslager Börgermoor ermordet wurde. Oder Wilhelm Knöchel, den man am 14. Juli 1944 im Zuchthaus Brandenburg hinrichtete. Beim Einmarsch der deutschen Truppen in die Niederlande am 13. Mai 1940, beging der Gewerkschaftler Franz Vogt Selbstmord. Der Gestapo war es 1934/35 gelungen, zwei Spitzel in die Berliner Metallarbeitergruppe einzuschleusen. Im Februar 1935 wurde als einer der führenden Köpfe, Willy Rößler verhaftet. Trotz bestialischer Folter und furchtbarer Misshandlungen, gab Rößler keine Informationen preis.

Nehmen wir zum Schluss den wohl bekanntesten und wohl nachhaltigsten Gegner Hitlers unter den deutschen Gewerkschaftlern in dieser Zeit. Wilhelm Leuschner, eine durch und durch integere Persönlichkeit, hatte sich bildungsbeflissen und mit großem gesellschaftlichen Engagement aus einfachsten Arbeiterverhältnissen zu einer allseits angesehenen sowie einflussreichen und geschätzten politischen Größe seiner Zeit empor gearbeitet.

Über seine Reputation als führender Gewerkschaftler und Innenminister von Hessen, genoss er auch in Kreisen wertkonservativer Widerständler höchstes Ansehen. Nach einem eventuellen erfolgreichen Attentat auf Hitler hatte der Hitler-Attentäter, Graf von Stauffenberg, ihn sogar als möglichen Reichskanzler favorisiert.

Im Mai 1933 erstmals verhaftet, kurzfristig wieder freigelassen, wurde er, da er sich nach wie vor standhaft weigerte, mit dem Reichsleiter der NSDAP und Leiter des Einheitsverbandes ‚Deutsche Arbeitsfront' zu kooperieren, bereits im Juni 1933 erneut inhaftiert und ein Jahr lang in Gefängnissen und Konzentrationslagern schwer misshandelt.

Darunter in dem berüchtigten Emslandlager Börgermoor. Hier, so wissen es Überlebende zu berichten, war es die starke Persönlichkeit Leuschners, der es immer wieder verstand, seine Leidensgenossen aufzumuntern und ihnen Mut zuzusprechen. - Als man ihn im Juni 1934 entließ, begab er sich sofort wieder aktiv in den verdeckten Widerstand gegen die Nationalsozialisten und unterhielt ab 1939 Kontakte zum ‚Kreisauer Kreis'. Als nach dem missglückten Attentat, das NS-Regime, das bereits dem Untergang entgegen dämmerte, mit aller Brutalität gegen die Widerständler vorging, dabei auch nicht von der perfiden Praktik der Sippenhaft zurückschreckte und Leuschners Ehefrau als Geisel in Haft nahm, stellte er sich. - Zusammen mit den Hauptverschworenen, derer man habhaft werden konnte, wurde er in dem wohl übelsten Schauprozess der deutschen Justiz unter dem Vorsitz des Blutrichters Freisler, zum Tode verurteilt und in Berlin-Plötzensee mit seinen Schicksalsgenossen auf barbarische Weise hingerichtet.

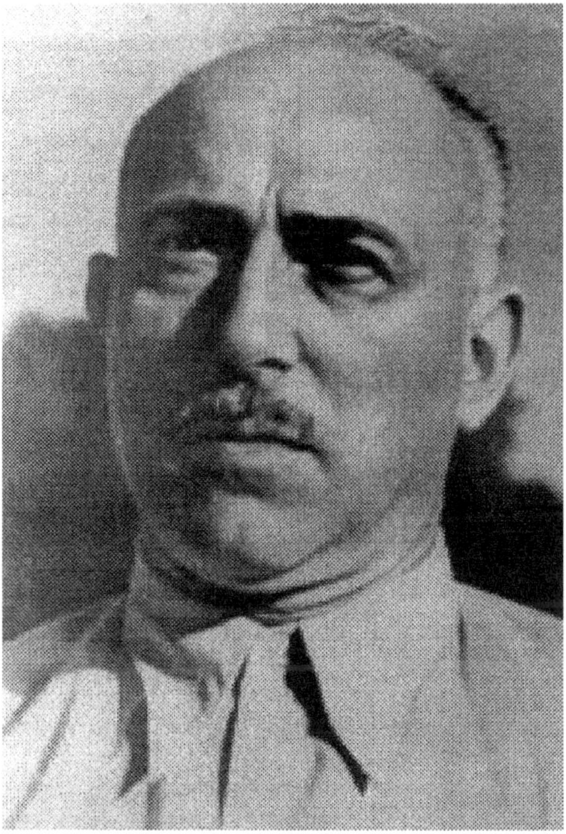

Wilhelm Leuschner, wichtigster und einflussreichster Kopf der Gewerkschaften im Widerstand gegen Hitler

Eine eher unrühmliche, schäbige und zutiefst beschämende Rolle spielten zum Teil die Kirchen. Insbesondere die evangelisch-lutherische Kirche, in ihrer Haltung gegenüber ihren jüdischen Glaubensbrüdern, wie etwa den „nichtarischen Christen", von denen Werner Steinberg einer war.

Bekanntmachung über die kirchliche Stellung evangelischer Juden.

Die nationalsozialistische deutsche Führung hat mit zahlreichen Dokumenten unwiderleglich bewiesen, daß dieser Krieg in seinen weltweiten Ausmaßen von den Juden angezettelt worden ist. Sie hat deshalb im Innern wie nach außen die zur Sicherung des deutschen Lebens notwendigen Entscheidungen und Maßnahmen gegen das Judentum getroffen. Als Glieder der deutschen Volksgemeinschaft stehen die unterzeichneten deutschen evangelischen Landeskirchen in der Front dieses historischen Abwehrkampfes, der unter anderem die Reichspolizeiverordnung über die Kennzeichnung der Juden als der geborenen Welt- und Reichsfeinde notwendig gemacht hat, wie schon Dr. Martin Luther nach bitteren Erfahrungen die Forderung erhob, schärfste Maßnahmen gegen die Juden zu ergreifen und sie aus deutschen Landen auszuweisen.

Von der Kreuzigung Christi bis zum heutigen Tage haben die Juden das Christentum bekämpft oder zur Erreichung ihrer eigennützigen Ziele mißbraucht und verfälscht. Durch die christliche Taufe wird an der rassischen Eigenart eines Juden, seiner Volkszugehörigkeit und seinem biologischen Sein nichts geändert. Eine deutsche evangelische Kirche hat das religiöse Leben deutscher Volksgenossen zu fördern. Rassejüdische Christen haben in ihr keinen Raum und kein Recht.

Die unterzeichneten deutschen evangelischen Kirchen und Kirchenleiter haben deshalb jegliche Gemeinschaft mit Judenchristen aufgehoben. Sie sind entschlossen, keinerlei Einflüsse jüdischen Geistes auf das deutsche religiöse und kirchliche Leben zu dulden.

Berlin, den 17. Dezember 1941.

Evangelisch-lutherische Landeskirche Sachsens
Klotsche,
Präsident des Landeskirchenamts.

Evangelische Landeskirche Nassau-Hessen
Kipper,
Präsident des Landeskirchenamts.

Evangelisch-lutherische Landeskirche Schleswig-Holstein
Dr. Kinder,
Präsident des Landeskirchenamts.

Thüringer evangelische Kirche
Der Landeskirchenrat:
Dr. Volk i. V.

Evangelisch-lutherische Kirche Mecklenburgs
Schultz,
Landesbischof.

Evangelische Landeskirche Anhalts
Der Evangelische Landeskirchenrat für Anhalt:
Willendorf,
Oberkirchenrat.

Der Kirchenrat der evangelisch-lutherischen Kirche in Lübeck
Der Vorsitzende:
Sievers,
Oberkirchenrat.

Gesetz über den Ausschluß rassejüdischer Christen aus der Kirche.

Vom 29. Dezember 1941.

Der Kirchenrat hat das Gesetz beschlossen:

§ 1

Personen, auf die die Bestimmungen der §§ 1 und 2 der Polizeiverordnung über die Kennzeichnung der Juden vom 1. September 1941 (Reichsgesetzblatt I Seite 547) Anwendung finden, sind samt ihren Abkömmlingen im Bereich der evangelisch-lutherischen Kirche in Lübeck von jeder kirchlichen Gemeinschaft ausgeschlossen.

§ 2

Dieses Gesetz tritt mit der Verkündung in Kraft.

Lübeck, den 29. Dezember 1941.

Der Kirchenrat der evangelisch-lutherischen Kirche in Lübeck
Sievers Dr. Rüsse Wagner

Das Kirchliche Amtsblatt erscheint nach Bedarf. — Herausgeber: Der Bischof der evang.-luth. Kirche in Lübeck
Druck: Wullenwever-Druckverlag G. m. b. H., Lübeck.

In der evangelischen Kirche besaßen die Befürworter des Regimes eindeutig die Mehrheit. Eine Minderheit formierte sich in der ‚Bekennenden Kirche' und protestierte sowohl gegen die rassistische Weltanschauung als auch gegen den Totalitätsanspruch des Regimes, ohne aber häufig eine grundsätzlich oppositionelle Haltung zu beziehen. – Dennoch es lohnt sich, die Namen der Wenigen zu nennen, die unter Gefahr für Leib und Leben den Gesinnungsterror, die Gewalt und das Unrecht im NS-Staat anprangerten.

Allen voran der evangelische Studentenpfarrer Dietrich Bonhoeffer aus Berlin, der sich ab 1940 aktiv dem Widerstand gegen Hitler angeschlossen hatte. *„Dem Rad von Willkür und Gewalt in die Speichen fallen"*, wollte Bonhoeffer. Er bezahlte dafür mit seinem Leben. Als das Dritter Reich schon in Trümmern lag, sein Untergang längst besiegelt war, wurde er am 9. April 1945 im KZ Flossenbürg gehenkt. Ein anderer Mutiger, Marineoffizier im Ersten Weltkrieg, wortgewaltiger und streitbarer Theologe, der Gemeindepfarrer aus Berlin Dahlem, Martin Niemöller, überlebte. Er saß von 1937 – 1945 in Gefängnis- und KZ-Haft.

Auch er überlebte. Einer, dem in der Geschichte des deutschen Widerstandes viel zu wenig Aufmerksamkeit geschenkt wurde. Der Protestant Heinrich Grüber war Gründer der 1938 geschaffenen Hilfsstelle für jüdische

Mitbürger. Von 1940-1943 steckten ihn die Nazis dafür in die Konzentrationslager Sachsenhausen und Dachau.

Der lutherische Landesbischof von Württemberg, Theophil Wurm, protestierte mit seinen katholischen Glaubensbrüdern erfolgreich gegen das von den Nationalsozialisten aufgelegte Euthanasieprogramm. Er erhielt für sein mutiges Einschreiten zeitweise Hausarrest und Redeverbot.

Entschiedener war der Widerstand gegen das Regime in der katholischen Kirche. Besonders wegen ihres großen Einflusses, vor allen Dingen in Süddeutschland. Es war Kardinal Bertram, dem es im Verein mit dem evangelischen Bischof Wurm in einer gemeinsamen Aktion gelang, im Auftrag der katholischen Bischofskonferenz und der evangelischen Kirchenführung gegen die Unterdrückung der Kirchen und gegen die ‚Vernichtung lebensunwerten Lebens', wie es im Nazijargon hieß, vorzugehen. Ab Dezember 1941 stellten die Nationalsozialisten die systematische Ermordung von Behinderten in Heil- und Pflegeanstalten ein. Bertram war es auch, der gegen das Gesetz zur Zwangsscheidung ‚rassischer Mischehen' öffentlich protestierte und sich für die Beibehaltung des gemeinsamen Gottesdienstes von Katholiken mit katholischen Nichtariern, die seit dem 1. September 1941 den Judenstern tragen mussten, einsetzte. Im März 1943 protestierte Bertram beim Reichsinnenminister Frick energisch gegen die unmenschlichen Maßnahmen bei der Evakuierung von Juden. – Bertram war auch derjenige in der katholischen Kirche, der sich sehr früh schon und sehr vehement gegen Willkürmaßnahmen der Nationalsozialisten immer wieder zu Wort meldete. Im September 1933 machte er eine Eingabe an das Reichsinnenministerium, in der er gegen die Zwangssterilisierung nach dem Gesetz ‚zur Verhütung erbkranken Nachwuchses' protestierte.

Bereits 1934 sprach sich der hellsichtige katholische Bischof, Clemens August von Galen, gegen die menschenrechtsverletzende Politik der Nationalsozialisten aus. Er setzte sich vor allen Dingen gegen die Gleichmacherei und Ideologisierung von Presse-, Schul- und Vereinsleben ein. Wie Bertram wandte er sich besonders scharf gegen die Euthanasie. Seine Aufrufe kursierten als illegale Schriften und trugen schließlich entscheidend zum ‚Gesinnungswandel' der Nazis bei.

Mit einer der entschiedensten Hitlergegner im katholischen Episkopat war der Berliner Bischof Konrad von Preysing. In einer Adventspredigt in der Berliner St. Hedwigs-Kathedrale geißelte er vor großer Zuhörerschaft die Gewalt und Willkür der Nationalsozialisten gegenüber Minderheiten und Menschen anderer Nationalität und Rasse. Auf seine Initiative wurde 1938 in Berlin eine Hilfsstelle für katholische Nichtarier eingerichtet, deren Leitung dem katholischen Geistlichen Bernhard Lichtenberg oblag. Lichtenberg wurde 1943 in das KZ Dachau eingewiesen und starb auf dem Transport dorthin.

Dass es zu keinem massiveren und breiter aufgestellten und damit zweifellos wirksameren Protest und Widerstand der katholischen Kirche, vor allen Dingen gegenüber der brutalen Misshandlung der jüdischen Mitbürger im Reich kam, ist auf einen geschickten Schachzug Hitlers zurückzuführen. Mit dem Abschluss eines Reichskonkordats mit dem katholischen Episkopat am 20. Juli 1933 hatte er die katholische Kirche pro forma in all ihren Rechten und vor allen Dingen Besitztümern bestätigt. Die Kirche war daher in der Folge, als Willkür und Gewalt immer offenkundiger wurden, denn auch eher zu faulen Kompromissen bereit, denn zu energischem Widerstand.

Als etwa im Zuge des Röhm-Putsches am 30. Juni 1934, das Regime erstmals seine mörderische Fratze zeigte, bezog die katholische Kirche offiziell keinerlei Stellungnahme. – Von der evangelischen Kirche ganz zu schweigen. Hier hatte sich der sogenannte ‚Reichsbischof' Ludwig Müller in besonders infamer Weise dem Regime angedient. Er und Seinesgleichen trugen sogar das Hakenkreuz am Revers. Am 27. September 1933 ließ sich Müller von der evangelischen ‚Nationalsynode' in Wittenberg zum Reichsbischof küren. Zuvor hatte diese ‚braune Synode' am 5. September 1933 den Arierparagraphen in der evangelische Kirche eingeführt. - Bis heute trifft in der Gesamtbeurteilung der Kirchen für die Zeit der Hitlerdiktatur wohl mehr oder weniger zu, was Konrad Adenauer nach Kriegsende über die deutschen Bischöfe sagte:

„Ich glaube, dass, wenn die Bischöfe alle miteinander an einem bestimmten Tage öffentlich von den Kanzeln aus dagegen Stellung genommen hätten, sie vieles hätten verhüten können. Das ist nicht geschehen und dafür gibt es keine Entschuldigung. Wenn die Bischöfe dadurch ins Gefängnis oder Konzentrationslager gekommen wären, so wäre das kein Schade, im Gegenteil. Alles das ist nicht geschehen und darum schweigt man am besten."[30]

Und was zu Gottes Stellvertreter auf Erden und dem Oberhirten aller Katholiken weltweit, in dieser Zeit des Schreckens zu sagen wäre, kann in Rolf Hochhuths Drama: ‚Der Stellvertreter' nachgelesen und nachempfunden werden.

[30] Konrad Adenauer: Briefe 1945 – 1947, Berlin 1983, S.172

5.3 Die Zeugen Jehovas: Mutige im Glauben

Den wohl überzeugendsten Widerstand aus religiösen Motiven leisteten im Dritten Reich die Zeugen Jehovas. Bereits im März 1935 wurden sie verboten. Mehr auf das kommende Heil im Reich Jehovas ausgerichtet und an weltlichem und politischen Geschehen eher desinteressiert, wurden sie von allen religiösen Gruppierung am hartnäckigsten verfolgt, und hatten den höchsten Blutzoll zu entrichten. Grund für ihre perfide und äußerst brutale Verfolgung war vor allen Dingen, dass sie sich der Allgemeinen Wehrpflicht widersetzten. Trotz der hartnäckigen Verfolgung gelang es ihnen, im Untergrund die wohl reichsweit größte Propagandaaktion durchzuführen. Sowohl am 12. Dezember 1936 und nochmals am 20. Juni 1937 konnten sie nahezu flächendeckend Protestflugblätter gegen die Nationalsozialisten verteilen. In dem in einer Art Blitzaktion, am 12. Dezember 1936, zwischen 17 und 19 Uhr, verteilten Flugblatt der Zeugen Jehovas heißt es u.a.:

„....und so erklären wir, dass wir Gott mehr gehorchen wollen als den Menschen. Wir rufen alle gutgesinnten Menschen dazu auf, davon Kenntnis zu nehmen, dass Jehovas Zeugen in Deutschland, Österreich und anderswo grausam verfolgt, mit Gefängnis bestraft, und auf teuflische Weise misshandelt und manche von ihnen getötet werden. Alle diese verruchten Taten werden gegen

sie von einer grausamen, heimtückischen und bösen Macht verübt."[31]

Auf diesem Bildnis auf der Titelseite der im schweizerischen Bern von den Zeugen Jehovas gedruckten Zeitschrift „Trost", nimmt die in dem weltberühmten Gemälde des Norwegers Munch expressionistisch-abstrakt dargestellte und allgegenwärtige Urangst des Menschen in der Hölle der Konzentrationslager ganz konkrete Gestalt an.

[31] Johannes S. Wrobel: „Der Schrei aus dem Konzentrationslager!" – Wie Jehovas Zeugen damals auf die NS-Gräuel aufmerksam machten. – Aus einem im Germanischen Nationalmuseum in Nürnberg gehaltenen Referat am 10. November 1998, S.4

5.4 Jugend im Widerstand gegen Hitler

Wenn die Nazis vorgaben, sich angeblich in besonders fürsorglicher Weise, der deutschen Jugend anzunehmen, dann entlarvt sich das im Nachherein nicht nur als die größte Lüge, sondern auch als eines der größten Verbrechen der braunen Mörderbande am deutschen Volk und hier insbesondere an seiner Jugend.

Während sie versuchten, die einen über Propaganda und vormilitärische Ausbildung frühzeitig für ihre größenwahnsinnigen Eroberungskriege entsprechend zu konditionieren, drangsalierten oder vernichteten sie die, die nicht bereit waren, ihrem Mordprogramm zu folgen.

Während Hitler, der endgültig zum größenwahnsinnigen Imperator mutiert war, im Rattenloch unter der Reichskanzlei hockte und seinem Ende entgegen dämmerte, das Bild des großen Preußenkönigs vor Augen – welche Anmaßung - wurden noch Abertausende blutjunger Deutscher, die seinen Namen trugen, sinnlos geopfert; und diejenigen, die nicht bereit waren, ihm in das Untergangsszenario zu folgen, gefoltert, erschossen oder gehängt.

Ihrer in besonderer Weise zu gedenken, ist nicht nur patriotische Pflicht, sondern zugleich auch Mahnung und

Warnung vor neonationalistischen und rechtsextremen Tendenzen in diesem Land.

Dem siebzehnjährigen Helmuth Hübener bescheinigte das nationalsozialistische Volksgericht die Intelligenz eines Volljährigen und verurteilte ihn daher nach Erwachsenen-Strafrecht zur Todesstrafe. Er war damit eines der jüngsten Opfer innerhalb des Widerstandes gegen das NS-Regime

Wenn hier der Jugendwiderstand gegen die Hitlerdiktatur hervorgehoben werden soll, dann geschieht das wie bisher auch unter einem besonderen Aspekt. Besonders prominente Widerständler, wie etwa Claus von Stauffenberg oder die Geschwister Scholl sind hinreichend gewürdigt worden. Indem hier auch die Beispiele von mehr unbekannten Widerständlern angeführt werden, soll gezeigt werden, dass die Opposition unter dem Naziregime wesentlich breiter aufgestellt war, als es in der Verengung auf wenige Personen oder Gruppen bisher dargestellt wurde.

Ohne die Bedeutung des 20. Juli 1944 abwerten zu wollen, muss angemerkt werden, dass dadurch die Würdigung anderer Widerständler erheblich geschmälert wurde und bisher in den Hintergrund getreten ist. Vor allem der Eindruck, dass die Jugend in Deutschland unisono nur aus jubelnden HJ-Massen bestand, würde letztlich darauf hinauslaufen, sich im Nachherein die Denke der höchst effizienten nationalsozialistischen Propagandamaschine zu eigen zu machen.

Trotz des rigorosen Zugriffs der Nazidiktatur, der massiven ideologischen Gleichschaltung und Uniformierung in NS-Jugendverbänden, die spätestens mit der Jugenddienstpflichtverordnung vom 25. März 1939 zur „Zwangsvereinnahmung der deutschen Jugend im Dritten Reich“ führte, war es für Jugendliche wie Helmut

Hübener lebensbedrohlich, sich diesem Zugriff zu entziehen.

Dennoch: gerade diese Zwangsvereinnahmung mit dem Ziel, die persönliche Freiheit von Jugendlichen drastisch und dramatisch einzuschränken, beförderte den Freiheitsdrang, insbesondere in Gruppen, Cliquen und verschworenen Gemeinschaften aller Art. Dieser Widerstand vollzog sich auch weniger als Ausdruck individueller Persönlichkeitsentwicklung im traditionellen Generationskonflikt zwischen Jung und Alt, sondern er war das radikale jugendliche Aufbegehren gegen Uniformierung, geistige Gleichschaltung und volksverblödende Propaganda.

Der Widerstand jugendlicher Oppositioneller entwickelte sich spontan. Er folgte damit nicht dem Muster organisierter, politischer Formen des Widerstandes. Sondern der Nährboden für jugendliches Aufbegehren war neben der Suche nach einer eigenen Jugendkultur auch Wagnisbereitschaft und Abenteuerlust. Gegen die klar erkennbare paramilitärische Ausbildung in den straff organisierten NS-Jugendverbänden richtete sich ein nicht geringer Anteil pazifistisch eingestellter Oppositioneller. Würde man einen Sammelbegriff wählen müssen, dann waren die jungen Widerständler im Dritten Reich allesamt Nonkonformisten und mit dieser, ihrer kritischen, alternativen und intelligenten Einstellung das

Beste, was eine Jugend nicht nur zur Zeiten der Hitlerdiktatur, sondern zu allen Zeiten und unter allen Regierungsformen überhaupt zu bieten hat.

Zivile Edelweißpiraten statt uniformierter Hitlerjugend. Jugendliche Edelweißpiraten auf einem Foto von 1944 im Beethovenpark in Köln

Jugendliche wie die „Edelweißpiraten" verstanden sich in der Nachfolge der Wandervogelbewegung und der bündischen Jugend, von deren Lagerfeuerromantik die Nationalsozialisten geschickt einige Elemente zum Ködern von Jugendlichen für ihre uniformierten Jugendverbände mit eingebaut hatten.

Die Tradition der Jugendbündischen- und Wandervogelbewegung wurzelt seit 1913 in dem gemeinsamen Zusammenschluss zur „Freideutschen Jugend“ auf dem Hohen Meißner bei Kassel. Ihre Ziele waren hochidealistischer Art. Neben Selbstverantwortung und dem Bemühen um Rückkehr zu Lebensformen innerer Wahrhaftigkeit und Natürlichkeit, war es vor allen Dingen aber der Wille zur freiheitlichen Eigenbestimmung, mit der die „Edelweißpiraten“ als größte und bestorganisierte Jugendgruppe im Reichsgebiet ins Visier der nationalsozialistischen Strafverfolgungsbehörden gerieten.

Um einmal zu zeigen wie sehr die Deutschen selbst und hier insbesondere blutjunge, minderjährige Menschen zu brutalen Opfern einer faschistoid-durchgeknallten Mörderbande und deren pervertierter und korrumpierter Volksjustiz wurden, und dass mit jugendlichen Deutschen genauso verfahren wurde wie mit den übrigen Opfern des Regimes: ein Bild.

Ein Bild, das viele von den linken, selbstgerechten und so leicht auf der Woge von Pauschalurteilen über die Generation unserer Väter und Mütter hinweg schwimmenden ‚Gutmenschen‘ in ihrer linken Einäugigkeit wohl am liebsten ausblenden würden.

Ohne Prozess wurde hier vor mehr als 70 Jahren eine ganze Gruppe junger Kölner Edelweißpiraten hingerichtet. Zwei von ihnen waren gerade mal 16 Jahre. Ihre Namen: Günther Schwarz und Bartholomäus Schink

Bei den Edelweißpiraten handelte es sich keineswegs ausschließlich um eine romantische Wandergruppe, die gegen uniformiertes Marschieren opponierte. Je klarer erkennbar wurde, welche Ziele die nationalsozialistische Rassen- und Expansionspolitik verfolgte, desto politisch motivierter wurde der Widerstand der Edelweißpiraten. Umso stärker aber auch die Repressionsmaßnahmen des NS-Regimes.

Mit den sogenannten Richtlinien zur Bekämpfung jugendlicher ‚Cliquen', die in Erlassform am 25. 10. 1944 von Ernst Kaltenbrunner, dem Nachfolger im SD nach der Ermordung Heidrichs, auf den Weg gebracht wurden, schuf dieser die formal-juristischen Voraussetzungen, um die Auseinandersetzung mit den jugendlichen Widerstandsgruppen auf die Ebene des politischen Widerstandes zu stellen. Dadurch traf die oppositionellen Jugendlichen im Dritten Reich die ganze brutale Härte des Systems. Bis hin zur Todesstrafe als vermeintliche Staatsfeinde und Hochverräter.

Was sie unter Clique verstanden definierten die Nazis in ihrem Erlass wie folgt:

„Bei den Cliquenbildungen Jugendlicher handelt es sich um Erscheinungsformen der Jugendgefährdung und Jugendkriminalität; ihre Überwachung und Bekämpfung auf polizeilichem Gebiet obliegt daher hauptverantwortlich zentral dem Reichskriminalpolizeiamt. Soweit es sich jedoch um Cliquen mit ausgesprochenen oder vorwiegend politischen oder staatsfeindlichen Bestrebungen handelt, ist die Geheime Staatspolizei zuständig."

Und sie diffamierten sie analog zu ihrer perfiden Volksvereinnahmungsideologie:

„Zusammenschlüsse Jugendlicher außerhalb der HJ, die nach bestimmten, mit der nationalsozialistischen Weltanschauung nicht zu vereinbarenden Grundsätzen ein Sonderleben führen. Gemeinsam ist ihnen die Ablehnung oder Interessenlosigkeit gegenüber den Pflichten inner-

halb der Volksgemeinschaft oder der HJ, insbesondere der mangelnde Wille, sich den Erfordernissen des Krieges anzupassen."

Die deutsche Bundesregierung, bis heute überaus großzügig bei der Opferentschädigung gegenüber ausländischen Forderungen, verhielt und verhält sich in dieser Beziehung gegenüber den eigenen Volkangehörigen aber äußerst schäbig.

Als am 31. Dezember 1952 die Mutter des von den Nazis hingerichteten Bartholomäus Schink, Gertrud Schink, einen Antrag stellte, in dem sie um Anerkennung ihres Sohnes als Opfer politischer Verfolgung bat, wurde dieser nach 10(!) Jahren abgelehnt. Die Begründung für die Ablehnung war ebenso fadenscheinig und erbärmlich wie die im Falle von Peter Hüppeler.

Im Ablehnungsbescheid des Kölner Regierungspräsidenten aus dem Jahre 1963 heißt es unter anderem:

„Der verstorbene Verfolgte erfüllt offensichtlich nicht die Anspruchsvoraussetzung des § 1 BEG. Hiernach ist nur Verfolgter, wer aus Gründen politischer Gegnerschaft gegen den Nationalsozialismus oder aus Gründen der Rasse, des Glaubens oder Weltanschauung durch nationalsozialistische Gewaltmaßnahmen verfolgt wurde und hierdurch einen Schaden erlitten hat."

Zum seltsamen Umgang bei der Anerkennung von Opfern und mit der Opferentschädigung in dieser Republik gehört, dass finanzielle Wiedergutmachung den Opfern von eigenen Volksangehörigen oft mit dubiosen Argumenten vorenthalten wird. Auf der anderen Seite gießt man das Füllhorn bundesrepublikanischer Wiedergutmachung mit einem nahezu zwanghaften Wiedergutmachungswillen über Angehörige anderer Völker aus. Und das zum Teil über alle Verhältnismäßigkeit. Manchmal in einer Form, die erhebliche Fragen aufwirft.

Die von den Deutschen gleich mitfinanzierte Lieferung von U-Booten an den Staat Israel, hat nichts, aber auch gar nichts mit der berechtigten Forderung nach Opferentschädigung von Überlebenden des Holocaust zu tun.

Dass die Bundesrepublik hier bisher sechs U-Boote geliefert hat, von denen sie dann auch noch ein Drittel der Kosten übernommen hat, das letzte wurde allein mit 135 Millionen Euro vom deutschen Steuerzahler bezuschusst, hat zum einen in keiner Weise mehr etwas mit Wiedergutmachung zu tun, zum anderen widerspricht es eindeutig dem Nichteinmischungsprinzip der deutschen Rüstungs- und Außenpolitik.

Wenn dann einer Gruppe Jugendlicher, die bereit war unter Einsatz ihres Lebens gegen den zunehmenden

Naziterror vorzugehen, im Nachkriegsdeutschland weder Anerkennung noch Gerechtigkeit zu Teil wurde und das auf Basis einer Urteilbegründung, die schaudern lässt, dann wird es endlich auch Zeit für ein gründliches Revirement in der Betrachtung unserer Kriegs- und Nachkriegsgeschichte.

Und dieser Einwand sei an dieser Stelle nochmals in aller Deutlichkeit formuliert: es bedarf auch endlich einer wesentlich stärkeren Würdigung der Millionen von Opfern der Hitlerdiktatur im eigenen Volk.

Es ist letztlich eine Schande wie eine ganze Generation, die den millionenfachen Tod in den eigenen Reihen durch Krieg, Vertreibung und alliierten Bombenterror in den Städten erlitten hat, oder durch Hunger und Elend der Kriegs- und Nachkriegsjahre gegangen ist, sich dabei dennoch nicht entmutigen ließ, die Trümmer beiseite schaffte und das neue, demokratische Deutschland aufbaute, ein Wirtschaftswunder ohnegleichen schuf, das bis heute das Fundament unseres eigenen Wohlstandes bildet, dafür mit schäbigen Almosen abgespeist wurde, immer wieder unisono als willige Helfer Hitlers und Vollstrecker des Holocaust vereinnahmt wird.

„Die Kriminalpolizei Köln ist davon überzeugt, dass von den festgenommenen Terroristen(!) am 10.11.1944 drei-

zehn Personen ohne Gerichtsverhandlung und ohne Gerichtsurteil öffentlich erhängt wurden, um die Bevölkerung von weiteren Terrorakten abzuhalten. Die Exekution ohne gerichtliches Urteil bedeutet zwar einen Rechtsbruch, der nur durch die damaligen Verhältnisse zu erklären ist."

Man führe dieses Schandurteil, einem Urteil, das im demokratischen Nachkriegsdeutschland mit Berufung auf die rechtlichen Verhältnisse im NS-Terrorregime gefällt wurde, einmal gedanklich zu Ende. Dann hätte es rückblickend letztendlich auch keinen Nürnberger Kriegsverbrecherprozess geben dürfen, und dann hätte sich die Heerschar faschistoider Massenmörder und Mordbrenner desgleichen auf systemgewollte „justizkonforme" Praktiken der Hitlerdiktatur berufen können.

Im europäischen Kontext gibt es hier mit Österreich ein Beispiel, wo man sich über derart juristische Taschenspielertricks, aus der Täter- in die Opferrolle zu manövrieren wusste. Aber hier ist nicht nur Österreich zu nennen. Es gab in ganz Europa ein williges Heer, die Hitler und seinen Schergen willig und freiwillig zuarbeiteten, und die in den meisten Fällen von keinem Gericht dafür zur Verantwortung gezogen wurden, - Es soll an anderer Stelle und in einem anderen Zusammenhang dezidierter darauf eingegangen werden.

Swingen statt marschieren, Mitglieder der Swing-Jugend: ziviler Protest gegen Uniformierung

Wie zu allen Zeiten gibt es Jugendliche, die einen bestimmten Musik-oder Tanzstil favorisieren. Ob Rock n Roll, Beat, Techno oder Rap, immer steht dahinter ein Verlangen von Heranwachsenden, sich auch über Musik- und Tanzformen neu zu definieren, und die eigene Persönlichkeit zu entwickeln. Cooles Aussehen, ich kenne das und sehe mich im Rückblick im Outfit des orgiastischen Rock n Rollers, provoziert in der Regel die Elterngeneration. In der Nazizeit führte dies harmlose Vergnügen, wie hier im Bild, zu äußerst aggressivem und gewalttätigen Einschreiten der staatlichen Obrigkeit. Im Rahmen einer Sofortaktion nationalsozialistischer Verfolgungsbehörden wurden allein in Hamburg im August 1941, 300 Jugendliche verhaftet, in Gestapo - Gefängnissen brutal gefoltert, verhört, und in Konzentrationslager verschleppt.

Polizei und SS inhaftierten von 1940 bis 1945 allein in dem im Landkreis Northeim gelegenen Jugend-KZ Moringen ungefähr 1400 dieser nonkonformistischen Jugendlichen, die dort unter erbärmlichsten Bedingungen ihr Leben fristeten.

Innenhof des Jugend-Konzentrationslagers Moringen

5.5 Georg Elser, ein ungewöhnlicher Deutscher im Widerstand gegen Hitler

„Nach drei Jahrzehnten nennt sein Heimatdorf nach Johann Georg Elser eine Straße – doch keine deutsche Stadt, nicht eine!“

Rolf Hochhuth

Portrait von Georg Elser, nach einem Gemälde von Alfons Ostermeier (2009)

Der Dramatiker und Lyriker Rolf Hochhuth, das aufklärerische, unbequeme und streitbare Gewissen dieser Republik, hat sich der Thematik von Verdrängung und nachträglicher Schönfärberei im Deutschland der Nachkriegszeit in schonungsloser und hartnäckiger Recherche angenommen. So entlarvte er den brutalen, unmenschlichen Marinerichter Filbinger, der noch in den Tagen des unmittelbaren Zusammenbruchs junge Matrosen der Kriegsmarine zum Tode verurteilte, und der nach dem Krieg in die Rolle des biederen, allseits geschätzten Landesvaters geschlüpft war.

Im ‚Stellvertreter' geißelte er die Rolle von Gottes Stellvertreter auf Erden. Wie ihr Oberhirte, Papst Pius XI., betrieb die katholische Kirche eine Schaukelpolitik gegenüber der Nazi-Diktatur. Auch in dem Hirtenbrief des Papstes, der am Passionssonntag im März 1937 gegebenen Enzyklika: „Mit brennender Sorge" geht es zuvorderst um die Einhaltung der von Hitler der Kirche zugestandenen Privilegien aus dem Reichskonkordat. Die zunehmende Drangsalierung, Ausgrenzung und Eliminierung Deutscher jüdischen Glaubens findet darin keinerlei Beachtung.

Der hypothetische Schlenker sei erlaubt: Welche Rolle hätte die katholische Kirche wohl während der Zeit des ‚Dritten Reiches' spielen und einnehmen können, wenn ein so charismatischer, kraftvoller und beim Umbruch und der Befreiung Osteuropas vom Sowjetimperium politisch geschickt agierender Papst wie Johannes Paul II. auf dem Stuhle Petri gesessen hätte?

Dass es aber auch ein einfacher Mann aus dem Volk sein kann, der von einer klaren Überzeugung und weitaus größerem Weitblick getragen wurde, als viele andere mit Rang und Namen, die dem Regime lange Zeit gehuldigt hatten und in großen Teilen von der Person des Führers enthusiasmiert waren; erst ausstiegen und umschwenkten als es bereits fünf Minuten nach Zwölf war, dafür ist Georg Elser ein ganz besonderer ‚Leuchtturm des Widerstandes.'

Einer, der aber auch stellvertretend für abertausend Deutsche im Land steht, die zwar weniger spektakulär aber dennoch auch ihr Leben aufs Spiel setzten, weil sie das Unrecht deutlich und vernehmbar beim Namen nannten, Bedrängten und Verfolgten unter Lebensgefahr Unterschlupf gewährten oder sich einfach nur an Flugblattaktionen beteiligten. Und die Beleg dafür sind, dass es sie auch gab: die ungewöhnlichen Deutschen, die Mutigen, die Aufrechten, die der Stimme ihres Gewissens und nicht dem Mainstream folgten.

„Ich möchte wissen, um was für einen Typ es sich bei diesem Elser handelt. Man muss den Mann doch irgendwie klassifizieren können. Berichten Sie mir darüber. Im

Übrigen wenden Sie alle Mittel an, um diesen Verbrecher zum Reden zu bringen. Lassen Sie ihn hypnotisieren, geben Sie ihm Drogen; machen Sie Gebrauch von allem, was unsere heutige Wissenschaft in dieser Richtung erprobt hat. Ich will wissen, wer dieser Anstifter ist, ich will wissen, wer dahintersteckt."

So verlangte es ein äußerst beunruhigter und verunsicherter Hitler von Heydrich.[32] Denn in allen möglichen Zirkeln und Kreisen der Gesellschaft hätte er dergleichen vermutet, aber doch nicht bei einem einfachen Mann aus dem Volk. Und es scheint bis in unsere Tage so zu sein, um es einmal provokativ zu formulieren, dass die sogenannten Eliten im Land, Kirchen, Parteien und Verbände, den Anspruch auf Widerstand mit einer gewissen Arroganz für sich als Monopol beanspruchen. Sich nicht eingestehen wollen, dass hier jemand wesentlich früher als sie selbst die wahren Absichten Hitlers durchschaut hatte und entschlossen war, unter Einsatz seines Lebens dagegen vorzugehen.

Und noch etwas vorab, nicht nur an die Adresse Goldhagens gerichtet, sondern auch an jene in Europa, die damals Nach- und Anbeter Hitlers waren, und die dies bis in unsere Tage jetzt auf die Deutschen reduzieren möchten; nach tagelangen und brutalen Verhören in Mün-

---

[32] Walter Schellenberg: Memoiren, Köln 1959, S.92

chen nach denen Elser die Tat gesteht, nennt er auch sein Hauptmotiv: ***„Ich wollte durch die Tötung Hitlers den Weg zum europäischen Frieden öffnen.“***[33] Das war die kluge Einschätzung eines Mannes, eines frühen Gegners des Nationalsozialismus, der nach der Machtübernahme den Hitlergruß verweigerte, und der ab 1937 erkannte, dass die Appeasement–Politik der Westmächte Hitler nur umso mehr zu seinen Eroberungsplänen ermutigen würde.

Im Gestapo Protokoll vom November 1939 äußerte er sich wie folgt:

„Die von mir angestellten Betrachtungen zeitigten das Ergebnis, dass die Verhältnisse in Deutschland nur durch eine Beseitigung der augenblicklichen Führung geändert werden könnten. Unter der Führung verstand ich die ‚Obersten', ich meine damit Hitler, Göring und Goebbels. Durch meine Überlegungen kam ich zu der Überzeugung, dass durch die Beseitigung dieser 3 Männer andere Männer an die Regierung kommen, die an das Ausland keine untragbaren Forderungen stellen, die kein fremdes Land einbeziehen wollen.“

Knapp zwei Monate nach Hitlers Überfall auf Polen und damit dem Eintritt in den Zweiten Weltkrieg, am 8. November 1939, als Hitler sich anschickte, zum Gedenken

---

[33] Peter Steinbach/Johannes Tuchel: Eine Dokumentation

der Blutzeugen der Bewegung aus dem missglückten Putsch vom 9. November 1923, mit der Führungsspitze des NS-Regimes, das alljährliche Ritual zu begehen, hatte Elser sein Attentat zielgerichtet und akribisch geplant. In mehr als 30 Nächten hatte er sich im Münchener Bürgerbräukeller Abend für Abend unbemerkt einschließen lassen und in der Säule über Hitlers Rednerpult sorgfältig seinen Sprengsatz installiert. Wieder war es die Vorsehung, von der Hitler faselte oder doch wohl eher einer von den Zufällen des Schicksals, die wie so häufig über Tod und Verderben der Menschheit entschieden.

Ganze dreizehn unglückselige Minuten, entschieden über das weitere Schicksal eines Volkes, eines Kontinentes und der Welt. Kürzer als üblich waren diesmal die Tiraden des Führers. Früher als gewohnt verließ der Diktator mit den hohen NS-Funktionären die Kultstätte.

Teils obskure Gerüchte machten die Runde. So vermutete Goebbels einen Anschlag des britischen Geheimdienstes. Andere zogen gar, ähnlich wie beim Reichstagsbrand, eine Eigeninszenierung der Nationalsozialisten in Betracht, die den Mythos von der Auserwähltheit und Unverletzbarkeit des Führers beflügeln sollte. Wer wollte und konnte sich schon vorstellen, dass es der Aufstand im Gewissen eines einzelnen, einfachen Mannes aus dem Volk war, der nicht nur rechtzeitiger die Absichten und Pläne des Diktators erkannt und durchschaut hatte, als die moralischen und geistigen Eliten im Land, sondern der auch planvoller, überlegter und zielgerichteter vorging, was seinen Attentatsversuch angeht.

Bereits am Abend des 8. November erfolgte die Verhaftung Elsers. Er wurde von der Gestapo beim Versuch, sich in die Schweiz abzusetzen, in Konstanz am Bodensee verhaftet. Nach wie vor waren die Nationalsozialisten davon überzeugt, dass es sich bei ihm um keinen Einzeltäter handeln könne. Dass er nicht unmittelbar nach dem Attentat hingerichtet wurde, verdankte er der Tatsache, dass ihn Hitler quasi in der Rolle eines Schutzhäftlings vereinnahmt hatte. Ihn gewissermaßen für einen großen Schauprozess aufbewahren wollte. Erst wenige Tage vor seinem Selbstmord, als die Sowjets sich bereits drangemacht hatten an die Tore der Reichskanzlei zu klopfen, um seiner habhaft zu werden, und es auch dem ‚Größten Feldherren aller Zeiten' (Gröfatz) nun dämmerte, dass es wohl nichts mehr mit dem Endsieg werden würde, wurde Elser auf persönlichen Befehl Hitlers hingerichtet.

„Folgende Weisung ist ergangen: Bei einem der nächsten Terrorangriffe auf München bzw. auf die Umgebung von Dachau ist ‚Eller' in absolut unauffälliger Weise nach Eintritt einer solchen Situation zu liquidieren. Ich bitte besorgt zu sein, dass darüber nur ganz wenige Personen,

die ganz besonders zu verpflichten sind, Kenntnis erhalten.“[34]

Haasis spricht an anderer Stelle ‚von der Verwurstung‘ des wohl fähigsten Hitlerattentäters. Und in der Tat: mit Georg Elser wurde in dieser Republik, besonders in der unmittelbaren Nachkriegszeit, schäbig umgegangen. Insbesondere in der Adenauer-Ära wurde, infiziert durch einen kruden amerikanischen „McCarthyismus“, alles, was auch nur annähernd im Verdacht einer Sympathie oder Beziehung zum Kommunismus stand, diskreditiert und diskriminiert. Im geschlossenen System des ‚Kalten Krieges‘ gab es eine klare Freund-Feind-Zuordnung. Im Kielwasser der USA schwappte der lautstarke Antikommunismus über den Atlantik in die Bundesrepublik. Wenn er auch nicht annähernd so inquisitorisch gehandhabt wurde wie in den 50er- Jahren in den Vereinigten Staaten, so wurden doch auch viele in der Bundesrepublik zu Unpersonen und Geächteten in Politik und Gesellschaft.

Zu ihnen zählte auch Georg Elser, dem die Anerkennung als Widerstandskämpfer versagt wurde, weil er der Mit-

---

[34] Hellmut G. Haasis hat sich als Historiker in besonderer Weise der Biographie Elsers angenommen. So u.a. in: Georg Elser: ein schwäbischer Kriegsgegner, Klemm/Oelschläger, Münster/Ulm 2012 Das Zitat ist aus: Den Hitler jag ich in die Luft. Der Attentäter Georg Elser, eine Biographie, Rowohlt, Berlin 1999, 2. Auflage: Hamburg 2009, S. 233

gliedschaft in der KPD bezichtigt wurde. Belegt ist diesbezüglich nur, dass Elser in den Jahren 1928/29 Mitglied im Roten Frontkämpferbund war, einer Kampforganisation der KPD, und dass man ein entsprechendes Abzeichen bei seiner Verhaftung unter seinem Jackenrevers fand.

Für eine der übelsten Verleumdungskampagnen gegenüber Elser gab sich auch ein führendes Mitglied der ‚Bekennenden Kirche' her. Martin Niemöller, selbst Insasse im KZ Sachsenhausen, setzte das völlig abstruse Gerücht in Umlauf, Elser sei Unterscharführer der SS gewesen.

Die Frage muss in diesem Zusammenhang erlaubt sein: *„Cui bono est?"* Diente die Streuung solch widerwärtiger Gerüchte etwa der Aufwertung der insgesamt erbärmlichen Rolle der evangelischen Kirche in Nazi-Deutschland? Einer Kirche, die es bis heute vorzieht immer trendy und nahe am Zeitgeist zu sein.

Es lohnt nicht auf die Details weiterer, widerliche Versuche einzugehen, die allesamt das Ziel hatten, das Ansehen von Georg Elser zu ruinieren, oder die Bemühungen aufzulisten, ihn und seinen Attentatsversuch in die Nähe politischer Gruppierungen oder ausländischer Auftraggeber zu bringen. Georg Elser war Einzeltäter.

Bereits am zweiten Tag des Gestapo-Verhörs hatte Elser sich dazu dezidiert geäußert:

„Persönlich bin ich nie politisch hervorgetreten. Nach Erreichung des wahlberechtigten Alters habe ich immer die Liste der KPD gewählt, weil ich dachte, das ist eine Arbeiterpartei, die sich sicher für die Arbeiter einsetzt. Mitglied dieser Partei bin ich jedoch nie gewesen, weil ich dachte, es genüge, wenn ich meine Stimme abgebe. An irgendwelchen Aktionen, wie Flugblattverteilung, Zettelwerfen, Demonstrationszügen und Schmierereien habe ich mich nie beteiligt. Während meiner ganzen beruflichen Tätigkeit war ich nie im Betriebsrat tätig. Ich war Mitglied der Gewerkschaft des Holzarbeiterverbandes, weil dies der Verband der Arbeiter meines Berufes war und weil man Mitglied dieses Verbandes sein sollte.“[35]

Der in Sachen Elser ermittelnde Kripochef Nebe stellte fest, *‚dass Elser weder Kommunist noch Marxist noch Anarchist gewesen sei, politisch sei er überhaupt nichts gewesen, was man genau hätte definieren können.‘*[36] Und ein überzeugendes Indiz lieferte die Nachfolgediktatur der Einheitssozialisten der DDR: In ihrer Geschichtsschreibung, in der sie doch den Widerstand gegen Hitler

---

[35] Aus: Peter Koblank: Georg Elser und der Rote Frontkämpferbund – War Georg Elser ein Kommunist? Website des Georg-Elser-Arbeitskreises, 2008, S. 3 – Koblank ist seit 2005 verantwortlicher Redakteur für das Online Archiv dieser Website

[36] Hans Bernd Gisevius: Wo ist Nebe? Erinnerungen an Hitlers Reichskriminaldirektor, Zürich 1966

nur allzu gern als Monopol der Kommunisten reklamierte, kommt Georg Elser nicht vor.

Wenn wir Georg Elser eine so besondere und gesonderte Rolle im Widerstand zuschreiben, dann geschieht es u.a. auch deshalb, weil uns mit Georg Elser erstmals der Prototyp des heutigen „Wutbürgers" begegnet, der als Protagonist des demokratischen Widerstandes mit seinem Engagement das teils feiste, träge, in Lobbyismus und im Typus des sich selbstversorgenden Berufspolitikers erstarrte System der Repräsentativen Demokratie hinterfragt, anprangert und im entschlossenen Protest angeht.

Stuttgart 21 steht vor allen Dingen auch symbolisch für den Protest von an und für sich bodenständigen, klug abwägenden und wenig zur Hysterie neigenden Schwaben, die aber aus liberaler Tradition jederzeit und kompromisslos entschlossen sind, ihre Bürgerrechte zu verteidigen.

Georg Elser, als Sohn eines Wagners und Landwirts am 4. Januar 1903 in Hermaringen in Württemberg geboren, verkörperte diese schwäbischen Tugenden in seiner Person. – In Hermaringen steht bisher ein ‚Stolperstein' in Form eines Gedenksteines vor seinem Geburtshaus. Vielleicht findet in einer hoffentlich nicht allzu fernen Zukunft ein Bürgerpräsident dieser Republik den Weg nach Hermaringen, um in Abwandlung der Worte des ersten Bundespräsiden im Bezug auf den preußisch motivierten Widerstand der Wehrmacht, das zu sagen, was ausgesprochen werden muss:

„So mag denn das Bürgerliche als moralische Instanz begriffen werden. Und wenn irgendwo, dann steht in Schwaben ein Denkmal dafür. Vor dem Geburtshaus eines bürgerlichen Patrioten, in Hermaringen!"

6.0 Hitler ein Faszinosum?

„Bei dem Besuch meiner Eltern in Hamburg habe ich zum zweiten Mal in meinem Leben Herrn Hitler persönlich gesehen. Meine Neugier hatte mich verleitet, gelegentlich eines Spazierganges am Hafen, seine Ankunft – durch ein Spalier von schwarzen Uniformen angekündigt – abzuwarten. Und dann kam er auch und fuhr das Spalier seiner Mannen und einiger Volksgenossen (und anderer) im offenen Wagen ab.

Er machte eine Drehbewegung mit seinem Körper, die ich als ausgesprochen feminin und irritierend empfand. Die Hand leger zum Gruß erhoben und die berüchtigten grauen Augen auf jeden einzelnen von uns persönlich gerichtet, erhob sich das Heilrufen, und hochgestreckte Hände erwiderten seinen Gruß. Wie erstaunt – und hinterher betroffen – war ich, als ich meinen rechten Arm ebenfalls in der Luft grußerhoben bemerkte."[37]

Ein erstes Mal war er dem Mann begegnet, von dem Werner Steinberg an anderer Stelle sagt, dass mit ihm der *„Satan seine Visitenkarte in Deutschland abgegeben habe"*, als Hitler zusammen mit seinem Propagandaminister vor dem Kontor seines Vaters im offenen Wagen

---

[37] Werner Steinberg: Ausgegrenzt – Schicksalswege ‚nichtarischer Christen' in der Hitlerzeit, Lutherisches Verlagshaus GmbH, Hannover, 1992, S. 116, 117

durch ein Spalier jubelnder Hanseaten fuhr. Braun sei das Haar des Führers gewesen. Nicht schwarz, wie er bis dahin geglaubt hatte.

An Werner Steinberg hatte es mir auch dessen besonderes Schicksal im Dritten Reich angetan, weniger konnte ich, auch nach allem, was ihm als ‚nichtarischem Christen' von seinen evangelischen Mitbrüdern an Ausgrenzung widerfuhr, mit seinem bedingungslosen Glauben anfangen. Sicher auch wegen meines ohnehin distanzierten und kritischen Blickes auf die organisierten Kirchen gleich welcher Konfession. – Was mich an ihm faszinierte, waren seine Lebensweisheit, eine Klugheit bar jeder Besserwisserei, seine profunde Bildung, seine außerordentliche Kenntnis der deutschen Geschichte und vor allen Dingen eine weltbürgerliche Toleranz gepaart mit tiefer Herzensgüte. Ich fühlte mich auf besondere Weise zu ihm hingezogen. Obwohl von Haus aus eher jemand, der nur sparsame Briefkontakte unterhält, war es mir ein inneres Bedürfnis, mich mit ihm intensiver auszutauschen. Ich ließ ihm Bilder vom nahe meiner Behausung gelegenen ‚Steinberg' zukommen. Dort, wo wohl einstmals ‚das Schloss seiner Väter' gestanden habe, wie er scherzhaft anmerkte. Es war also auch noch eine räumliche, heimatkundliche Nähe, die uns verband.

Welch scharfen und analytischen Blick Werner Steinberg auf Menschen haben konnte, das zeigte sich in der zweiten Begegnung mit Hitler. Erst in neuerer Zeit wurde dem Psychogramm Hitlers die feminine Komponente hinzugefügt. Ein verweichlichter Zug, hervorgegangen aus einer extremen Mutter-Sohn-Bindung, die der Diktator dann später durch übertriebene Härte und Brutalität, zu kompensieren versuchte.

Lange Zeit hat mich zutiefst irritiert, wie man jemandem, der doch in so infamer Weise, die Diskriminierung, Ausgrenzung und schließlich Vernichtung der Deutschen jüdischen Glaubens betrieb, als Angehöriger dieser drangsalierten Minderheit mit dem Hitlergruß seine Reverenz erweisen konnte. – Werner Steinberg hätte dies in seiner Biographie verschweigen können. Aber auch das gehörte zu seinem Charakter: die Ehrlichkeit gegenüber sich selbst. Zutiefst war er darüber entsetzt, was ihm da widerfahren war und bis ans Ende seiner Tage hat er auch darunter gelitten, dass er mit dem Privileg des ‚nichtarischen Christen' mit seiner Familie überleben konnte, während Abermillionen jüdische Glaubensangehörige systematisch ausgerottet wurden.

Der reflexhafte Hitlergruß, erklärt sich mir zum Teil aus dem im Prolog erwähnten tief verwurzelten Patriotismus, mit dem die Familie Steinberg sich mit ihrem deutschen Vaterland verbunden fühlte. Die Nibelungen und die Geschichte Preußens gehörten zu dem, was sich Werner Steinberg zutiefst verinnerlicht hatte, und wo er sich in unseren gemeinsamen Gesprächen, wie auch zu anderen Themen deutscher Geschichte und Kultur, dezidiert zu äußern wusste.

Werner Steinberg wollte nicht ausgegrenzt sein, er wollte einfach nur dazugehören, zu seinem Volk, den Deutschen, und er konnte sich daher auch vorstellen, was ihm unter Umständen widerfahren wäre, hätte Hitler nicht die Juden, sondern andere Minderheiten im Land mit seinem fanatischen Vernichtungswillen überzogen.

Die Vorstellung davon, wozu wir alle unter Umständen unter den politischen und gesellschaftlichen Rahmenbedingen einer bestimmten Epoche, eines besonderen Herrschaftssystems, fähig gewesen wären, hat Werner Steinberg umgetrieben. Nie hätte er daher gewagt, über die Deutschen insgesamt zu urteilen, oder sie gar zu verurteilen, wie es einseitig recherchierende Wissenschaftler, vor allen Dingen neueren Datums, selbsternannte Moralisten, geschäftsmäßige Philosemiten, und allerlei oberflächlich daherredende und denkende Gutmenschen auf dem Territorium gesicherter demokratischer Verhältnisse mit dem Blick auf die Deutschen unter Hitler tun, je weiter wir uns vom Zeitgeschehen entfernen. Und erst recht nicht hätte er akzeptiert, in welch dummdreister Weise die Deutschen im angeblich europäischen Haus von ihren Mitbewohnern nicht nur südeuropäischer Provenienz immer noch mit dem Stigma des Nationalsozialismus diskriminiert und diskreditiert werden. Werner Steinberg wusste nur zu gut um die Mitschuld, auch von Hitlers willigen Helfern auf dem europäischen Kontinent. Sein Patriotismus, die wohl wirksamste Waffe im Kampf gegen Nationalismus und Chauvinismus, hätte eine alleinige Fixierung auf die Deutschen nicht zugelassen. Und darin stimme ich mit ihm bis heute überein, auch mein Stolz als Deutscher empört sich angesichts derartiger Tiraden und lässt mich gelegentlich auch an der Idee von Europa zweifeln und verzweifeln. Statt mit dem einen Finger aus berechnendem Kalkül immer wieder auf die Deutschen zu zeigen, ist es endlich an der Zeit die verdeckten, gegen die eigene Brust gerichteten Finger im Heer europäischer Gefolgsleute, Denunzianten, Verfolger und gleichermaßen auf die Ausrottung der Juden bedachten Anhänger Hitlers aufzuzeigen.

Denn, wir werden es in der Folge noch ausführlicher belegen, Hitler war auf dem Höhepunkt seiner Macht, keinesfalls die Unperson, als die ihn heute viele Europäer gerne sehen möchten. Es waren nicht nur die Deutschen, die ihm zujubelten. Die Anhängerschaft Hitlers war eine europaweite. Von ihm waren gleichermaßen zahlreiche europäische Mitläufer von gleicher Denkungsart fasziniert.

Im Elternhaus von Werner Steinberg befand sich ein Abdruck des Versailler Vertrages. Ein ‚Schandvertrag' wie auch er ihn nannte.

„Ob und in welchem Maße der Versailler Vertrag indirekt am Ende auch auf mein Leben einen Einfluss gehabt hat, kann ich nicht sagen. Jedenfalls hatte dieser Vertrag auf das Denken und Fühlen des deutschen Volkes einen immensen negativen Einfluss. Wenn man es sich auch zu leicht machen würde Versailles für alle Übel, besonders auch die entsetzlichen ungeheuerlichen Dinge, die später im deutschen Namen verübt sind, verantwortlich zu machen, so ist es doch ungeschichtlich, das deutsche Volk als den einzigen Sündenbock Europas und der Welt zu bezeichnen."[38]

Was Werner Steinberg reflexartig und in einem unbewussten Moment passierte, die Heilsverehrung des Führers durch den Hitlergruß, das steigerte sich im deutschen Volk in den ersten Jahren des Dritten Reiches zu wahren hysterischen Jubelorgien. In einem nahezu mystischen Erlösungswahn war die Mehrzahl regelrecht besessen und berauscht von der Gestalt des Führers und von seiner anfänglichen Erfolgsgeschichte. Er beseitigte in kürzester Zeit die Massenarbeitslosigkeit. Machte Deutschland wieder wehrhaft und ging daran, die im

[38] Werner Steinberg: daselbst, S.93

Versailler Vertrag verlorengegangenen Gebiete wieder dem Reichsgebiet einzugliedern. Mit dem Anschluss Österreichs an das nunmehr Großdeutsche Reich war ihm etwas gelungen, was ihn mit der geschichtlichen Variante von der ‚Großdeutschen Lösung' politisch noch über Bismarck und dessen ‚Kleindeutsche Lösung' unter Führung Preußens stellte.

Hitler im Aufstieg war eine Erfolgsgeschichte. Insbesondere für die von den Siegermächten des Ersten Weltkrieges gedemütigten Deutschen. Dass frühzeitig Gewalt und Unrecht mit ins Spiel kam, hielten die Meisten für vorübergehende Kinderkrankheiten des Regimes. Und so sah es auch eine Heerschar der von ihm faszinierten Anhänger in Europa, die in ihm ein Bollwerk gegen den Kommunismus und den Neugestalter Europas erblickten. Die frühe Ausgrenzung und Bedrängnis der Juden im Deutschen Reich bekümmerte sie dabei wenig. - Als der unglückselige aber höchst ehrenwerte Bundestagspräsident Philipp Jenninger anlässlich seiner Rede in einer Gedenkstunde des Deutschen Bundestages am 10. November 1988 von der überwiegenden Begeisterung der Deutschen für Hitler und den Nationalsozialismus von einem ‚Faszinosum' sprach, da war selbst in den eigenen Reihen die Zahl der selbstgefälligen Entrüster so groß, dass Jenninger seinen Hut nehmen musste und von Amt und Mandat zurücktrat.

Es ist das Verdienst von Ignatz Bubis, dem damaligen Vorsitzenden des Zentralrates der Juden, jenen Moralaposteln und Karrieristen, die im Zweifelsfall und zu gegebener Zeit wohl die besondere Nähe des Regimes gesucht hätten, den Spiegel vorgehalten zu haben. Bubis entlarvte falsches Heuchlertum, indem er in seiner Gedenkrede am 9. November 1989 Passagen der umstrittenen Rede Jenningers übernahm, weil er sie für politisch korrekt hielt.

6.1 Hitler in der Rolle des Volkstribunen und Erlösers der Deutschen

Bis in unsere Tage widert mich jene Kaste von selbsternannten Tugendwächtern im eigenen Land an, die leichtfüßig und schnell daherkommen; die die Generation der Deutschen unter Hitler pauschal als Mitläufer und Mittäter verunglimpfen. Die die Holocaustkeule immer dann schnell schwingen, wenn ihnen die Sachargumente ausgehen, und glauben, damit ihren politischen Gegnern den finalen Todesstoß versetzen zu können.

Ein Beispiel:

„Die Auslese im deutschen Schulsystem ist mit der Rampe von Auschwitz zu vergleichen“, zu dieser wahnwitzigen Ungeheuerlichkeit, die einem die Sprache verschlagen muss, ließ sich 1995 die damalige Schulsprecherin der Grünen in Mühlheim, Brigitte Schuhmann, hinreißen.“ [39]

Es ist schon erstaunlich, dass solche verbalen Entgleisungen und abstrusen Vergleiche häufig einem politischen Lager zugerechnet werden müssen, das meint, in

---

[39] Hubertus Zummach: Bildungstollhaus Bundesrepublik – Ein Report, Cuvillier Verlag Göttingen – Internationaler wissenschaftlicher Fachverlag, Göttingen, 2010, S. 154, 155

besonderer Weise das moralische und soziale Gewissen in diesem Land für sich beanspruchen zu müssen. Wenn schon nicht Bösartigkeit, so muss man doch all jenen grenzenlose Dummheit attestieren, die es sich mit Hitler zu leicht machen, und gleichzeitig unselige Metaphern aus der Zeit des Dritten Reiches bemühen. Wenn wir ihn bis in unsere Gegenwart weiter als alleinige Projektionsfläche für den Holocaust und die ungeheuren Verbrechen im Dritten Reich benutzen wollen, dann werden wir ihn wohl nie los. Dann sitzt er für immer, zwar ungebeten, aber doch scheinbar unentbehrlich, an unserem Tisch.

Hitler im Ansatz zu verstehen, heißt ihn in letzter Konsequenz als gewöhnlichen Menschen zu sehen. Nicht als Auserwählten der ‚Vorsehung' von der er so gerne faselte, nicht als Erlöser und Heilsbringer, wie ihn die Deutschen anfänglich sahen. Hitler war, wenn wir seiner Biographie folgen, zunächst ein ganz gewöhnlicher Österreicher. Niemand, der sich durch ein besonderes Talent auszeichnete. Im Gegenteil, eher ein Versager auf ganzer Linie. Schulabbrecher, Obdachloser und ein mäßiger Postkartenmaler, der sich vergeblich um eine Aufnahme in die Kunstakademie bemüht hatte. Kurzum es war zunächst ein ‚Looser' auf der ganzen Linie, wie wir ihn heute im Neuhochdeutsch nennen würden. Aber hier ist in der Beurteilung des Menschen Hitler schon Arroganz im Spiel und ein Nichtwissen um die Motivation und die Kräfte, die ein Mensch entfalten kann, um sich aus der Rolle des Underdog zu befreien, und Potentiale und Fähigkeiten zu entwickeln, die ihn zum Aufstieg bis an die Spitze der Gesellschaft befähigen.

Alle Versuche Hitler zu dämonisieren, ihn gar als grenzwertig zurechnungsfähiges und größenwahnsinniges Monster zu stilisieren, dienen weder der Erhellung seiner Person, noch der Aufbereitung der von ihm maßgeblich geprägten Ideologie des Nationalsozialismus. Hitler war bis in die letzten Tage seines unheilvollen Wirkens bei vollem Verstand und damit vor dem deutschen Volk und der Welt auch voll verantwortlich für die ungeheuren Verbrechen des Nazi-Regimes und die Katastrophe des Zweiten Weltkrieges.

Ihn zu banalisieren oder zu dämonisieren, beides wird dem Phänomen Hitler nicht gerecht. Wenn wir uns dem Unmenschlichen in seiner Person annähern wollen, dann müssen wir uns näher mit dem Menschen Hitler befassen. Was früher noch ein Tabubruch gewesen wäre, weil es vor allen Dingen darum ging, sich von Hitler als ‚Unperson' zu distanzieren, was gleichermaßen dem Versuch einer Selbstdistanzierung von den ungeheuerlichen Verbrechen, die durch ihn im Namen des deutschen Volkes begangen wurden gleichkam, wird in neuerer Zeit mit dem Versuch, den ‚Menschen' Hitler einer näheren

Betrachtung und Analyse zu unterziehen, bereits vielfach adäquater, differenzierter und realistischer gesehen. Ein Versuch, den in jüngster Zeit vor allen Dingen der Historiker Volker Ullrich unternommen hat.[40]

Und was wir uns angesichts seiner grotesken Mimik und Gestik, die Charlie Chaplin im ‚Großen Diktator' auf so treffend herrliche Art zu karikieren wusste, seiner ohrenbetäubenden Lauthalsigkeit und seiner im Grunde genommen begrenzten Rhetorik aus heutiger Sicht nur schwer vorstellen können: in seiner Zeit hatte Hitler Charisma und er war Kult. Und er hatte daneben auch zweifellos grandiose Anfangserfolge aufzuweisen. Anders als im totalitären Folgesystem im Osten Deutschlands in Form der sogenannten Deutschen Demokratischen Republik, wo die Übereinstimmung mit der kommunistischen Kaderpartei über Wahlergebnisse auf nahezu 100- prozentige Zustimmung manipuliert wurde, und die entsprechenden Kader, Gefolgschaften und Claqueure zu potemkinschen Jubelformationen einbestellt wurden, war die Begeisterung der breiten Massen für Hitler, weniger für seine Partei die NSDAP, in den Anfangs- und Erfolgsjahren echt und unverstellt. Man war des demokratischen Parteiengezänks in der Weimarer Republik überdrüssig, schämte sich ihres Kotaus vor den

---

[40] Volker Ullrich: Adolf Hitler – Die Jahre des Aufstiegs, Fischer Verlag, Frankfurt, 2013

Siegermächten des Ersten Weltkrieges und litt vor allen Dingen unter der desolaten Wirtschaftslage. In Hitler, in der Person des tatkräftig und erfolgreich agierenden Führers, sah die Masse den Erlöser und Heilsbringer aus aller Not und allem Elend.

„Das ist etwas, das schwer zu erforschen ist, woran sich aber jeder, der es miterlebt hat erinnert. Stimmungen lassen sich nun einmal nicht definieren, abgrenzen und festhalten; sie sind atmosphärischer, sozusagen ‚gasförmiger' Natur – Aber sie sind sehr wichtig. Genau wie die Stimmung des Augustes 1914 war die des Jahres 1933 von großer Bedeutung. Denn dieser Stimmungsumschwung bildete die eigentliche Machtgrundlage für den kommenden Führerstaat. Es war – man kann es nicht anders nennen – ein sehr verbreitetes Gefühl der Erlösung und Befreiung von der Demokratie. ***Was macht eine Demokratie, wenn eine Mehrheit des Volkes sie nicht mehr will?"***[41]

Es ist der brillante Publizist Sebastian Haffner, über den der Spiegel urteilt: *„ein genialer Geist. Wir werden seinesgleichen nicht mehr sehen"*, der uns über deutsche Geschichte allemal mehr zu sagen hat, der als Publizist in seinen Schriften über Geschichte trefflicher zu argu-

[41] Sebastian Haffner: Von Bismarck zu Hitler – Ein Rückblick, Droemer/Knauer Taschenbuch Lizenzdruck des Kindler Verlages München, 2001, S.237

mentieren und sie zu analysieren wusste, als manches historische Professorenkolleg zusammen, und der allemal mehr Authentisches zu vermelden hatte, als es die heutige Heerschar von Reportern, Redakteuren und Publizisten, immer im Schwarm auf der Suche nach der neuesten Schlagzeile oder einem umsatzträchtigen Skandal hinterher hechelnd, in ihrer Mehrzahl noch zu leisten vermag.

Haffner beschreibt die anfängliche Rolle Hitlers als die eines geschickt agierenden und äußerst erfolgreichen Volkstribunen. Nach Haffner verlief die „nationale Erhebung" in zwei Schüben und sie erwuchs aus zwei Wurzeln. Den ersten Schub fixiert Haffner auf die erste Hälfte des Jahres 1933 mit der *„Abräumung des politischen Feldes"* (Haffner). Alles, was an Kontrollmechanismen selbst in die Verfassung des Kaiserreiches eingebaut war und was der demokratische Entwurf der Weimarer Verfassung an Grundrechtspostulaten enthielt, wurde am 24. März 1933 mit dem Ermächtigungsgesetz, jener Generalvollmacht zur „Behebung der Not von Volk und Reich", der wohl verhängnisvollsten Klausel im Verfassungskonstrukt von Weimar, das demokratisch legitimiert, den Übergang von der Demokratie zu Diktatur ermöglichte, ausgehebelt.

Zupass kamen den Nationalsozialisten dabei der Reichstagsbrand vom 27. Februar 1933, und die in diesem Zusammenhang von ihnen aufgestellte Behauptung von einem kommunistischen Komplott. Mit der Reichstagsbrandverordnung konnte eine weitere Notverordnung in Kraft gesetzt werden, mit der wie Haffner sagt ein *„neues Element in die deutsche Politik eingeführt wurde: der legale staatliche Terror."*[42]

Mit dem Ausschluss, der Verhaftung und der Einweisung in Konzentrationslager der 81 legal gewählten kommunistischen Abgeordneten erfolgte der zweite Schub von Hitlers nationaler Erhebung. Denn mit der Eliminierung der Kommunisten aus dem Reichstag hatten die Nationalsozialisten die absolute Mehrheit und konnten zusammen mit den bürgerlichen Parteien mit einer Zweidrittelmehrheit sogar die Verfassung gänzlich aushebeln. Es bleibt das Verdienst der Sozialdemokraten bis in unsere Tage, diesem allumfassenden Ermächtigungsgesetz als einzige Partei nicht zugestimmt zu haben.

‚The point of no return', war damit erreicht. Scheinbar legal, aber in Wirklichkeit in Form eines genialen Staatsstreiches des Usurpators Hitler und als Folge des Versagens der bürgerlichen Parteien. – Die wichtigste Voraussetzung aber war, dass dies alles mit breiter Zustimmung des Volkes geschah. Das deutsche Volk *„wollte etwas wirklich Neues: eine Volksherrschaft ohne Partei-*

[42] Sebastian Haffner: daselbst, S. 235

en, eine populäre Führergestalt wie man sie in Hitler erblickte, und vor allem wollte man, dass Deutschland wieder einig, groß und stark würde. ....Wenn Hitler die Parteien abschaffte, stimmte ihm eine große Mehrheit der bürgerlichen Wähler zu, nicht nur derer, die am 5. März nationalsozialistisch gewählt hatten."[43]

Und das Volk musste sich in dieser Haltung bestätigt fühlen: durch das *„Hitlersche Wirtschaftswunder mit* Vollbeschäftigung" (Haffner), und die gelungene Wiederaufrüstung, eine Außenpolitik, die nicht mehr auf Appeasement, sondern auf Selbstbehauptung und Revision des Schandvertrages von Versailles setzte.

Der demonstrative Austritt aus dem Völkerbund, das Husarenstück von 1936 mit dem Einrücken der Wehrmacht in die entmilitarisierte Zone des Rheinlandes und als Krönung der 1938 erfolgte Anschluss Österreichs, wer wollte da nicht dazu gehören zu der neuen Volksgemeinschaft, ihm nicht folgen, dem Führer, in ein neues, großes und starkes Deutschland?

Haffner beschreibt die euphorische Stimmung unter den ‚Volksgenossen' treffend:

„Auf so etwas hatten wir nicht einmal zu hoffen gewagt. Dem Mann gelingt einfach alles. Er ist ein Gottesgesand-

---

[43] Sebastian Haffner: daselbst, S. 238

ter" – Das war nach solchen Erfolgen die Stimmung bei den deutschen Massen; da spielte es keine Rolle mehr, dass andere Bestandteile der Politik Hitlers nie ganz populär waren."[44]

Der Faszination des Führers und seiner anfänglichen Erfolgsgeschichte erlag nicht nur die Masse des deutschen Volkes, sondern auch Geistesgrößen wie Martin Heidegger waren von ihm fasziniert, *„Sehen Sie nur seine wunderschönen Hände an!"*, so der Philosoph, nichtahnend, dass es die Hände eines Jahrhundertverbrechers waren. *„Er hat ein seltsames und schönes Auge."* Das fiel dem Schriftsteller Gerhart Hauptmann auf. Und *„er war ganz rührend zu Kindern"*, wusste Winifred Wagner von dem Mann zu berichten, der jüdische Kinder vergasen ließ, und selbst der Historiker Golo Mann musste sich *„gegen die Energie, die Überzeugungskraft des Redner wehren."*

Zu dem was Haffner zu den wenig populären Maßnahmen des Regimes anmerkt, gehörte auch die Ausgrenzung der Juden; der bald erkennbare zunehmende aggressive Antisemitismus, der gegen Ende der Hitler-Diktatur zum Genozid an den Juden wurde. Er wurde von der großen Mehrheit des deutschen Volkes weder gebilligt noch mit getragen. Warum denn auch? Zwar

[44] Sebastian Haffner: daselbst, S. 262

gab es wie überall in Europa auch in Deutschland eine ursprünglich aus religiösen Motiven gespeiste, latent anhaltende Judenfeindschaft. Auf Grund der Judenemanzipation Mitte des 19. Jahrhunderts und des mit ihr verbundenen rasanten, allerdings in Wirklichkeit gemessen an der deutschen Gesamtbevölkerung nur partiellen Aufstiegs eines exzellenten jüdischen Bildungsbürgertums in gutbügerliche Karrieren als Banker, Wissenschaftler, Künstler, Ärzte und Rechtsanwälte, erfolgte dann eine mehr oder weniger verdeckte Neiddebatte. Aus ihr entwickelt sich bei denen, die im Wandel einer gleichzeitig einsetzenden industriellen Revolution den Anschluss verpasst hatten, oder meinten zu kurz gekommen zu sein, jetzt ein mehr aus wirtschaftlichen und politischen Motiven gespeister Antisemitismus. – Zu keiner Zeit aber hatten beide Formen der Judenfeindschaft in Deutschland die Ausrottung der Juden zum Ziel. Dazu wiederum Haffner:

„Die Juden waren nicht immer beliebt und in der Provinz oft gesellschaftlich isoliert, man hatte ein gewisses Ressentiment gegen ihre großen Erfolge in bestimmten Berufssparten (Rechtsanwälte, Ärzte, Journalisten, Verleger, Schriftsteller) – aber dieser Antisemitismus war

oberflächlich und im großen und ganzen harmlos. Auch gewann er nie eine Mehrheit.“[45]

Und er fügt an anderer Stelle hinzu:

„Es gab aber nirgends in der breiten deutschen Bevölkerung, nicht einmal unter den erklärten Antisemiten, eine Richtung, die fand, dass man die Juden ausrotten solle. Dieser Gedanke, der bei Hitler immer schon durchschien und schließlich auf so schreckliche Weise verwirklicht worden ist, war den Deutschen des vorhitlerischen Deutschen Reiches völlig fremd.“[46]

Somit trägt auch nicht die These Goldhagens von den gewissermaßen auf Endlösung vorprogrammierten Deutschen, die nur darauf gewartet haben, dass Hitler sie umsetzt. – Hitler als fanatischer Judenhasser und nunmehr mit totaler Alleinherrschaft ermächtigt, ging denn auch anfänglich in dieser Frage höchst subtil, oder wie Haffner anmerkt „scheibchenweise“ vor.

Es begann mit der Entfernung der Juden aus gewissen Ämtern und Berufen. Mit Ausnahmen für Kriegsteilnehmer. Der erste, drastische Schritt erfolgte dann 1935 mit den ‚Nürnberger Rassegesetzen‘, der den Juden in Deutschland die allgemeinen Bürgerrechte absprach, sie

---

[45] Sebastian Haffner: daselbst, S. 264
[46] Sebastian Haffner: daselbst, S. 265

rassisch ausgrenzte und die Heirat zwischen Juden und Nichtjuden unter Strafe stellte. - Die vollen Bürgerrechte waren, und der Einwurf sei an dieser Stelle erlaubt, für die sogenannten ‚Vollbürger' des Reiches mit der Aushebelung der Grundrechte aus der Weimarer Verfassung partiell aber auch nicht mehr gegeben.

Vielfach wird die Reichskristallnacht vom November 1938 bemüht, um als Fanal herzuhalten für eine allgemeine Bereitschaft der deutschen Volksgenossen in Form eines gewaltsamen Pogroms gegen ihre jüdischen Mitbürger vorzugehen. – Nach der Ermordung des deutschen Botschaftssekretärs Ernst vom Rath durch den 17-jährigen Juden Herschel Grünspan am 7. November 1938 in Paris, warteten die NS-Propagandisten und ihre Formationen aber vergeblich auf den spontanen, allgemeinen Volkszorn. So mussten dann die Kreis- und Gauleiter die Schlägertrupps der SA ausrücken lassen, um den massiven Pogrom gegen die jüdische Bevölkerung und ihre Gotteshäuser durchzuführen. – Sicher und schlimm genug, es gab dabei zu viele Gaffer und Wegseher. Sich beteiligen oder Handanlegen wollte die Mehrheit der Deutschen aber nicht an den gewaltsamen Aktionen gegen ihre jüdischen Mitbürger und es gab genügend, die sich angewidert abwandten und aus ihrer Abscheu keinen Hehl machten. Und zu viele, die da gar meinten, dies sei nicht mit Billigung des Führers geschehen.

„Wenn das der Führer wüsste“, so lautete ein geflügelter Satz, wo immer im Dritten Reich gegen Recht und Gesetz verstoßen wurde.

Hitlers Sensoren von der Gestapo, übrigens als Sicherungsdienst des Staates wesentlich weniger aufgebläht als die massenhaft vertretene und allgegenwärtige Stasi der DDR, dafür aber umso effizienter, wussten dem Führer zu vermelden, dass die Deutschen – auch in ihrer hitlertreuen Masse, mit einer aktiven, auf Vernichtung der Juden abzielenden Politik nichts am Hut haben wollten. - Hitler und seine Vasallen zogen die Konsequenzen daraus. Der mit dem absehbaren ‚Scheitern des Endsieges‘ nunmehr massiv einsetzende und mit brutaler, technischer Perfektion organisierte Genozid nicht nur an den deutschen, sondern auch an den europäischen Juden, vollzog sich außerhalb des Großdeutschen Reichsgebietes.

Zitieren wir hierzu wiederum Haffner:

„Die Endlösung fand nicht in Deutschland statt. Die Vernichtungslager lagen im Osten Polens. („Warum wohl gerade dort?“ – Anmerkung des Autors) Was sich in Deutschland selbst abspielte, war allein der Abtransport der Juden, wobei man noch zu verstehen gab, dass sie ja nur umgesiedelt würden. Der eigentliche Massenmord, die Vernichtung von Millionen Juden mit mechanischen

Mitteln, wurde niemals – im Vergleich zu anderen Großtaten und auch allen anderen Großverbrechen des Hitlerschen Reichs – öffentlich bekanntgegeben, geschweige denn propagiert. Die vorzügliche Propagandamaschine wurde dafür nicht in Gang gesetzt."

Und weiter:

„In den von Goebbels gelenkten deutschen Zeitungen hat niemals gestanden: „Die Juden müssen ausgerottet werden", geschweige denn: „Die Juden werden jetzt ausgerottet." Eher wurde, noch bis ins Jahr 1945 hinein, immer wieder einmal die alte Leier gespielt. „Die Juden sind unser Unglück, wir müssen uns vor ihnen in acht nehmen." Für das zeitungslesende und rundfunkhörende Publikum in Deutschland gab es keinen Holocaust."[47]

Allerdings muss eingewendet werden, denn auch das gehört zur Wahrheitsfindung, Hitler selbst hatte niemanden über sein auf Vernichtung der Juden abzielendes Programm im Unklaren gelassen. Sowohl in seinem Pamphlet: ‚Mein Kampf' als auch in jener berüchtigten Reichstagsrede vom 30. Januar 1939 hatte der ‚Führer' sich über seine wahren Ziele unmissverständlich geäußert. Nun mag man einwerfen, dass ‚Mein Kampf' in den

---

[47] Sebastian Haffner: daselbst, S. 275 – Hierzu gehört auch, dass die auf die Vernichtung der Juden abzielenden Maßnahmen, die auf der Wannsee-Konferenz im Januar 1942in aller Abgeschiedenheit beschlossen wurden, nicht veröffentlicht wurden. (Autor)

meisten deutschen Haushalten ähnlich behandelt wurde wie die Bibel, nämlich mit Missachtung. – Per Volksempfänger dröhnte es aber am 30. Januar 1939 den deutschen Volksgenossen in die Ohren:

„Ich bin in meinem Leben sehr oft Prophet gewesen und wurde meistens ausgelacht. In der Zeit meines Kampfes um die Macht war es in erster Linie das jüdische Volk, das nur mit Gelächter meine Prophezeiungen hinnahm, ich würde einmal in Deutschland die Führung des Staates und damit des ganzen Volkes übernehmen und dann unter vielen anderen auch das jüdische Problem zur Lösung bringen. Ich glaube, dass dieses damalige schallende Gelächter dem Judentum in Deutschland unterdes wohl schon in der Kehle erstickt ist.

Ich will heute wieder ein Prophet sein: Wenn es dem internationalen Finanzjudentum in- und außerhalb Europas gelingen sollte, die Völker noch einmal in einen Weltkrieg zu stürzen, dann würde das Ergebnis nicht die Bolschewisierung der Erde und damit der Sieg des Judentums sein, sondern die Vernichtung der jüdischen Rasse in Europa."[48]

Als Hitler seine Brandrede gegen die Juden hielt, da saß er fest im Sattel, Kritiker und Zweifler am System des

---

[48] Adolf Hitler: Rede vor dem Deutschen Reichstag am 30. Januar 1939

Nationalsozialismus aus den eigenen Reihen landeten zuhauf in den Konzentrationslagern. Wenn auch zunehmend immer mehr Deutsche mit dem Überfall auf Polen und der Ahnung vom Zweiten Weltenbrand auf Distanz zu Hitler und den Nationalsozialismus gingen, die Chance dem Diktator wirkungsvoll in den Arm zu fallen, war, wie im Kapitel über den Deutschen Widerstand dokumentiert, vertan.

Nichts desto trotz: die Unterstellung Goldhagens und anderer, die Masse des deutschen Volkes hätte den Holocaust billigend in Kauf genommen, bleibt eine ungeheure Infamie. – Dazu nochmals Haffner:

„Ob die Deutschen vom Massenmord an den Juden gewusst haben oder nicht gewusst haben, ist eine Frage, die man nur im Einzelfall beantworten kann. Natürlich ist sehr vieles durchgesickert; ob es immer geglaubt wurde weiß ich nicht.

Es wurde ja auch im Ausland lange Zeit nicht geglaubt: weil man so etwas einfach für unglaublich hielt. Es wurde auch von den deutschen Juden lange Zeit nicht für möglich gehalten, sonst wären sie vielleicht doch rechtzeitig in noch größerer Zahl, als sie es seit 1938 taten, geflohen.“[49]

[49] Sebastian Haffner: daselbst, S, 276

Wiederum müssen wir um der historischen Korrektheit willen anfügen; gegen Ende 1938 und erst recht nach dem Angriff auf Polen 1939, wo die Hitlerdiktatur endgültig ihre Maske hatte fallen lassen, und die Fratze von Rassenhetze und Welteroberungsgelüsten ganz unverblümt zeigte, war es den deutschen und später auch den europäischen Juden so gut wie unmöglich, sich der braunen Häschern zu entziehen; auch weil sich fortan in ganz Europa willige Helfer und Vollstrecker für den Holocaust fanden.

Wenn Volker Dahm *„das Nebeneinander, ja die Verschränkung von biederer Normalität und monströser Abnormität",* als einen Wesenszug des nationalistischen Herrschaftssystems beschreibt, dann erklärt das wohl recht zutreffend die besondere ambivalente und strukturelle Befindlichkeit der Deutschen im NS-System.[50]

Hierzu gehörte: „dass das Leben, wenn man nicht zur Minderheit der Verfolgten gehörte, und dass auch die Staatsführung....normal zu sein schien, dies war eine wesentliche Voraussetzung für die Loyalität, welche die große Mehrheit der Deutschen Hitler über weite Strecken entgegenbrachte.

---

[50] Volker Dahm in: Die tödliche Utopie, Institut für Zeitgeschichte, München, 2002, siehe daselbst S.26

Hierzu trug ein anderes, die nationalistische Herrschaft kennzeichnendes Phänomen entscheidend bei: das Ineinandergreifen von Verführung und Gewalt, von Faszination und Zwang als totalitäre Herrschaftstechnik. Während der Terror für nicht angepasste oder als Volksfeinde deklarierte Minderheiten eine reale, lebensgefährliche Bedrohung darstellte, war er für die große Masse der Bevölkerung eher abstrakter Natur."

6.2 Hitlers Fans in Europa

„War Kennedy ein Hitler-Fan?“ diese Frage stellte sich die Bild-Zeitung in ihrer Ausgabe vom 18. Mai 2013, und sie führte aus:

„In seinen Reisetagebüchern schrieb der spätere US-Präsident John F. Kennedy (1917 – 1963) kurz nach Kriegsende, er könne sich „ohne Weiteres vorstellen, wie Hitler aus dem Hass, der ihn jetzt umgibt, in einigen Jahren als eine der bedeutendsten Persönlichkeiten hervortreten wird, die je gelebt haben.“ Der Diktator sei „aus dem Stoff, aus dem Legenden sind.“[51]

Der Herausgeber von Kennedys Tagebüchern, Oliver Lubrich, kommentierte dessen Aussage dahingehend, dass Kennedy wohl kaum Hitlers Politik bewundert habe, er habe wohl vielmehr versucht, die von Hitler ausgehende „unheimliche Faszination“ zu verstehen. - Man darf also im Land der post-hitlerischen Sitten- und Tugendwächter inzwischen das sagen und schreiben, was der historischen Wahrheit entspricht, ohne dafür wie einst der Präside des Deutschen Bundestages, Philipp Jenninger, gleich abgewatscht zu werden. Und dennoch: immer noch versucht man sich in Deutschland dem Phä-

---

[51] Aus: Bild-Zeitung vom 18. Mai 2013. Zitiert aus der Dokumentation von Oliver Lubrich: John F. Kennedy – Unter Deutschen, Aufbau-Verlag, Berlin, 2013

nomen Hitler entweder mit vereinfachten Plattitüden, wie die vom Jahrhundertverbrecher oder entarteten Monster, oder in selbstquälerischer, ja nahezu masochistischer Weise, in ewiger eigener Schuldzuweisung zu nähern.

Nochmals: mit Hitler, wenn überhaupt werden wir erst halbwegs fertig sein, wenn wir ihn nicht länger dämonisieren, und wenn wir es endlich geschafft haben, in ihm wie auch in uns das Gewöhnliche zu begreifen, das oberflächlich Harmlose, Normale, das unter bestimmten Konstellationen umschlagen kann in Außergewöhnliches, von jeglicher Norm abweichendes Bösartiges. Kurzum, wenn wir gelernt haben, in die eigenen Abgründe zu blicken und jetzt und für alle Zeiten davon ablassen können, Schuldzuweisungen für die eigene Misere an andere oder im gesellschaftspolitischen Kontext an unliebsame Minderheiten zu delegieren, und wenn wir begriffen haben, dass, wenn wir es nicht schaffen, im mühsamen, demokratischen Prozess, im freien Diskurs, kleine Schritte von Problemlösungen zu akzeptieren, und nicht wieder der Versuchung verfallen unter Aufgabe demokratischer Teilhabe, denen wieder das Feld zu überlassen, die uns dann ihre „Endlösungen" anbieten.

Die Unterstellung, Hitler sei mit seinem Machtantritt gewissermaßen der ‚Schrecken des Abendlandes gewesen', dem vor allen Dingen die westlichen Demokratien insbesondere wegen seiner offenkundigen Judenfeindschaft den Kampf angesagt hätten, ist schlichtweg eine geschichtliche Mär. Transportiert und festgeschrieben von den Siegermächten des Zweiten Weltkrieges, wurde die einmalige und ausschließliche Alleinschuld der Deutschen am Holocaust erst nachträglich via teils brutaler und teils naiver Maßnahmen der geistigen Umerziehung. Wir werden noch näher darauf eingehen. Das Schicksal der Juden, ihre Ausgrenzung vom gesellschaftlichen Leben und ihre Verfolgung im Reich Hitlers wurden in Europa gleichgültig, ja häufig mit klammheimlicher Freude zur Kenntnis genommen. In Europa hatten die Juden keine Lobby. Ein diffuses, irrationales, untergründiges aus unterschiedlichen Quellen über Jahrhunderte gespeistes Unbehagen an ihnen waberte nicht nur durch Deutschland sondern über den ganzen europäischen Kontinent. – Hitler war insbesondere während seiner enormen Anfangserfolge, und das bleibt unbestritten, nicht nur für die Deutschen, sondern auch für ein großes Heer mit ihm sympathisierender europäischer Anhänger eine höchst bewunderte Leitfigur. Das erklärt auch, dass sich später, bei der Umsetzung des Holocaust, genügend willige Helfer in ganz Europa fanden.

6.3 Die britische Sonderrolle

Hitler auf den Leim gegangen sind nicht nur die Deutschen. Selbst Churchill, später sein vehementester und wirksamster Gegner, war in Phasen der wirtschaftlichen Depression der Briten von Hitler und dessen Erfolgen derart angetan, dass er sich damals wünschte, Großbritannien möge demnächst doch auch einen Politiker vom Format Adolf Hitlers haben.

Im Übrigen war der Obersalzberg vor Kriegsausbruch nicht nur ein Wallfahrtsort für deutsche Hitleranhänger, sondern Politiker aus aller Welt und insbesondere aus Europa, reichten sich hier einander die Klinke, um dem Führer des Großdeutschen Reiches ihre Reverenz zu erweisen.

Nehmen wir zum Beispiel David Lloyd George, der im Ersten Weltkrieg für England eine ähnliche Rolle gespielt hatte wie Churchill im Zweiten Weltkrieg. Er bestand zwar auch auf der bedingungslosen Kapitulation der Deutschen, ohne aber wie der fanatische Franzose Clemenceau die territoriale Zerstückelung des Reiches und die erniedrigenden Forderungen im Versailler Vertrag zu unterstützen, um damit die Lunte für den Zweiten Weltkrieg zu legen.

Lloyd George besuchte Hitler am 4. September 1936 auf dem Obersalzberg und wurde auf dessen Berghof empfangen. Hitler, der auch durchaus Charme zu verbreiten wusste, empfing ihn überschwänglich und freundlich. Begrüßte ihn als *„den Mann, der den Ersten Weltkrieg gewonnen habe"* und überreichte ihm ein Porträt mit Widmung. Lloyd George bedankte sich sichtlich gerührt und war äußerst angetan von Hitler. Zurückgekehrt nach England, schrieb er am 17. September, in einem Artikel im ‚Daily Express': *„The Germans have definitely made up their minds never to quarrel with us again."*

Und davon ist definitiv auszugehen: auch der Führer wollte keinen ‚Trouble' mit den Briten. Immer wieder hat er versucht, sich ihnen in besonderer Weise zu nähern; sie in seine Welteroberungsphantastereien mit einzubeziehen. Unfassbar für ihn, dass sie nach seinem Überfall auf Polen ihre Appeasement-Politik aufgaben. Ihm den Krieg erklärten. Und es gibt hinreichend Belege dafür, dass er auch in Kriegszeiten von der absurden Idee, doch noch zu einem Agreement mit den Briten zu kommen, förmlich besessen war. So etwa das Stillhalten vor Dünkirchen, der Verzicht auf die Vernichtung des britischen Expeditionsheeres. Und mit letzter Sicherheit ist auch nicht auszuschließen, dass der ‚Irrflug' seines Stellvertreters Hess, nicht doch auch im Einverständnis mit dem Führer geschah. Denn besonders in England gab es genügend Sympathisanten und Anhänger des Diktators.

Zum britischen Defilee gehörte u.a. Lady Londonderry. *„Sie und Deutschland erinnern mich an die Schöpfungsgeschichte in der Bibel. Nichts sonst beschreibt den Eindruck richtig!“,*[52] so schrieb sie enthusiasmiert an Hitler. Gänzlich entrückt und verzückt von der Heilsgestalt des Führers, wie eine teils hysterische deutsche Volksmasse. Von gleicher Schwärmerei und Anbetung besessen auch Lord Londonderry, zeitweise Mitglied des englischen Kabinetts.

Der einflussreiche britische Zeitungsverleger und Luftfahrtsminister in den Jahren 1917/18, Harold Sidney Harmsworth, Viccount Rothermere, und der Lordsiegelbewahrer, der spätere britische Außenminister Edward Wood Halifax gehörten zu den Pilgern auf den Obersalzberg. Und ‚last but not least‘, Edward VIII., Herzog von Windsor, von Januar bis Dezember 1936 König des Vereinigten Königreiches von Großbritannien und Irland, machte nach seiner Mesalliance mit der Amerikanerin Wallis Simson, über die die Briten ‚not amused‘ waren, und die ihn daher zum Thronverzicht zwangen, Hitler auf dem Obersalzberg seine Avancen und gab sich der Hoffnung hin, mit dessen Hilfe wieder in den Besitz des britischen Thrones zu gelangen.

---

[52] Vergleiche hierzu: Ian Kershaw: Hitlers Freunde in England, Deutsche-Verlags-Anstalt GmbH, München, 2005

Sie würden ihn gern ausblenden aus ihrer Geschichte, denn er steht gleichermaßen für einen militanten Antisemitismus und Faschismus wie die Nationalsozialisten unter Hitler. Die Rede ist von Sir Oswald Mosley, 6. Baronet, geboren am 16. November 1896 in London und hochbetagt am 3. Dezember 1980 in Orssay, im Departement Essonne in Frankreich gestorben.

Anfang der 50er- Jahre verließ er England, um dann später nach Paris zu ziehen. – *„You don't clear up a dungheap from underneath it."* - Man kann einen Misthaufen nicht beseitigen, wenn man unter ihm liegt. Bis in seine letzten Tage blieb er im Grunde seines Herzens ein fanatischer Judenhasser und überzeugter Faschist.

Oswald Mosley war nicht irgendwer in England. Seine Familie verfügte über größeren Landbesitz im englischen Staffordshire. Er besuchte die Royal Military Academy in Sandhurst und zeichnet sich im Ersten Weltkrieg als Soldat in den Schützengräben in Frankreich und später als Beobachter des Royal Flying Corps aus. Nach einem Flugzeugabsturz, bei dem er sich eine schwere Beinverletzung zuzog, wurde er als Invalide vorzeitig entlassen. Mosley gewann durch seine Heirat mit Lady Cynthia Curzon, einer Tochter von George Nathaniel Curzon, dem ehemaligen Vizekönig von Indien nicht nur eine große Mitgift, sondern auch erheblichen Einfluss in der gesellschaftlichen Oberschicht seines Landes. Die Heirat war das Großereignis des Jahres. Gäste aus vielen europäischen Königsfamilien reisten an.

Anders als bei Hitler vollzog sich die Radikalisierung bei Mosley weniger abrupt. Als er beschloss, Politiker zu werden, gelang ihm dies zunächst als 21-jähriger mit einem konservativen Mandat im Unterhaus. Als begnadeter und äußerst selbstbewusster Redner, der stets frei, ohne jegliches Manuskript sprach, gewann er allmählich Ansehen und Zulauf.

Als Spross einer anglo-irischen Familie kam es zum Zerwürfnis mit den Tories wegen deren rigoroser Politik gegenüber den Iren. Als Parteiloser verteidigte er 1922 erfolgreich seinen Wahlkreis, um sich dann 1924 dem linken Flügel der Labour Party anzuschließen. Hier stieg er zum Minister ohne Geschäftsbereich auf. Als er wegen seiner radikal-sozialistischen Forderungen in Konflikt mit der Labour Party geriet, gründete Mosley am 28. Februar 1931 seine eigene Partei, die ‚New Party', die allerdings bei den Wahlen 1931 keinen Sitz erreichen konnte.

Mosley besaß zwar ein gewisses Charisma, was ihm aber fehlte war das Organisationstalent der kontinentaleuropäischen Faschisten Mussolini, Franco und Hitler. So zog er aufs Festland, um die Strukturen und Bewegungen der europäischen Faschisten zu studieren. Er kam dabei zu der Überzeugung, dass es sich hierbei um eine gewaltige, die künftige europäische Politik bestimmende Bewegung handele und gründete, nach England zurückgekehrt, 1932 die ‚British Union of Fascists' (BUF). Die 50 000 Tausend Mitglieder seiner Partei und seine zahlreichen Anhänger trugen zum Teil als sogenannte ‚Blackshirts' ähnliche Uniformen wie die SS und waren häufig in ähnlich gewalttätige Aktionen gegen Juden und Kommunisten involviert wie Hitlers Mannen.

Die national-faschistische Partei Mosleys, die den Parteinamen inzwischen um den Begriff ‚National Socialists' erweitert hatte, konnte in den Wahlen zum London Council 1937 in drei ihrer Hochburgen immerhin bis zu 25% der Stimmen erzielen. Anders aber als nach der totalen Machtübernahmen und der Ausschaltung von Recht und Gesetz durch die Nationalsozialisten nach dem angeblichen Röhm-Putsch von 1934, und den dabei erfolgten Mordbrennereien der Nazis, wurden die Umtriebe Mosleys, der sich zuvor breiter Sympathie erfreute - so wurde er ganz offiziell von der britischen Tageszeitung Daily Mail unterstützt, unter seinen Anhängern befanden sich auch der anerkannte britische Militärhistoriker John Frederick Charles Fuller sowie der Romancier Henry Williamson - nach der Kriegserklärung der Engländer an das Deutsche Reich abrupt gestoppt. Am

23. Mai 1940 wurde er zusammen mit anderen aktiven Faschisten interniert.

Nehmen wir zum Schluss einen Briten, der in seinem Antisemitismus sowohl mit zum geistigen Wegbereiter Hitlers wurde, der ihn aber auch mit seiner Sympathie und persönlichen Wertschätzung nicht nur für das deutsche, sondern auch für das europäische Großbürgertum salonfähig machte. Die Rede ist von Houston Stewart Chamberlain.

Chamberlain, am 9. September 1855 in Portsmouth in England geboren und am 9. Januar 1927 in Bayreuth gestorben, hilft uns vielleicht am besten zu verstehen, welche Faszination und Strahlkraft nicht nur für die Deutschen von dem frühen Hitler ausging. Als Verfasser zahlreicher populärwissenschaftlicher Schriften zu großen Deutschen wie Kant, Wagner, Goethe und Schiller, sowie mit seinem 1899 herausgegebenen Werk: ‚Grundlagen des neunzehnten Jahrhunderts', das nicht nur in Deutschland zu dem Standardwerk des rassisch und ideologisch motivierten Antisemitismus wurde, hatte er eine große Leserschaft gefunden.

Hochbegabt, von hervorragender Intelligenz, war er auch umfassend gebildet. In England ein ausgezeichneter Shakespeare Kenner, mit den antiken Philosophen wohlvertraut, und mit umfangreichen naturwissenschaftlichen Studien und Forschungen hatte er sich einen Namen gemacht.

Der Sohn einer wohlhabenden englischen Adelsfamilie, vom Charakter her eher introvertiert und auch kühl und analytisch in seinem wissenschaftlichen Vorgehen, fand auch Leser, die nicht im Verdacht des Antisemitismus standen. Allen voran Winston Churchill, Kaiser Wilhelm II., D.H. Lawrence und sogar Albert Schweitzer gehörten zu seiner begeisterten Leserschaft.

Angeregt durch den deutschen Theologen Otto Kunze, der die vielseitige Begabung des jungen Chamberlain erkannte, vor allen Dingen seine frühen naturwissenschaftlichen Studien förderte und ihnen einen Ordnungsrahmen gab, ihn dazu vermehrt mit französischen Klassikern und insbesondere deutscher Literatur bekannt machte, entwickelte Chamberlain eine sehr frühe Affinität zu den Deutschen. Nach Studium und Aufenthalt in Dresden, schloss er seine in Genf begonnenen naturwissenschaftlichen Studien in Wien ab.

Hier, unter dem Eindruck der langsam verfallenden Donaumonarchie, die seiner Meinung an dem Grundübel eines rassisch durchmischten Vielvölkerstaates scheitern musste, kam er sehr früh schon zu einer inneren Wahlverwandtschaft zum Nationalsozialismus, zu einem Zeitpunkt da dieser noch gar nicht das Licht der Welt erblickt hatte. Das sich nach dem Untergang der Donaumonarchie in Wien abzeichnende Chaos, der wirtschaftliche, poltische und gesellschaftliche Verfall, waren dann später auch die prägenden Eindrücke in Hitlers Wiener Zeit. Hier wurde sein Weltbild desgleichen entscheidend geprägt, und hier erwacht in ihm der unbändige Wunsch, die Verhältnisse radikal zu ändern.

Zurück zu Chamberlain. In seiner Wiener Zeit pflegte er Kontakt zum Wagner-Kreis und nach seiner Scheidung von seiner ersten Frau Anna ehelichte er Wagners und Cosimas Tochter Eva. Über diese Verbandelung mit dem Hause ‚Wahnfried' kam er 1923 mit dem zu dieser Zeit 34-Jährigen Adolf Hitler zusammen, der ebenfalls begeisterter ‚Wagnerianer' war, und gleichfalls den bombastischen, schwülstigen, in der Tiefe durch entsprechende Akkorde an Untergang und Endzeit gemahnende, zweifellos aber zu jeder Zeit grandios inszenierten, wuchtig und mit Getöse einwirkenden und berauschenden, psychedelischen Klängen und Werken verfallen war.

Warum an dieser Stelle eine so vergleichsweise ausführliche Würdigung Chamberlains? Ein Brief von Chamberlain an Hitler, geschrieben etwa 10 Jahre vor dessen ‚Machtergreifung' zeigt uns, welche Erwartungen, Hoffnungen, zwar letztlich alles Illusionen und gefährliche Träumereien, in Hitler und seine dynamisch gestalterische Rolle nicht nur in Deutschland, sondern insbesondere auch in England wie auch im übrigen Europa gesetzt wurden. Und es dient wiederum als Beleg dafür, wie einseitig, mit welch engem Blickwinkel und letztlich bar jeglicher wissenschaftlich tragbaren Aussage das anachronistische Pamphlet des Soziologen Goldhagen verfasst wurde, und wie es letztlich zu bewerten ist.

Denn nochmals: es gab im europäischen Kontext kein deutsches Alleinstellungsmerkmal für einen besonders ausgeprägten, bösartigen und aggressiven Antisemitismus. So konnte Hitler denn auch seine von Beginn an vor aller Welt sichtbare Diskriminierung und Ausgrenzung der Juden unter allgemeiner Gleichgültigkeit an deren Schicksal und im weitgehenden Einklang mit einem gleichermaßen und gleichstark ausgeprägten gesamteuropäischen Antisemitismus vornehmen.

In Hitler wurde der neue Prototypus des Politikers gesehen, mit dessen Zielen und mit dessen Programmatik vor allen Dingen, wie wir noch sehen werden, die faschistischen Bewegungen in nahezu allen Ländern des alten Kontinents in einem breiten ‚Common Sense' korrespondierten. – Der Brief Chamberlains ist denn auch eher aus der Sicht der damaligen Zeit eine gemilderte Form des Wohlwollens, stellvertretend für einen Großteil der mit Hitler sympathisierenden großbürgerlichen Gesellschaft in Europa.

Die Frage darf gestellt werden: wenn schon die gebildeten Schichten und hier insbesondere in England ein solches Faible für Hitler besaßen, warum sollten dann nicht die ‚gewöhnlichen Deutschen' die anfängliche Erfolgsstory ihrer Führers so frenetisch bejubeln?

Bayreuth, den 7. Oktober 1923

Sehr geehrter und lieber Herr Hitler!

Sie haben das Recht diesen Überfall nicht zu erwarten, haben Sie doch mit eigenen Augen erlebt, wie schwer ich Worte auszusprechen vermag. Jedoch ich vermag dem Drange, einige Worte zu Ihnen zu sprechen, nicht zu widerstehen. Ich denke es mir aber ganz einseitig – d.h. ich erwarte keine Antwort von Ihnen.

Es hat meine Gedanken beschäftigt, wieso gerade Sie, der Sie in so seltsamen Grade ein Erwecker der Seelen aus Schlaf und Schlendrian sind, mir einen so langen und erquickenden Schlaf neulich schenkten, wie ich einen ähnlichen nicht erlebt habe seit dem verhängnisvollen Augusttag 1914[53]*, wo das tückische Leiden mich befiel. Jetzt glaube ich einzusehen, dass dies gerade Ihr Wesen bezeichnet und sozusagen umschließt: der wahre Erwecker ist zugleich Spender der Ruhe.*

---

[53] Anmerkung des Autors: Chamberlain war auf Grund einer Quecksilbervergiftung, die er sich zu dieser Zeit zuzog, partiell gelähmt und litt fortan an großen Schmerzen.

Sie sind gar nicht, wie Sie mir geschildert worden sind, ein Fanatiker, vielmehr möchte ich Sie als den unmittelbaren Gegensatz eines Fanatikers bezeichnen. Der Fanatiker erhitzt die Köpfe, Sie erwärmen die Herzen. Der Fanatiker will überreden, Sie wollen nur überzeugen. – und darum gelingt es Ihnen auch; ja, ich möchte Sie einfach für das Gegenteil eines Politikers – dieses Wort im landläufigsten Sinn aufgefasst – erklären, denn die Asche aller Politiker ist die Parteizugehörigkeit, während bei Ihnen alle Parteien verschwinden, aufgezehrt von der Glut der Vaterlandsliebe.

Es war, meine ich, unserer großer Bismarck, dass er durch den Gang seines Schicksals – beileibe nicht durch angeborene Anlagen – ein bißchen zu sehr mit dem politischen Leben verwickelt ward. Möchte Ihnen dieses Los erspart bleiben!

Sie haben Gewaltiges zu leisten vor sich, aber trotz Ihrer Willenskraft, halte ich Sie nicht für einen Gewaltmenschen. Sie kennen Goethes Unterscheidung von Gewalt und Gewalt! Es gibt eine Gewalt, die aus dem Chaos stammt und zu Chaos hinführt, und es gibt eine Gewalt, deren Wesen es ist, Kosmos zu gestalten und von dieser sagte er: „Sie bildet regelnd jegliche Gewalt und selbst im Großen ist es nicht Gewalt."

In solchem kosmosbildenden Sinne meine ich es, wenn ich Sie zu den aufbauenden, nicht zu den gewaltsamen Menschen gezählt wissen will.

Ich frage mich auch immer wieder, ob der Mangel an politischem Instinkt, der an den Deutschen so allgemein gerügt wird, nicht ein Symptom für eine viel tiefere staatsbildende Anlage ist. Des Deutschen Organisationstalent ist jedenfalls unübertroffen (siehe Kiautschou!) und seine wissenschaftliche Befähigung bleibt unerreicht. ….

Dass Sie mir Ruhe gaben, liegt sehr viel an Ihrem Auge und an Ihren Handgebärden. Ihr Auge ist gleichsam mit Händen begabt, es erfasst den Menschen und hält ihn fest, und es ist Ihnen eigentümlich, in jedem Augenblick die Rede an einen Besonderen unter Ihren Zuhörern zu richten – das bemerke ich als durchaus charakteristisch. Und was die Hände anbetrifft, sie sind ausdrucksvoll in ihren Bewegungen, dass sie hierin mit den Augen wetteifern.

Solch ein Mann kann schon einem armen geplagten Geist Ruhe spenden!“[54]

---

[54] Houston Stewart Chamberlain: ‚Briefe, 1916 – 1924‘, 2. Band, F. Bruckmann A-G, München, 1928, S. 124-126

Es zeigte sich aber letztlich, dass im Mutterland der Demokratie wenig Neigung bestand, die in einem langen historischen Kampf erworbenen Freiheitsrechte zu Gunsten einer nationalistischen Alleinherrschaft aufzugeben. Deutschland dagegen war bis auf das schwache Zwischenspiel der Weimarer Republik ungeübt im Umgang mit demokratischen Spielregeln. Und das ganz offensichtliche Versagen der bürgerlichen Parteien beim politischen Krisenmanagement, sowie der mehrfach zitierte Schandvertrag von Versailles trugen entscheidend dazu bei, dass hier der Ruf nach dem starken Mann übermächtig wurde. - Dennoch bleibt festzuhalten, dass die Engländer in großen Teilen vom deutschen Diktator fasziniert waren, und dass sie ihn lange, zu lange, mit ihrer Appeasement Politik in seinem Tun gewähren ließen.

7.0 Europa unter dem Faschismus

Die Faszination, die vom Anfangserfolg der faschistischen Bewegung der deutschen Nationalsozialisten ausging und die zahllose entsprechende Gefolgschaften in ganz Europa hatte, darf um der geschichtlichen Wahrheit willen nicht verschwiegen werden. Ein Aspekt, der immer wieder im Nachkriegseuropa auszuklammern versucht wurde.

Wenn wir der geschichtlichen Wahrheit in Europa aber näher kommen wollen, dann muss klargestellt werden, dass Chauvinismus und Antisemitismus im Europa des 20. Jahrhunderts kein Alleinstellungsmerkmal der Deutschen waren. Und dass sich aus dieser gesamteuropäischen faschistischen Bewegung und Geisteshaltung ein williges Heer von Denunzianten und Helfern für Hitlers Holocaust rekrutieren ließ.

So waren es in Ungarn etwa die Pfeilkreuzler, auch Hungaristen genannt, die sich unter ihrem Führer Ferenc Szálasi ähnlich radikal rassistisch und antijüdisch verhielten. Unter dem autoritären Reichsverweser Admiral Horthy zwar noch einigermaßen in Zaum gehalten, errichteten die ‚Pfeilkreuzler' nach seiner Abdankung am 15. Oktober 1944 eine Diktatur, in der die jüdischen Ungarn systematisch verfolgt, der SS und damit ihrer Vernichtung zugeführt wurden.

In der Tschechoslowakei waren es neben den deutsch-völkischen Ablegern von der Deutschen Nationalsozialistischen Partei (DNSAP) und der Sudetendeutschen Partei (SdP), die Partei der Slowakischen Einheit (SSNJ) und die Partei der Nationalen Einheit (SNJ), die sich rabiat nationalistisch und antisemitistisch gebärdeten.

Eine besonders aggressive Truppe war die kroatische faschistische Bewegung der Ustascha. Gegründet 1929 von Ante Pavelic´. Nach Einmarsch der deutschen Wehrmacht errichtete die Ustascha eine faschistische Diktatur, die mit brutalen Methoden Serben, Sinti und Roma, politisch missliebige Gegner aber insbesondere auch Juden verfolgte.

In Serbien gab es mit dem Kollaborationsregime des General Milan Nedic, und dessen Unterstützung durch die gleichfalls faschistischen Tschetniks ein entsprechendes Pendent.

Wie sehr solche faschistoiden Gedankengänge und Strukturen in den Köpfen der Menschen untergründig noch nachwirken, zeigte sich beim Zerfall von Jugoslawien nach Titos Tod. Alles was an bestialisch-mörderischem Potential in den Menschen steckt, brach nach dem Zerfall des Einheitsstaates mitten in einem sich scheinbar friedlich zusammenfindenden Europa wieder auf.

Nichtbeglichene Rechnungen aus der Zeit von Ustascha und Tschetniks, rassisch motiviertes Vorgehen der Serben gegen die Bosnier, Massenerschießungen, Vergewaltigungen, Verschleppungen und Konzentrationslager, das ganze Horrorszenario aus scheinbar doch längst überwundenen Zeiten der Hitlerdiktatur: plötzlich und über Nacht war es wieder da!

Eine besondere Rolle nahm Rumänien ein. Auch, was die extreme Bereitschaft angeht, sich in den auf Vernichtung der europäischen Juden abzielenden Holocaust Hitlers aktiv mit einzubringen.

Wie Ungarn war auch Rumänien Bündnispartner der Deutschen Wehrmacht bei deren Eroberungsfeldzug gegen die Sowjetunion. Insbesondere zeichnete sich die sogenannte faschistische ‚Eiserne Garde' in Rumänien durch grausame Brutalität gegenüber Andersdenkenden und rassisch ausgegrenzten Minderheiten aus.

Auch war der Antisemitismus hier in besonderer Weise ausgeprägt. Rabiater und aggressiver als bei anderen Völkerschaften auf dem Balkan. In den Rumänen fand die Hitlerdiktatur, mit die willigsten Gefolgsleute bei ihren verbrecherischen Machenschaften. Gleichermaßen von Rassenwahn und Eroberungsgelüsten besessen.

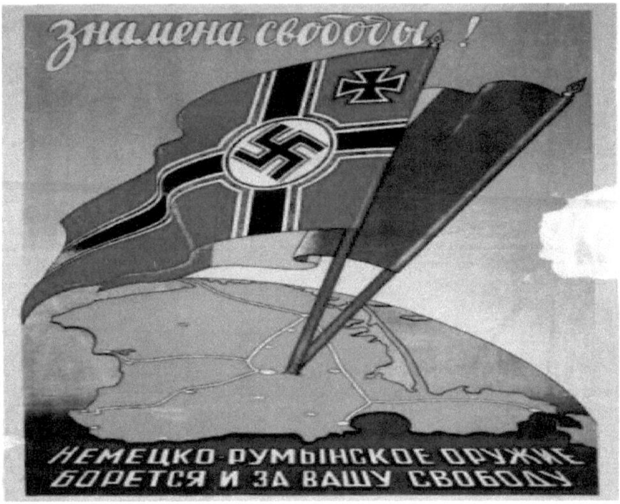

Die Rumänen als Verbündete des Dritten Reiches beim Angriffskrieg und Völkermord

Deportation jüdischer Frauen durch rumänische Soldateska am 17. Juli 1941

Mit einer außerordentlichen diktatorischen Bevollmächtigung von General Antonescu durch den rumänischen König Carol II. und der Errichtung einer Militärdiktatur, kam es in der Folge am 23. November 1940 zu einem Beitritt Rumäniens zum am 27. September 1940 auf Initiative Hitlers geschlossenen Dreimächtepakt zwischen dem Deutschen Reich, dem Japanischen Kaiserreich und dem Königreich Italien.

Eine Zwischenbemerkung sei an dieser Stelle wieder erlaubt: von Seiten der deutschen Botschaft in Moskau und maßgeblichen Vertretern des Auswärtigen Amtes in Berlin wurde ernsthaft erwogen, nach dem ‚Freundschaftsvertrag' mit der Sowjetunion vom August 1939 den Dreimächte Pakt zu einem Viermächtepakt zu erweitern. Und hier ist gottseidank nur Phantasie bemüht. Denn mag man sich ernsthaft vorstellen wollen, wie und unter welchen Umständen sich die Lebensverhältnisse in ganz Europa beim Zusammengehen dieser beiden Jahrhundertschurken verändert hätten? Es gab durchaus Vergleichbares: beide verfolgten weniger ein auf die ideologische Vereinnahmung der restlichen Welt abzielendes Programm. Auch Stalin war im tiefsten seines Wesens rassistisch und völkisch. In der russischen Geschichte eher einer vom Typus Iwans des Schrecklichen, und weniger ein Eiferer für den Sieg des Weltkommunismus.

Seinen Krieg gegen Hitler bezeichnete er daher auch folgerichtig als den ‚Großen Vaterländischen Krieg'. Was Juden von ihm zu erwarten gehabt hätten, zeigte sich u.a. bei deren rigoroser Verfolgung im Rahmen der Ärzteprozesse. Seine Deportationen und Liquidierungen von ganzen Völkerschaften waren die Umsetzung einer zutiefst rassistischen und brutalen Doktrin, mit dem Ziel eine Dominanz der russischen Bevölkerungsanteile herzustellen. Was ein Zusammengehen der beiden verhinderte, waren die ihnen gemeinsamen Eroberungsphantastereien, mit dem Ziel einer Ausdehnung des eigenen Territoriums auf Kosten anderer Länder. Sie strichen umeinander herum, wie sich wechselseitig belauernde Raubkatzen auf Beutezug. Der sogenannte Freundschaftspakt, wurde von beiden, im Gegensatz zu ihren jeweiligen Beratern, ohnehin nur als vorübergehendes Stillhalteabkommen angesehen. Stalin wartete auf einen Abnutzungskrieg des Großdeutschen Reiches mit den Westalliierten, um aus der Schwächung beider Profit zu ziehen. Hitler schlug mit seinem Präventivangriff vorzeitig zu und verschluckte sich dabei an dem großen Monolithen Sowjetunion.

Aber zurück zu den Rumänen. An Ihnen lässt sich in besonderer Weise festmachen wie sehr die rassistischen und antisemitischen Einstellungen während der Zeit des Dritten Reiches in Europa bis in die letzte Konsequenz, nämlich mit brutaler Verfolgung und Ausrottung mitgetragen wurden. Als die Rumänen dem Hitlerpakt beitraten, signalisierten sie ihre Bereitschaft, sich an einem Angriffskrieg gegen die Sowjetunion zu beteiligen. Für Hitler war die Stabilität in Südosteuropa und vor allen Dingen der Zugriff auf die rumänischen Erdölfelder eine der wichtigsten strategischen Voraussetzungen für seinen Überfall auf die Sowjetunion. Die Rumänen versprachen sich dagegen vor allen Dingen Gebietszuwächse auf Kosten der Sowjetunion. Nach Entsendung einer deutschen Militärmission im Herbst 1940 kam es zu einem engen militärischen Zusammengehen, so war zum Beispiel die 11. Armee der Deutschen Wehrmacht bereits 1940, also vor dem Angriff auf die Sowjetunion am 22. Juni 1941, in Rumänien stationiert. Anders als im Deutschen Reich wurden die Kriegsziele und das Vorgehen Antonescus von einer breiten Mehrheit der Bevölkerung mitgetragen.

Bereits am Anfang des gemeinsamen Krieges gegen die Sowjetunion, bei der Rückeroberung Bessarabiens und der nördlichen Bukowina, begannen die rumänische Armee, Gendarmerie und Geheimpolizei mit der Ermordung und Vertreibung von mehreren zehntausend dort ansässigen Juden und Roma. – Insgesamt waren die Rumänen an der Ermordung von etwa 270 000 rumänischen Juden aktiv beteiligt.

In der Endphase des Zweiten Weltkrieges, als das Ende des Dritten Reiches greifbar nahe war, wechselten die Faschisten Rumäniens die Fronten, wie auch andere, zuvor dem Dritten Reich nahestehende faschistische Formationen, so insbesondere auch die Faschisten Italiens aus der vormaligen Achse Berlin-Rom-Tokio, um sich dann für die Nachkriegszeit gegenüber den Siegermächten als Befreier vom Faschismus präsentieren zu können. Was den Italienern in der westlichen Hemisphäre auch perfekt gelang. Die Rumänen kamen dabei gewissermaßen vom Regen in die Jauche. Genosse Stalin nahm sich ihrer an: gewissermaßen als Nemesis der Geschichte.

Für den Balkan seien der Vollständigkeit halber und als Beleg für eine grundsätzlich vorhandene antisemitische Haltung in diesen Ländern, Albanien und Bulgarien als dem Faschismus zugeneigte Länder nachgereicht. Es waren dies für Albanien die Partia Fashiste e Shqiperise, PFSh, (Albanische Faschistische Partei), und für Bulgarien der Bund der Bulgarischen Nationalen Legion (SBN).

Eher als Ableger der italienischen Faschisten, ist die Albanische Faschistische Partei zu betrachten, zumal Albanien von 1939 bis 1943 von Italien besetzt war. Nach dem Ausscheren Italiens aus dem Dreier-Pakt, besetzte die Deutsche Wehrmacht Albanien. Der Chef der Sicherheitspolizei, Ernst Kaltenbrunner, installierte mit der

Albanischen Nationalsozialistischen Partei eine Marionettenregierung, die aber relativ frei agieren konnte, sich zwar weniger bei der systematischen Verfolgung der Juden engagierte, dafür aber mit der berüchtigten, freiwilligen 21. Waffen-SS-Gebirgs-Division, „Skanderberg“, in den Reihen von Hitlers brutalen Eroberungs- und Vernichtungskriegern eine gemeinsame Blutspur zogen. So ermordeten am 28. Juli 1944 Angehörige der Division im Dorf Veliko 380 Einwohner, darunter 120 Kinder und setzten 300 Häuser in Brand. Im Norden von Mazedonien operierten sie weniger als militärischer Verband, sondern vielmehr als Terrororganisation gegen die Zivilbevölkerung. Desgleichen drangsalierten sie die serbische Zivilbevölkerung und sie beteiligten sich aktiv an der Verfolgung, Gefangensetzung und Deportation von Juden, die nach Bergen-Belsen überstellt wurden.

An dieser Stelle gilt nochmals festzuhalten, wie die Animositäten, ja der Hass, als Folge nationaler, kommunistisch oder faschistisch motivierter Gräueltaten bis in unsere Tage nachwirken, und die spannende Frage ist, ob es im Rahmen eines sich mühsam konstituierenden Europas gelingt, nicht nur die nationalen Ressentiments, sondern auch den immer noch tiefgründig nachwirkenden Antisemitismus in dieser Region zu überwinden.

Für Bulgarien ist wiederum exemplarisch, dass mit dem Zusammenbruch des ‚Ancien Regime‘, also dem weitestgehenden Verschwinden einer feudalistisch-obrigkeitsstaatlich geprägten Klassengesellschaft, als Folge des Ersten Weltkrieges, es zu einer machtvollen Auseinandersetzung von Kräften gewaltbereiter mehr international operierender kommunistisch-sozialistischer Formationen mit denen einer sich neu formierenden europaweiten faschistischen und völkisch-rassistisch ausgerichteten Massenbewegung kam. Typisch war dabei für den Balkan, dass es den faschistischen Bewegungen hierbei immer wieder um die Revision und Wiederherstellung von verlorenen oder neu zu gewinnenden Territorien ging.

In Bulgarien obsiegte nach dem Ersten Weltkrieg zunächst die Bulgarisch Kommunistische Partei (BKP), um dann durch einen faschistischen Staatsstreich am 9. Juni 1923 weggeputscht zu werden. Die grausame Diktatur des Zankow-Regimes ging dann 1935 über in die Errichtung einer monarcho-faschistischen Diktatur durch Zar Boris II.; wobei eine ideologische und partnerschaftliche Ausrichtung auf das Dritte Reich erfolgte.

Bulgarien trat am 1. März 1941 dem Drei-Mächte-Pakt bei. Hauptmotiv: bei einem Sieg Hitlers, über die Sowjetunion, der angesichts der großen Anfangserfolge von dessen ‚Blitzkriegern' zunächst gar nicht so unmöglich schien, beim Verteilen der Beute mit am Tisch sitzen zu können. Am 8. August 1944 beendet der Einmarsch der Roten Armee die Träume von einem Groß-Bulgarien.

Wen wir uns zuletzt auf die Faschisten des Balkans und südosteuropäischer Provenienz konzentriert haben, dann seien jetzt andere nachgereicht.

Quasi zur Blaupause für alle Faschisten Europas und auch für den ‚Großen Imitator' Hitler wurde das System und die Ideologie der ‚Fasci italiani di combattimento', des italienischen Kampfverbandes der Faschisten. Mit einer gewissen kruden Reflexion auf das einstmals mächtige Römische Imperium, installierte der ‚Vater des europäischen Faschismus', Benito Mussolini (*„Das 20. Jahrhundert wird das Jahrhundert des Faschismus sein." O-Ton Mussulini),* bei Kriegseintritt Italiens in den Ersten Weltkrieg, seine Ideologie. Zunächst politisch eher sozialistisch und gewerkschaftlich orientiert, gründete er mit der Partito Nazionale Fascista (PNF) eine auf die Gewinnung breiter Volksschichten angelegte Bewegung.

Mit seinem berühmten ‚Marsch auf Rom', dem zuvor ein Straßenterror paramilitärischer Verbände, eine massive Propaganda und ein Personenkult um den ‚Duce' vorausgegangen waren, übernahm Mussolini zunächst das Amt des italienischen Ministerpräsidenten, um danach via Ermächtigungsbefugnisse, Aushebelung von Pressefreiheit und Bürgerrechten, Verbot der übrigen Parteien,

Ausbau einer paramilitärischen Parteimiliz und politische Morde bis 1925, eine Einparteiendiktatur in Italien zu errichten.

Der ‚Kopist Hitler', der in Wahrheit gar nicht über so viel originäres Gedankengut verfügte, wie ihm allgemein unterstellt wird, war nicht nur ein glühender Verehrer des Duce, sondern er ist ihm nahezu penibel, gewissermaßen ‚step by step' auf seinem Weg zum Führer des ‚Großdeutschen Reiches' gefolgt. Allerdings fiel er mit seinem analog zu Mussolinis ‚Marsch auf Rom' durchgeführten ‚Marsch auf die Feldherrenhalle' zunächst einmal gründlich auf die Nase.

Anders als Hitler in seinem fanatischen Judenhass, hatte Mussolini lange ein völlig ungestörtes Verhältnis zu den Juden. Ja, er sprach sich wiederholt gegen den Rassismus und Antisemitismus aus, um dann aber bei seiner Annäherung an Hitler Mitte der 30er- Jahre desgleichen antisemitischen Agitationen zu verfallen und antijüdische Gesetze zu erlassen.

Wenn auch seine Politik nie auf die Vernichtung der Juden in Europa abzielte, so forcierte er doch im Bündnis mit Hitler deren Entrechtung, Enteignung und Vertreibung. Auch war Mussolini keineswegs zimperlich, wenn es bei seinen Eroberungskriegen, etwa in Äthiopien, darum ging, Personen massenhaft in Konzentrationslagern zu internieren, oder ähnlich wie die deutschen SS- und SD-Einheiten unter dem Vorwand der Partisanenbekämpfung massenhaft zu erschießen.

Sicher muss berücksichtigt werden, dass Mussolini gegen Schluss seiner Karriere immer mehr in die Rolle eines von Hitlers Gnaden geduldeten und beschützten Palladins gedrängt wurde.

Anführer und Verbündete im Geiste des Faschismus

Auf der iberischen Halbinsel verinnerlichten sich Spanien und Portugal, einst im Zeitalter der Seefahrer und Entdecker als koloniale Großmächte erbitterte Konkurrenten, in besonderer Weise den italienischen Faschismus.

Zu einer ersten Auseinandersetzung von sozialistischen, demokratischen und republikanischen Kräften mit dem Faschismus in Europa kam es im Spanischen Bürgerkrieg. General Franco besiegte 1939 die 1936 von den Spaniern legal gewählte Volksfront und wurde dabei sowohl vom nationalsozialistischen Hitlerdeutschland als auch vom faschistischen Italien unterstützt. Franco errichte mit seiner Staatspartei, der Falange, ein weitgehend am Vorbild Mussolinis faschistisch ausgerichtetes Regime.

Nach Kriegsende stilisierte sich das Franco-Regime, das sich für den Ausgang des Zweiten Weltkrieges alle Optionen offen gehalten hatte und dadurch überlebte, zum selbstlosen Retter tausender verfolgter Juden. Und auch die Israelis, und hier insbesondere der Historiker Haim Avni[55], förderten diese Version zunächst, nachdem man ihnen in den 60er-Jahren Akteneinsicht in das Archiv des Madrider Außenministeriums gewährt hatte.

Als Avni aber später auch Akten des Deutschen Auswärtigen Amtes und von jüdischen Organisationen überprüf-

---

[55] Vergl.: Haim Avni: Spanien, die Juden und Franco, Philadelphia, 1982

te und auswertete, wandelte sich sein Urteil. Vor allen Dingen der bereits erwähnte Historiker Raul Hilberg setzte sehr kritische Akzente in das Beweihräucherungs-szenario der Spanier in Sachen Judenpolitik.

Als nach Ende der Franco Diktatur ein ungehinderter Zugang zu den spanischen Archiven möglich war, fiel dann das Fazit noch negativer aus als das von Avni und Hilberg. – Antonio Marquina und Inés Ospina recherchierten dann in den 80er-Jahren noch intensiver in den Beständen des spanischen Außenministeriums, sowie in britischen, italienischen und amerikanischen Akten – nicht in deutschen Unterlagen – für eine Studie über die spanische Außenpolitik während der Franco- und Hitlerdiktatur über die Situation der Juden in dieser Zeit.[56] Sie kamen zu dem Ergebnis, dass es von offizieller Seite in Spanien, insbesondere in der Zeit, da Hitler den europäischen Kontinent weitgehend beherrschte, eine nahezu durchgängige Verweigerung von Hilfe für die bedrohten Juden gab. Erst als die Niederlage des Deutschen Reiches abzusehen war, änderte das Franco-Regime, wie auch andere Länder in Europa aus Opportunitätsgründen ihre Haltung gegenüber den Juden.

Als Beleg für diese ‚Schaukelpolitik' aus rein politischem Kalkül kann eine eindeutige Anweisung der Europa-

[56] Vergleiche hierzu: Antonio Marquina/Gloria Inés Ospina in: Espana y los Judios en el siglo XX. La la accion exterior, Madrid, 1987

Abteilung des spanischen Außenministeriums von Anfang November 1940 angeführt werden. Gewissermaßen als nachvollziehenden Gehorsam gegenüber Hitler, den die französische Vichy-Regierung zuvor mit antijüdischen Maßnahmen im ‚Statut des Juifs' am 3. Oktober 1940 vorgenommen hatte, und wo die Entfernung der Juden aus französischem Staatsdienst und die Internierung staatenloser Juden vorgesehen war, lautete der Tenor der spanischen Europa-Abteilung: *„allgemeine Maßnahmen, die nicht nur die spanischen, sondern alle Juden betreffen müssten hingenommen werden."*[57]

Was für Spanien als Perversion einer Selektion von Juden aus Juden abschließend noch angeführt werden muss, ist die Sonderrolle der sogenannten ‚sephardischen Juden'. Als Nachfahren der im Zuge inquisitorischer Maßnahmen 1492 aus Spanien ausgewiesenen Juden, hatten sie in Nordafrika und im Osmanischen Reich eine neue Heimat gefunden. In Kultur und Sprache aber fühlten sie sich über die Jahrhunderte weiter, „als Spanier ohne Vaterland", ihren spanischen Wurzeln verpflichtet. Zu Beginn des 20. Jahrhunderts hatten sie von Spanien den Status von ‚Protegio' (Schutzgenossen) erhalten. Auch unter dem Franco - Regime wurde ihnen weitgehend dieser Schutz gewährt. So entgingen da-

---

[57] Aus : Bernd Rother: Franco und die deutsche Judenverfolgung, Vierteljahreshefte für Zeitgeschichte, Jahrgang 46, 1998, Heft 2, S. 192

durch hunderte von Sephardim im Konzentrationslager Bergen-Belsen der Weiterleitung in die Vernichtungslager. Allerdings muss hinzugefügt werden, dass das Franco-Regime auch ein materielles Interesse daran hatte, das Vermögen der überwiegend wohlhabenden Sephardim nicht den Nationalsozialisten zu überlassen. Zudem hatte die Mehrzahl der Sephardim Franco im Bürgerkrieg unterstützt. Jüdische Anhänger der republikanischen Seite wurden gnadenlos verfolgt.

Zu vernachlässigen in Sachen Antisemitismus ist der portugiesische Faschismus. Wegen seines engen Zusammengehens mit der katholischen Kirche eher eine Form des Klerikal–Faschismus, hatte die 1926 unter General Carmona zur Macht gekommene Militärjunta, in Form eines Einparteiensystems mit der Nationalen Union (Uniao Nacional, UN), mit Führergefolgschaft, Verfolgung und Inhaftierung politisch anders Denkender durchaus faschistische Strukturen. Allerdings in gemilderter Form.

Ab 1932 wurde Antonio Oliveira Salazar Nachfolger von General Carmona. Unter ihm verfestigten sich zwar die faschistischen Strukturen, allerdings ohne besonderen Personenkult. Auch war Salazar um Abgrenzung zu den italienischen Faschisten und deutschen Nationalsozialisten bemüht. – Am 25. April 1974 wurde das klerikalfaschistische System in Portugal dann durch die sogenannte ‚Nelkenrevolution' friedlich beendet.

Unter den Südeuropäern von besonderem Interesse ist eine lange, auch den Zweiten Weltkrieg überdauernde faschistische Grundhaltung, die sich für Griechenland verifizieren lässt. Der griechische General Joannis Metaxas hatte am 4. August 1936 Parlament und Parteien aufgelöst. Zwar ideologisch stark am italienischen Faschismus und deutschen Nationalsozialismus orientiert, gab es unter Metaxas keinen staatlicherseits proklamierten Antisemitismus.

Der Vorkriegsfaschismus unter Metaxas von 1936 bis 1941 fand von 1967 bis 1974 nach dem Krieg eine Fortsetzung durch die Militär-Junta griechischer Obristen. Beide male wurden Parteien und Parlament aufgelöst, die Arbeiterbewegung zerschlagen und Internierungslager für politische Gegner eingerichtet.

Nach dem Fall der Junta, der Abschaffung der Monarchie und der Aburteilung etlicher Obristenführer im Jahre 1974, kam es 1993 zur Gründung der Chrysi Avgi, einer neonazistischen Partei mit dem versammelten kruden Ideengut derartiger Bewegungen. Ideologische Eckpfeiler der „Partei der goldenen Morgenröte", wie sich die griechischen Neofaschisten in Anlehnung an den esoterisch-elitären Club der ‚Golden Dawn', 1887 in London gegründet und bereits 1903 wieder aufgelöst, nannten, waren: ein biologischer Rassismus, ein eliminatorischer Antisemitismus, Militarismus und Sozialdarwinismus.

Inspiriert vom Hakenkreuz der deutschen Nationalsozialisten: die Parteiflagge der Chrysi Avgi, der griechischen Neofaschisten

Im März 2012 zogen die Neofaschisten von der goldenen Morgenröte Griechenlands mit 21 Sitzen, was einem Wähleranteil von 7% entspricht, ins griechische Parlament. Und im Februar 2013, sorgten sie dafür, dass 84 von 125 Abgeordneten der konservativen Regierungspartei, Nea Dimokratie (ND), einem Antrag zustimmten, dass nur Bürger mit rein griechischer Abstammung im Heer und bei der Polizei Dienst versehen sollten.

Es ist schon reichlich perfide, wenn Griechen, in Teilen ganz offensichtlich rechter Denkungsart, die deutsche

Bundeskanzlerin, als Vertreterin des größten europäischen Geberlandes für ihre hausgemachte Misere, in Nazi-Kostümierung empfangen.

Bild, Bundesausgabe vom 10. Oktober 2012

Das Hitler-Bärtchen und die Nazimontur, die die Griechen unserer Kanzlerin verpasst haben, hat derzeit wenig mit der Realität in Deutschland zu tun, sondern allemal mehr mit dem Anwachsen des Neofaschismus in Griechenland, und es würde wohl eher zu diesem Herrn hier passen.

Chrysi Nikolaos Avgi, Anführer der griechischen Neofaschisten

Das Spardiktat, dem sich die Griechen wegen ihres hohen defizitären Staatshaushaltes infolge eines korrupten und desorganisierten Staatswesens, eines Lebens über ihre Verhältnisse und falscher Angaben beim Eintritt in die EU, nun unterziehen müssen, um an das Geld der Geberländer, hier vor allen Dingen das von der Bundesrepublik Deutschland, heranzukommen, spaltet die Nation zutiefst. Extremisten wie Neofaschisten und Kommunisten profitieren dabei wie stets von derartigen Ausnahmezuständen in der Gesellschaft. Und Kommunisten und Rechtsextremisten bilden jetzt nach den Parlamentswahlen vom 25. Januar 2015 die Regierung in Griechenland. Was heute in Griechenland passiert ist, kann aber morgen, wenn es nicht gelingt, die Sprengkraft, die im Global-Playing der Finanzjongleure und einem völlig enthemmten ‚Raubtierkapitalismus' liegt, und die zu einer immer größer werdenden Spreizung von Einkommens- und Vermögensverhältnissen in der westlichen Hemisphäre führt, das alte Szenario von divergierenden, zerstörerischen und die demokratischen Strukturen aushebelnden Kräften wie sie in der Zwischenkriegszeit in Europa herrschten, neu entstehen lassen.

Der Tanz auf dem Vulkan hat in Europa längst begonnen. Noch verschleiert durch weitgehend gesicherte Lebensverhältnisse, die sich aber relativieren durch zunehmende Jugendarbeitslosigkeit in Südeuropa und ein immer stärkeres Auseinanderdriften der gesellschaftlichen Verhältnisse und Lebensbedingungen, deren Auswirkungen heute ganz anders wahrgenommen werden als etwa in Zeiten der Wirtschaftsdepression Ende der 20er- Jahre des 20. Jahrhunderts.

Aber verlassen wir das unsichere Feld der Prognostik. Wenden wir uns bei der Betrachtung des europäischen Faschismus den Beneluxländern zu. Wieder wurden sie, wie schon im Ersten Weltkrieg, von der Deutschen Wehrmacht überrollt und besetzt.

Er bemühte ihn als Vorlage für seinen Bestseller- Roman: ‚Die Wohlgesinnten'. Jonathan Littell, auf der Suche und in dem Bemühen die Unvereinbarkeit des Normalen, ja Banalen mit dem bestialisch Abgründigen im Charakter und in der Vita von Hitlers Schergen und Vollstreckern in einer Art Psychogramm zu erschließen und zu erklären, hat sich Leon Joseph Marie Ignace Degrelle zum Modell und Protagonisten des in seinen Widersprüchen nur schwer zu erklärenden Typus des ideologisch geprägten Gewalttäters gewählt.

Beschäftigen wir uns ein wenig mit ihm. Weil es um mehr geht, als um die Aneinanderreihung historischer Fakten und Thesen, und auch, um immer wieder der aberwitzigen These von der Kollektivschuld zu widersprechen. Denn viel wichtiger ist es, das Verführerische, ja die Faszination, aber letztlich das Gefährliche und Bedrohliche zu erkennen und zu benennen, das grundsätzlich von Weltanschauungen gleich welcher Art ausgeht. Immer wieder wird dem sinnsuchenden Subjekt von politischen Anführern oder religiösen Predigern ein mehr oder weniger simples und überzeugendes Konzept für alle seine Fragen angeboten, und der einsame Sucher fühlt sich dann als Objekt gehalten und geborgen in der Gemeinschaft der Gleichgesinnten.

Kollektivierung, einseitige geistige Ausrichtung gleich welcher Art, ist immer ein Akt der Selbstaufgabe. Die Versuchung, Andere, Andersdenkende, nötigenfalls auch mit Gewalt für die eigene Idee und Programmatik zu vereinnahmen, ist so alt wie die Menschheitsgeschichte. Das gilt gleichermaßen für religiöse wie politische Massenbewegungen. Der deutsche Nationalsozialismus war im 20. Jahrhundert nur ein Pendant zum gesamteuropäischen Faschismus. Hitlers Krieg, bevor er mit dem Eintritt der USA zum Weltkrieg wurde, war zunächst ein europäischer Krieg. Ähnlich dem, den die vormalige Mittelmacht Preußen einst unter Friedrich dem Großen gegen die damaligen europäischen Großmächte führte. Alle Faschisten hatten dabei einen gemeinsamen Feind: die kommunistische Sowjetunion. Und die meisten von ihnen waren dabei gleichermaßen Hitlers Chimäre, der Vorstellung vom Pakt des internationalen Judentums mit dem Kommunismus, verfallen.

Immer aber bedarf es in solchen Organisationen der elitären, militanten Führer zur gewaltsamen Umsetzung und Durchsetzung ihrer programmatischen Ziele. Im Falle von Degrelle lässt sich eine Linie ziehen von den mittelalterlichen, europäischen Kreuzrittern, zu den postmodernen europäischen Elitekrieger, die der Meinung waren, mit Hitler ein Bollwerk gegen den Kommunismus errichten zu müssen. Beide verstanden sich auf ihr Handwerk, beide handelten im guten Glauben: glühend überzeugt von ihrer besonderen Mission und daher kalt bis in die Herzspitze und hart und mitleidlos, auch gegen sich selbst, im Kampf und bei der Verfolgung und Durchsetzung ihrer Ziele.

Umjubelt in seiner Heimat, noch 1944: Degrelle mit seinen Kindern auf einem Schützenpanzer

Von Degrelle ging, und da sind wir wieder im gefährlichen Bereich von Wertung und Beurteilung, eine ganz besondere Faszination aus, der sich alle, die mit ihm zu tun hatten, nicht entziehen konnten. Er war kein primitiver Landknechtstyp. An der Universität von Löwen hatte er Jura und Philosophie studiert und auch promoviert. Und – er wurde von Mussolini, Hitler und auch Churchill gleichermaßen umworben.

In einer Zeit geistiger Um- und Neuorientierung nach dem Ersten Weltkrieg war er Führer der christlich-wallonischen Erneuerungsbewegung der Rexisten (Christus=Rex). Ein begeisternder, mitreißender Redner. Auf 21 Abgeordnete und 11,5% aller abgegebenen Stimmen brachten es die Rexisten im Wahljahr 1936. Sehr schnell entwickelte Degrelle eine besondere Affinität zu Adolf

Hitler. In dessen Angriff auf die Sowjetunion sah er das Fanal zu einer grundsätzlichen geistigen und territorialen Erneuerung Europas. Dessen gemeinsamen Kampf gegen den Kommunismus er für unumgänglich hielt. Auch hing er der romantischen Utopie von einem Königreich von Burgund an.

Als Kommandeur der 28. Freiwilligen-Panzerdivision „Wallonien", wurde er zum höchstdekorierten ausländischen Krieger Hitlers. Als dieser ihm neben der Nahkampfspange in Gold, dem Deutschen Kreuz in Gold, dem Verwundetenabzeichen in Gold dann auch das Eichenlaub zum Ritterkreuz des Eisernen Kreuzes verlieh, Degrelle hatte u.a. in einem tollkühnen Unternehmen mit seinen Wallonen den Kessel von Tscherkassy gesprengt, sagte er: *„Wenn ich einen Sohn hätte, müsste er so sein wie Sie!"*

Nach 1945 unterhielt Degrelle, dem es auf abenteuerlichen Wegen gelungen war, sich der Gefangennahme durch Flucht nach Spanien zu entziehen, enge Kontakte zu Veteranen der Waffen-SS. Mit Skorzeny, einem wagehalsigen Krieger und Abenteurer vom gleichen Typus, war er befreundet.

Degrelle, am 14. September 1945 von den Belgiern in Abwesenheit zum Tode verurteilt, von den Israelis, die eine hohe Kopfprämie auf ihn ausgesetzt hatten, als

Kriegsverbrecher gesucht, erfreute sich jedoch in besonderer Weise der Sympathie der anglo-sächsischen Siegermächte. Wie Franco hielten sie ihre schützende Hand nicht nur über ihn und vereitelten die Anschläge des israelischen Geheimdienstes. – Das, was sich Degrelle und viele seiner Gefolgsleute in erster Linie auf die Fahnen geschrieben hatten, und was sie letztendlich bewogen hatte, Hitler zu folgen, war die Idee eines europäischen Kreuzzuges gegen den internationalen Kommunismus, und diese Fiktion hatte mit der Installierung des „Eisernen Vorhanges in Europa"(Churchill) und Beginn des „Kalten Krieges" zwischen der Sowjetunion und den Westalliierten zunehmend an Aktualität und Realität gewonnen.

Im Tal von Guadalquivir, nahe Sevilla, bildete Degrelle mit Billigung und Unterstützung Francos Partisanen im Kampf gegen eine eventuelle kommunistische Invasion aus. Die Amerikaner lieferten die Waffen. – Degrelle war letztlich der Typus des Elitekriegers, dessen sich die Mächtigen dieser Welt, seien es Diktatoren oder die Repräsentanten demokratischer Staaten bei der Durchsetzung ihrer jeweiligen militärischen Ziele nur allzu gern bedienen.

Es ist höchst erstaunlich, aber es entspricht der historischen Wahrheit: in Zeiten der Besetzung wuchs häufig die Zahl der Kollaborateure und Mitläufer. Beispiel Belgien: die nationalistische „Volksdeutsche Bewegung" (VdB) in Luxemburg wuchs von 5000 Mitgliedern Anfang Oktober 1940 auf 40 000 Ende Oktober des Jahres an. Zwei Monate später waren es bereits 50 000, um dann Mitte 1941 auf 70 000 Mitglieder anzusteigen.

Parallel dazu stieg der Anteil in der Bevölkerung, der die Besetzung durch die Deutschen begrüßte, sich ihnen als willige Kollaborateure zur Verfügung stellte und sich an der Zerschlagung des luxemburgischen Staates beteiligte. Hierbei taten sich die sogenannten „Gielemännerchen" (gelben Männchen), so genannt wegen ihrer khakifarbenen Uniform, besonders hervor.

Extrem, noch partiell bis in unsere Tage vorhanden, war und ist der Hass der Niederländer auf die deutschen Okkupanten. Wer „Die schwarze Galeere" von Wilhelm Raabe gelesen hat, weiß warum. Dieses kleine, aber selbstbewusste, stolze und einst mächtige Handelsvolk, war immer bereit, seine Freiheit mit allen Mitteln zu verteidigen.

Dennoch: auch hier fanden sich in der Bewegung der „Nationaal-Socialistische-Bewegung der Nederlande" (NSB) in der ersten Hälfte des 20. Jahrhunderts genügend faschistische und nationalsozialistische Kräfte im Geiste Hitlers. Im September 1940 waren immerhin 50 000 Niederländer bereit, sich in die Waffen-SS einzureihen. Von der großen Anzahl der Kollaborateure, Zuträger und Auslieferer von Juden ganz zu schweigen.

Das Tagebuch der Anne Frank eines der wohl erschütterndsten Dokumente barbarischer Tyrannei und brutalen Vernichtungswillens und zugleich literarisches Denkmal des geistig-moralischen Überlebens, weiß von jenen elenden Subjekten, die nicht nur sie und ihre Familie verrieten, zu berichten.

Die zu jeder Zeit stets wachsame und misstrauische Anne Frank hatte mitbekommen, dass der Lagerist der Opekta, der Holländer Willem Gerad van Maaren, ihnen auf der Spur war, und sie beschreibt die Angst der Untergetauchten vor dem gezielten Interesse, und der Finesse mit der er gegen sie vorgeht. So habe van Maaren nicht nur versucht, immer wieder in den Besitz neuer Informationen zu kommen, sondern:

„Er legte im Lager (Wo sich die Untergetauchten des Nachts aus der Enge ihrer Verließe hin begaben) die Bücher und Papiere auf die äußersten Kanten, so dass, wenn man hindurchgeht, es schon fallen muss. ....von allen Seiten ist schon überlegt worden, wie dieser Kerl aus dem Haus zu kriegen ist. Sie (die mit ihrer Familie

untergetauchten) finden es zu riskant. Ist es nicht so viel riskanter?"[58]

Sie sollte recht behalten. Die Spurensuche nach dem Verräter beginnt allemal bei van Maaren. – Mehr im Bereich des Spekulativen, liegen die neueren Verdächtigungen in Richtung des früheren Geschäftspartners von Otto Frank, Tonny Ahlers.

Dieser war überzeugter Antisemit und nachweislich Informant für den NSB. Es besteht der begründete Verdacht, dass er Otto Frank, der den Holocaust als Einziger aus seiner Familie überlebte, auch noch nach dem Krieg erpresst hat, weil dieser zeitweise die Wehrmacht mit Nahrungsmitteln beliefert hatte. Die Tagebücher seiner Tochter gab Otto Frank erst auf Drängen von Freunden heraus.

Nehmen wir weiter, und ohne dabei den Anspruch auf Vollständigkeit bei der Darstellung der gesamten Palette des europäischen Faschismus zu erheben, als Beleg für eine offenkundig besonders engagierte und rabiate Mittäterschaft am Holocaust ein Land, das derzeit ebenfalls zur europäischen Staatengemeinschaft zählt.

---

[58] Vergleiche hierzu auch weitere Hinweise in: Anne Frank: Anne Frank Tagebuch, Fassung von Otto, H. Frank, Fischer Verlag, Frankfurt, 2008

Erstens: „Wie ist es erklärbar, dass die deutschen Faschisten ausgerechnet in Lettland relativ viele Mitläufer bzw. Kollaborateure gefunden haben, die bereit waren, an Stelle der Deutschen und vor allem aus eigener Initiative an der Ermordung und Vergewaltigung ihrer jüdischen Mitbürger, Nachbarn und sogar Freunde teilzunehmen und danach an der Plünderung ihres Hab und Gutes?

Zweite Frage: „Wie ist es erklärbar, dass die Mehrzahl der Letten, die sich in völliger Gleichgültigkeit damit abgefunden hat, dass Riga – die Hauptstadt Lettlands und der Stolz des lettischen Volkes – in den Jahren der deutschen Okkupation in einen Friedhof für hunderttausende Opfer des Holocaust verwandelt wurde?

Und die dritte Frage: „Wie ist es erklärbar, dass im freien, unabhängigen Lettland die massenhafte Ermordung von Juden in der Zeit zwischen 1941 und 1944 im großen und ganzen durch Verschweigen verdrängt wird, indem man sich auf Deklarationen und Berichte des Parlaments beschränkt und vor dem einzigen Beweis dafür zurückschreckt, dass in Lettland ein neuer Holocaust niemals wiederholbar sein wird, nämlich vor dem läuternden Schuldbekenntnis?"[59]

[59] Prof. Dr. Mavriks Vulfsons: Der Rigaer Blutsonntag – Wer die Geschichte verschweigt, bereitet ihre Wiederholung vor - aus einer

Mavriks Vufsons ist einer der Wenigen, der die Schuldfrage und die Mitwirkung von Hitlers willigen Helfern im eigenen Land in das öffentliche Bewusstsein gerückt hat. Der erkannt hat, dass nur im Erinnern und einer entsprechenden Aufarbeitung die Chance besteht, dass sich derartig Unvorstellbares jemals wieder in Europa wiederholt. - An diesem Willen mangelt es in Europa aber gewaltig. Und das Ergebnis: Die Geister des Nationalismus, Rassismus und Antisemitismus aus der Zwischenkriegszeit kehren wieder zurück. Denn, was im Bewusstsein eines Volkes nicht ehrlich aufgearbeitet wird, führt zu kollektiver Verdrängung und damit zu Wiederauferstehung.

Rede, gehalten am 3. Dezember 1991 bei einer Trauerfeier in Rumbula, Lettland. S. 1

Lettischer Hilfswilliger bewacht Juden, die zur Massenerschießung des Rigaer Blutsonntags geführt werden sollen

Im Zuge der nationalsozialistischen Vernichtungsmaschinerie wurden im Dezember 1941 Juden aus dem Reichsgebiet in Richtung Riga deportiert. Das Ghetto in Riga war aber wegen der eifrigen Mithilfe lettischer Kollaborateure bereits überfüllt. So wurde ein Teil der Deportierten nach Kowno/Kaunas in Litauen umgeleitet, wo sich ebenfalls willige baltische Helfer fanden, die nicht nur bei ersten Massenerschießung von Reichsdeutschen jüdischen Glaubens mit beteiligt waren, sondern die in besonders brutaler Weise Juden mit Holzknüppeln oder

Eisenstangen in aller Öffentlichkeit im Beisein applaudierender Gaffer erschlagen haben.

Pogrome gegen Juden in den von der deutschen Wehrmacht besetzten Gebieten der Sowjetunion gab es bereits, bevor ihre Leidensgenossen im Reich mit dem Judenstern gebrandmarkt wurden. Ein Oberst des Heeres wurde am 27. Juni 1941, in Kowno, Augenzeuge eines solchen Massakers.

„Als er an einer Tankstelle vorbeikam, die von einer dichten Menschenmenge umlagert war, gab es immer wieder aufbrausenden Beifall, Bravo-Rufe Händeklatschen und Lachen. Dann sah der Oberst den „Totschläger von Kowno' in Aktion: Auf dem Vorplatz dieser Tankstelle stand ein mittelgroßer, blonder, und etwa 25-jähriger Mann, der sich gerade ausruhend auf einen armdicken Holzprügel stützte, der ihm bis zur Brust reichte.

Zu seinen Füßen lagen 15 bis 20 Tote oder Sterbende.... Auf einen kurzen Wink trat dann der Nächste schweigend vor und wurde auf die bestialischste Weise mit dem Holzknüppel zu Tode geprügelt, wobei jeder Schlag von begeisterten Zurufen begleitet wurde."[60]

---

[60] Quelle: DER SPIEGEL Nr. 39/1988 – 26.09.1988

Einer der Totschläger von Kowno, „... nach jeder Erschlagung fingen sie an zu klatschen."

Rumbula

Dicht vor den Augen des Waldes geh ich,

die Wimpern der Kiefern streifen die Schulter.

Es seufzt ein weicher Erdhöcker unter dem Schritt.

Dies sind die einzigen Geräusche.

Schreierfüllter Wald,

schreierfüllter Wald.

Es schreien die auf den Kiefernstämmen erstarrten Schauer,

die vor Entsetzen rauh gewordene Borke.

Es schreien die über den lebendig Begrabenen aufgehäuften Hügel,

die noch bis zum Morgengrauen sich regenden Erdhöcker.

Im Namen der Birken, die übermorgen wachsen,

im Namen der Kinder, die übermorgen kommen,

im Namen der Lippen, die nicht schreien wollen,

im Namen der Namen, die nicht sterben wollen.

Und dem Wald ins Angesicht

schreie ich selber nun:

„So einen Wald wie dich darf es heut nicht geben!“[61]

Hier verdichtet sich das schier unbeschreibliche Grauen in Versen, deren Aufschrei nachhallt bis in die Gegenwart. – Etwa 23 000 Juden, die trotz eisiger Kälte gezwungen wurden, sich zu entkleiden, wurden zu den Gruben im Wald von Rumbula geführt. Aus kurzer Distanz von den Schergen in den Hinterkopf geschossen, fielen sie in das Massengrab. – Nur zwei Personen überlebten das Massaker. Frida Michelson, eine von ihnen, war nicht tödlich getroffen worden. Sie ließ sich in die Grube fallen, und stellte sich tot. Sie hinterließ später in einem Buch mit dem Titel: „Ich überlebte Rumbula“ ein erschütterndes Zeugnis finsterster Barbarei.

So wichtig es ist, die Aufzeichnungen der Überlebenden des Holocaust für alle Zeiten zu bewahren, um dem millionenfachen, systematischen Morden, das alle menschlichen Vorstellungskräfte übersteigt, ein Gesicht und

---

[61] Auszüge aus einem Gedicht von Ojars Vacietis, ins Deutsche übersetzt von Matthias Knoll, Erstveröffentlichung: Padomju jaunatne, 29. 10. 1964, erschienen in: Elpa, Riga: Liesma, 1966, S. 82

eine Geschichte zu geben, um im Leiden eines Einzelschicksals Empathie mit den Millionen Gemeuchelter empfinden zu können, so wichtig ist es auch, den Tätern ein Gesicht zu geben, ihren Motiven nachzuspüren, ihre Psyche versuchen zu entschlüsseln und sie aber vor allen Dingen zu brandmarken, als das, was sie waren: Massenschlächter und Jahrhundertverbrecher.

Viktor Arajs, lettischer Kollaborateur und SS-Offizier

Viktor Arajs, geboren am 13. Januar 1910 in Baldone bei Riga und am 13. Januar 1988 in Kassel gestorben, war einer der übelsten Judenhasser und willfährigsten Helfer bei Hitlers Holocaust. Als Führer des „Kommandos Arajs" war er an der Massenvernichtung von Juden in Weißruthenien und Lettland beteiligt. – Das „Kommando Arajs“ ermordete etwa die Hälfte der lettischen Juden.

Am 4. Juli 1941 trieb Arajs mit seinem Sonderkommando 500 lettische Juden, die es nicht geschafft hatten, sich vor der heranrückenden Deutschen Wehrmacht in die Sowjetunion abzusetzen, in die Rigaer Synagoge, setzte das Gebäude in Brand und ließ zusätzlich Handgranaten durch die Fenster werfen.

Einem Volksfest glichen vielfach die öffentlichen Massenexekutionen. Nicht nur im litauischen Kowno, wo die Einheimischen – Mütter mit ihren Kindern darunter – jeden Juden, der öffentlich erschlagen wurde, beklatschten. Immer wieder gab es Bravo-Rufe und Lachen. Deutsche Soldaten standen dabei und fotografierten.

In Riga wurden, um im Lager Platz zu schaffen, am 30.November und am 8./9. Dezember 1941, 26 500 lettische Juden aus dem Ghetto getrieben von SS-und Polizeiangehörigen unter Beteiligung von lettischen Hilfswilligen ermordet.

Vulfson weist auf die willige Bereitschaft der Letten bei der radikalen Verfolgung der Juden hin. Bereits sieben Tage nach Einmarsch der Deutschen, brannten sie aus eigenem Antrieb Synagogen nieder und töteten etwa 5000 Juden. Er belegt, dass die Letten in besonderer

Weise für die nationalsozialistische Synthese einer gemeinsamen Bedrohung von Weltjudentum und Weltkommunismus empfänglich waren. Und dass es der gesamten westlichen Welt bis heute bekannt ist, dass in den Jahren 1944 und 1945 um die 235 000 Kollaborateure der deutschen Nationalsozialisten aus dem Baltikum geflohen sind.

7.1 Paria im Land der Trolle, kein Platz für Juden in Bullerbü und die Ausnahme

In unseren Vorstellungen assoziieren wir mit den Skandinaviern im allgemeinen kühlen, klaren Verstand, ein hohes Maß an Sozialverhalten, Liberalität und vor allen Dingen Toleranz. Bei näherem Hinsehen entdecken wir aber nicht nur im Bezug auf die Zwischenkriegszeit und das Geschehen des Zweiten Weltkrieges Abgründe rassistischer und antisemitischer Gesinnung. Diese manifestierten sich insbesondere in Norwegen, wo Judenfeindschaft in letzter Konsequenz bis zum Jahre 1851 zu einem totalen Aufenthaltsverbot führte; und das zu einer Zeit, als in Preußen die Erlasse zur Judenemanzipation diese später zu gleichgestellten Reichsbürgern machte.

In nahezu keinem anderen Land in Europa fanden sich daher bessere Voraussetzungen für die Umsetzung der rassistischen und antisemitischen Politik des Führers des Großdeutschen Reiches. Und in dem Vorsitzenden der norwegischen Nazipartei, Nasjonal Samling, Vidkun Quisling, fand Hitler einen der willigsten Mitläufer und Umsetzer seiner auf die Vernichtung der Juden abzielenden Politik. – Quisling, dessen Karikatur das Titelbild ziert, gilt bis heute als besonders willfähriges Werkzeug Hitlers und als Inbegriff für Verrat am eigenen Land sowie als

Synonym für alle gleichgesinnten Kollaborateure in Europa.

Wenn jemand einen Diktator, der in seiner Rolle als Führer der Großdeutschen schon selbst bei seinem großen Vorbild, dem italienischen Duce, das meiste abgekupfert hatte, als Möchtegerndiktator nachahmt, dann wird es zur Groteske. Der Pfarrerssohn und fanatische Nationalsozialist, Vidkun Quisling, geriet denn auch in jeder Beziehung immer mehr zu einer willfährigen Marionette, der deutschen Nationalsozialisten, als diese das Land 1940 besetzten. *„Die Juden haben in Norwegen mehr Unheil angerichtet als in vielen anderen Ländern mit höherem Judenanteil"*, so beklagte sich Quisling, als er im Frühjahr 1941 Hitler seine Aufwartung machte, und er signalisierte dem Führer seine Bereitschaft, sich an der Vernichtung der Juden zu beteiligen.

Seelenverwandte: Hitler und sein Bewunderer Quisling

Seit Februar 1943, als Ministerpräsident von Hitlers Gnaden, zeigte er sich als dessen willfähriger Erfüllungsgehilfe. Unter seinem Regime wurden die Rassegesetze der deutschen Nationalsozialisten stringenter ausgelegt als im Deutschen Reich selbst. Bereits im Herbst 1942 hatten die Norweger in eigener Regie 532 Juden festgesetzt, etwa ein Viertel der Juden im Land, sie einem Schiff der deutschen Kriegsmarine zugeführt, von wo sie von Oslo aus dann in Richtung Auschwitz überführt wurden. Die Enteignung der norwegischen Juden erfolgte nach dem ‚Gesetz zum Einzug jüdischen Vermögens'.

Ein wichtiger Erfüllungsgehilfe, nicht nur bei dieser ersten Judendeportation, war der Osloer Polizeichef, Knut Rod. Im Jahr 1948 wurde ihm der Prozess gemacht. Man sprach ihn frei, mit der Begründung:

„Was für sich genommen wie ein Akt der Kollaboration anmutet, war notwendig, um Widerstand von viel größerer Bedeutung leisten zu können. Er hat die ganze Zeit seinen Plan verfolgt, dem Feind zu schaden und seinen Landsleuten zu nutzen."[62]

Ganz offensichtlich gehörten nach norwegischer Version die Juden dann zu den Feinden und nicht zu den Landsleuten. Während man Vidkun Quisling im Herbst 1945

---

[62] Ulrich Brömmling: Das verbotene Land, Kommentar in der Zeit, Aktualisiert im August 2007

zum Tode verurteilte, wurde Knut Rod freigesprochen und blieb bis zu seiner Pensionierung im Jahre 1965 im norwegischen Polizeidienst. – Natürlich gab es auch in Norwegen vereinzelte Helfer gegen Nationalismus und Antisemitismus. Desgleichen bemüht man sich etwa seit 2005 verstärkt um die Aufarbeitung dieses Kapitels der Schande.

Spätestens nach der Wahnsinnstat des rechtsextremen Fanatikers Anders Brevik, der im Juli 2011 zunächst im Regierungsviertel von Oslo mit einer Autobombe 8 Menschen getötet hatte und anschließend in dem Jugendlager auf der Insel Utoya weitere 69 Menschen in einem Massaker hinrichtete, müsste nicht nur den Norwegern klar geworden sein, welche immense Gefahr von derartig rechtsextrem und rassistisch strukturierten Terroristen für eine pluralistische Gesellschaft ausgeht.

Eine andere Gefahr, vielfach schöngeredet, geht aus von einem Aktionsbündnis linker Israelkritiker und islamischer Fundamentalisten. Das hat auch in Deutschland seit der militanten, antiisraelischen Connection von PLO und RAF im ‚klammheimlichen Umfeld' linksintellektueller Sympathisanten eine gewisse Tradition.

Die Schweden hatten im Zweiten Weltkrieg mit Erfolg ihre Neutralität wahren können. Und über Schweden konnten sich viele Verfolgte des NS- Regimes in Sicherheit bringen. Im Gegensatz zu ihrem skandinavischen Nachbarland Norwegen hatten die Schweden gegenüber Minderheiten und hier auch gegenüber den Juden eine noble Toleranz walten lassen. Sie hatten Juden, die sich auf der Flucht vor Pogromen befanden, in ihrem Land eine sichere Heimat gewährt.

Wenn Schweden jetzt zunehmend in den Fokus von Ausschreitungen gegenüber den Juden gerät, dann liegt das nicht an den Schweden selbst, sondern sie erhalten jetzt die Quittung für eine offensichtlich zu liberale Einwanderungspolitik. Als Beispiel sei die Hafenstadt Malmö genannt.

Die Stadt zählt 300 000 Einwohner mit einer Minderheit von nur 600 Juden. Bedroht werden Letztere von einer Überzahl von 70 000 Muslimen. Und hier zeigt sich wieder überdeutlich die Gefahr, die von einer unkontrollierten Zuwanderung eines überproportionalen Anteiles von Muslimen für die europäische Zivilgesellschaft ausgehen kann. Vor allen Dingen, wenn deren Integration nicht gelingt.

Der Hass der muslimischen Extremisten richtete sich besonders während des Gaza-Krieges im Winter 2008/2009 in äußerst brutaler und aggressiver Weise gegen schwedische Bürger jüdischen Glaubens. So wurden Juden, die sich in dieser Zeit auf die Straße wagten mit Brandkörpern beschossen. Jüdische Kinder auf dem Weg zur Synagoge als ‚Judensäue' beschimpft.

Einem jüdischen Lehrer trat ein muslimischer Achtklässler entgegen und erklärte ihm: *„Wir werden alle Juden töten"*. Auf die Kapelle eines jüdischen Friedhofes wurde ein Brandanschlag verübt. – Und als eine Ungeheuerlichkeit, die einem die Sprache verschlägt, ist die Aktion eines ‚Künstlers' aus dem Milieu zu werten, der sich dazu verstieg, Büchsen mit der Aufschrift ‚Zyklon-B' vor einem jüdischen Gemeindezentrum aufzustellen.

Brandanschlag auf eine Synagoge in der Hafenstadt Malmö

Wer das alles ohne entsprechend schärfste Sanktionen hinnimmt, inklusive Ausweisung aus dem Gastland, stattdessen von offizieller Seite Juden dazu rät, auf das Tragen der Kippa zu verzichten, der bekommt auf Dauer ein Riesenproblem. Denn nach den Juden, die jetzt schon in Teilen ihre Heimat Schweden verlassen, werden andere Minderheiten in den Fokus von intoleranten, militanten und aggressiven Muslimen geraten. Auch dies ist letztlich ein gesamteuropäisches Problem, das eines sorgsamen Blickes auf die Sozietät der Zuwanderer und ihrer Bereitschaft sich in den Gastländern zu integrieren bedarf.

„Terror, Gewalt und Schikane gegenüber Juden gehören wieder zur Tagesordnung ....Der Antisemitismus wird in Europa und Dänemark wieder salonfähig. Er wird registriert aber auch tabuisiert. Die Erklärung liegt auf der Hand. Es ist unbequem, darüber zu sprechen, dass nicht zuletzt mit der muslimischen Einwanderung der Antisemitismus gefolgt ist, den Dänen früher strikt zurückgewiesen hatten. Wir nehmen es zur Kenntnis, aber wir reagieren nicht.....Es ist aber zu einfach, die Verantwortung nur bei der muslimischen Einwanderung zu sehen. Der linke Flügel trägt seine eigene Verantwortung. Die linke Haltung zu Israel wird meist als Antizionismus verbrämt, überschreitet aber oft die Grenze zum regelrechten Antisemitismus."[63]

Auch hier wieder die gleiche Geschichte: mit dem Überhandnehmen eines militanten antisemitisch ausgerichteten Islamismus feiert die einst von der römischen Kirche

---

[63] Dänemark: Antisemitismus in Europa wieder salonfähig http://www.hagalil.com/archiv/2013/10/01/daenemark/

in Europa inszenierte religiös motivierte Judenfeindschaft erneut Urstände. Und das ausgerechnet in einem Land, das sich, als von den Deutschen besetzt, nicht zum willfährigen Handlager für Hitlers Genozid an den europäischen Juden hergab. - ‚Die Ausnahme', so ein Buchtitel des Historikers Bo Lidegaard[64], beschreibt etwas, was herausragt, was zeigt, dass es auch möglich war, sich nicht als europäische Kollaborateure und gar Erfüllungsgehilfen des Holocaust zu deformieren. Im September 1941, zu einer Zeit, da die Vichy-Regierung in Frankreich daran ging die Massendeportationen von Juden zu organisieren, führten die Juden in Dänemark ein repressionsfreies, normales Leben. Obwohl Dänemark seit April 1940 von den Deutschen besetzt worden war.

„...dass ich unsere Juden als dänische Bürger betrachte und die Deutschen sie nicht anrühren dürften. Der Ministerpräsident war ganz meiner Meinung und versicherte, dass daran nicht zu rütteln sei."[65]

Diese klare Haltung entnehmen wir einer Tagebucheintragung des dänischen Königs Christian. *„Der Quell dieser überraschenden Stärke war die vom König so gepriesene nationale Einheit"*, so lautete die Einschätzung Li-

---

[64] Bo Lidegaard: Die Ausnahme – Oktober 1943: Wie die dänischen Juden mithilfe ihrer Mitbürger der Vernichtung entkamen – Karl Blessing Verlag, München, 1. Auflage, 2013

[65] Bo Lidegaard, daselbst, S. 52

degaards. Und in der Tat war es in erster Linie die mutige, noble und zugleich kluge Führungsgestalt des dänischen Königs, der sich zudem noch in einer Art ‚Common Sense' mit den meisten seiner Landsleute befand, die letztlich nahezu 90% der dänischen Juden das Leben rettete.

Christian X., König von Dänemark, stellte sich mit der Mehrheit seines Volkes vor seine jüdischen Mitbürger

Nachdem die Dänen es vermieden hatten, sich auf einen sinnlosen Krieg mit der Deutschen Wehrmacht einzulassen, bewegten sie sich nach der Besetzung des Landes mit einer „Strategie der Kooperation“ (Lidegaard) auf einem schmalen Grat von Konzessionen und unverzichtbaren Grundhaltungen. Während sie die Hand über ihre jüdischen Mitbürger hielten, kamen sie der Aufforderung der Besatzer nach, die Kommunisten im Land zu internieren. Im November 1941 trat Dänemark dem Antikominternpakt bei.

In ihrer 1966 aufgelegten Studie: „The Rescue of Danish Jewery" bringt die israelische Historikerin, Leni Yahil, den Aspekt des Agreements zwischen Besatzern und Besetzten wie folgt auf den Punkt:

„Solange die Deutschen aus ihren eigenen Gründen daran interessiert waren, die Vereinbarung einzuhalten, die sie den Dänen aufgezwungen hatten, konnten sie die dänischen Juden nicht anrühren.“[66]

Und Leni Yahil spezifiziert auch das Kalkül der deutschen Besatzer und relativiert damit auch den Grund, weshalb Dänemark zur Ausnahme werden konnte, wenn sie anmerkt:

"There were very few Jews in Denmark, and this fact facilitated the German' decision to postpone the execution of the "Final Solution" to a more opportune moment. This argument was also advanced at the Wannsee

[66] Bo Lidegaard, daselbst, S. 68

Conference, where Luther, upon instructions from Ribbentrop, noted that the operation against the Jews should be delayed in the northern countries because of the difficulties which had arisen."[67]

Es lohnt sich daher allemal näher auf die Motive der deutschen Besatzer im speziellen Fall von Dänemark einzugehen. Ganz entscheidend war, dass sie vom NS-System, wie die Skandinavier insgesamt, als Mitglieder der ‚nordischen Herrenrasse' angesehen wurden. Zu starke Pressionen würden die Bereitschaft sich freiwillig am Kampf gegen die kommunistische Bedrohung zu beteiligen, die zweifellos vorhanden war, erheblich in Frage stellen.

Diese Hypothese wird dadurch bestätigt, dass die Nationalsozialisten aus diesem Kalkül heraus mit Dr. Best einen ihrer fähigsten und zugleich skrupellosesten SS-Führer nach Dänemark schickten. Der SS-Obergruppenführer, die Nr. 3 im Ranking der SS-Führung, hatte nach der Besetzung Polens an verantwortlicher Stelle mit aller Härte die ‚völkische Flurbereinigung' durchgeführt. Als „Bluthund von Paris" war er dann maßgeblich an der Sammlung und Deportation der Juden in Frankreich beteiligt. – In Dänemark schien er plötzlich wie verwandelt. Er hielt sich an die mit dem

[67] Leni Yahil: The Uniqueness of the Danish Jewry, in: Rescue attempts during the Holocaust, Jerusalem, 1980, S. 3

dänischen König vereinbarte Respektierung der Juden. Aber das alles nur aus eiskalter Berechnung.

Wir werden uns später noch daran versuchen: an der Annäherung an den faschistoiden, rassistischen und antisemitischen Tätertypen. Wie schwer eine zu einfache Typisierung dabei ist, wird am Beispiel des SS-Obergruppenführers Dr. Best besonders deutlich.

Hannah Arendt sprach im Zusammenhang mit den NS-Tätern einmal von der „Banalität des Bösen". Sie hatte dabei den Bürokraten und Technokraten, den Cheforganisator der Massentransporte in die Vernichtungslager im Auge.[68] Was auf Eichmann bedingt zutreffen mag, birgt eine gefährliche Verallgemeinerung in sich. Nie und zu keiner Zeit ist das Böse banal. Und erst recht trifft dies in keiner Weise für die hauptverantwortlichen NS-Täter am Holocaust zu. – Viel wichtiger ist es, der Frage nachzugehen, wie sich das Böse unter entsprechenden politischen und ideologischen Rahmenbedingen in uns allen entfalten kann und welche präventiven Maßnahmen getroffen werden können, um die Entwicklung vom Banalen zum Bösen zu verhindern. Auch verläuft die Trennlinie zwischen Gut und Böse bei genauerer Be-

---

[68] Hannah Ahrendt: Eichmann in Jerusalem – Ein Bericht von der Banalität des Bösen, aus dem Amerikanischen von Brigitte Granzow, München, 1964

trachtung nicht immer scharf. Bewegt sich vieles in einer Grauzone voller Widersprüche.

Dies gilt auch für die etwas zu sehr glorifizierte Darstellung der Rolle der Dänen bei der Rettung ihrer jüdischen Mitbürger. Das Widersprüchliche beginnt mit Dr. Best, dem „Bluthund von Paris", mit ihm gaben alle hochrangigen deutschen Vertreter in Dänemark gegenüber der Reichsregierung unisono, ihre Bedenken bei der Behandlung der Juden zu verstehen. Wie wenig klar die Fronten zwischen den Handelnden bei der Rettung der dänischen Juden gezogen werden können, zeigt auch das Beispiel von Helmuth James Graf von Moltke, der am 23. Januar 1945 als Mitglied des Widerstandes gegen Hitler in Plötzensee hingerichtet wurde.

Der Völkerrechtler von Moltke, aus der Amtsgruppe Abwehr/Ausland im Oberkommando der Wehrmacht, machte sich auf den Weg zu seinen dänischen Freunden, um sie vor der bevorstehenden Deportation der Juden, deren Festnahme für den 1. bis zum 2.10.1943 geplant war, zu warnen.

Auch gilt es die noble Haltung der deutschen Kriegsmarine zu erwähnen, die so gut wie keine Anstalten machte, Boote mit flüchtigen Juden aufzubringen. Und gegen die Verklärung eines ganzen Volkes spricht auch, dass die Fischer, die die Juden nach Schweden übersetzten, sich durchweg das gut bezahlen ließen. Wobei das Risiko erwischt zu werden wegen der erwähnten Haltung der deutschen Kriegsmarine relativ gering war.

„Ein Fischer konnte mit einer einzigen erfolgreichen Überfahrt genug einnehmen, um sich ein brandneues Boot plus neuer Ausrüstung zu kaufen. – und viele Fischer haben viele solcher Touren gemacht. .....Schätzungen zu Folge wurden im Schnitt 1000 Kronen pro Person für eine Überfahrt verlangt. Das entsprach etwa einem Drittel oder einem Viertel des Jahreslohnes eines Facharbeiters, dabei waren fast die Hälfte aller Flüchtlinge selbst nur Kleingewerbetreibende gewesen."[69]

Und auch das gehört zur Wahrheit: bei der Aktion Anfang Oktober1943, die zum Ziel hatte, der Juden in Dänemark für die anschließende Deportation in die Vernichtungslager habhaft zu werden, gingen deutsche Sicherheitskräfte gemeinsam mit dänischen SS-Freiwilligen äußerst brutal vor. Das Ergebnis war aber recht mager. Statt der erhofften 6000 Juden gerieten nur etwa 300 in die Fänge der Häscher.

Dennoch: die Rettungsaktion der Dänen war ein großartiger Erfolg. Es gelang ihnen nahezu 90%, und damit

[69] Bo Lidegaard, daselbst, S. 517

über 7000 ihrer jüdischen Mitbürger zur Flucht in das sichere, neutrale Schweden zu verhelfen.

„Warum geschah das oder Ähnliches nicht auch andernorts? Hätte der Völkermord mit einer offenen Ablehnung der ideologischen Ablehnung hinter der Vernichtung des Judentums nicht auch in anderen besetzten Ländern – und in Deutschland – aufgehalten werden können? Die Antwort ist: Ja, ja natürlich!“[70]

Lidegaard hat völlig recht, wenn wir etwa zum Vergleich das Verhalten der Vichy-Regierung in Frankreich heranziehen. Die Franzosen hätten in ihrem freien Teil ähnliche Möglichkeiten gehabt, sich schützend vor ihre Juden zu stellen, oder ihnen gegebenenfalls zur Flucht nach England zu verhelfen. Aber weder in Frankreich noch in England gab es eine besondere Empathie für die Juden. Die Vichy-Regierung machte sich stattdessen bei der Deportation ihrer jüdischen Mitbürger vielmehr zum willigen Erfüllungsgehilfen am Genozid der Juden.

Und was die Deutschen anbetrifft, da gab es zwar keineswegs den mehr oder weniger flächendeckenden aggressiven Antisemitismus, den etwa Goldhagen unterstellt. Auch ist es schlichtweg falsch, den Deutschen insgesamt zu unterstellen, sie hätten vom Holocaust gewusst (siehe Haffner!). Aber, und hierin liegt ein großer

[70] Bo Lidegaard, daselbst, S. 535

Teil ihrer Schuld, sie haben es zugelassen, dass mit den Nürnberger Rassegesetzen ihre Mitbürger jüdischen Glaubens diskriminiert und ausgegrenzt wurden.

Spätestens nach dem militärischen Fiasko von Stalingrad, dürfte es wohl auch dem ‚größten Feldherren aller Zeiten' klar gewesen sein, dass der Krieg nicht mehr zu gewinnen war. Denn von jetzt an ging er mit aller Kraft daran, wenigsten seine Prophezeiung gegenüber dem ‚internationalen Judentum' in die Tat umzusetzen. In dieser Phase waren die meisten Deutschen zu sehr mit sich selbst beschäftigt. In den Städten, unter dem Bombenhagel der Alliierten, ging es um das eigene, nackte Überleben. Fast in jeder deutschen Familie waren eigene Ziviltote, oder gefallene Soldaten der Wehrmacht zu beklagen. Wenn es jetzt in der Endphase des Zweiten Weltkrieges auch mehr Informationen über das Schicksal der Juden gab, dann beließen es die Deutschen lieber bei der Ahnung; hielten es zum Teil auch für Feindpropaganda. Gewissheit wollten sie nicht. Diesen ambivalenten Zustand der Reichsdeutschen beschreibt sehr treffend der deutsche Historiker Peter Longerich von der Royal Holloway University of London:

„Zwischen Wissen und Unwissen gab es also eine breite Grauzone, gekennzeichnet durch Gerüchte und Halbwahrheiten, Imagination, verordnete und selbst aufge-

legte Kommunikationsbeschränkungen Nicht-Wissen-Wollen und Nicht-Begreifen-Können.“[71]

„Nicht wenige Österreicher sagen heute: ‚Wir haben den Krieg verloren‘, und identifizieren sich damit nachträglich mit den Nazis. Dass Österreich den Krieg gewonnen hat, in dem die Nazis ihn verloren, ist nicht allgemeines Gut.“

Gerhard Roth, 1990

7.2 Der Austrofaschismus: oder wie man sich aus der Verantwortung heraus laviert

Was Roth hier anmerkt, muss dahingehend ergänzt werden, dass sich die Österreicher auch dadurch zu den Kriegsgewinnlern zählen dürfen, weil sie es verstanden haben, sich als einstmals in der Mehrzahl fanatische Parteigänger und Mittäter des Mannes, der als ihr Landsmann auch ihr Führer war, aus der Gesamtverantwortung nach Ende des Zweiten Weltkrieges davonzustehlen.

Man könnte dieses Sonderkapitel auch überschreiben: *„Wie stellt man es an, um möglichst elegant aus der Täterrolle in die Opferrolle zu schlüpfen?“* Und angesichts

[71] Peter Longerich: „Davon haben wir nichts gewusst!“ – Die Deutschen und die Judenverfolgung 1933-1945, München, 2006, S.328

überwiegend frenetisch-enthusiastisch jubelnder Österreicher beim Anschluss an das Deutsche Reich, fragt sich der Betrachter und Beurteiler historischen Zeitgeschehens immer noch verwundert, ob es sich es hier etwa um eine Fata Morgana, eine Halluzination oder ein Hirngespinst handelt.

Hitler war gewissermaßen österreichisches Urgestein. Verhaftet in einem aus dem Urquell des Vielvölkerstaates der vormaligen Donaumonarchie genährten aggressiven Antisemitismus.

-

Drei Tage nach dem Einmarsch steht Adolf Hitler auf dem Balkon der Hofburg in Wien und lässt sich von einer Viertelmillion jubelnder Österreicher feiern

„Hitler wurde als erfolgreicher Auslands-Österreicher wahrgenommen. Für viele war er eine Art Ersatz-Monarch, der Wohlstand und außenpolitische Stärke versprach."

Zu dieser realistischen und auch historisch belegbaren Einschätzung kommt der renommierte österreichische Historiker Professor Dr. Gerhard Botz von der Universität Wien. Schutzbehauptungen, Österreich sei das erste Opfer von Hitlers gewaltsamer Expansionspolitik gewesen, sind fiktiv und so absurd, als wolle man im Umkehrschluss die Deutschen insgesamt zu Opfern eines skrupellosen Mordbrenners, eines österreichischen Migranten und eines verantwortungslosen Deserteurs machen, der sich aus der politischen Verantwortung für seine Taten fünf Minuten nach Zwölf feige davon gestohlen hat.

In der Moskauer Erklärung vom 30.Oktober 1943 wurden die Österreicher zum ersten Opfer des Aggressors Hitler erklärt! - Natürlich begünstigte dieser ‚Persilschein' die Österreicher auch darin, sich vor entsprechenden Opferentschädigungen zu drücken. Die finanziellen Lasten der sogenannten Wiedergutmachung wurden und werden bis zum heutigen Tag nahezu allein von den Deutschen getragen.

Auch bei der sogenannten Rückstellung vormals jüdischen Vermögens ist die Alpenrepublik lange Zeit mehr als zögerlich vorgegangen. Dass Hitler während seiner Wiener Obdachlosenzeit für seinen bedingungslosen Antisemitismus sozialisiert wurde, ist hinreichend belegt und beschrieben worden.

Moskauer Erklärung über Österreich vom 30. Oktober 1943, veröffentlicht am 1. November 1943

Die Regierungen des Vereinigten Königreiches [= Großbritannien], der Sowjetunion und der Vereinigten Staaten von Amerika sind darin einer Meinung, daß Österreich, das erste freie Land, das der typischen Angriffspolitik Hitlers zum Opfer fallen sollte, von deutscher Herrschaft befreit werden soll.

Sie betrachten die Besetzung Österreichs durch Deutschland am 15. März 1938 [richtig: 13. März 1938] als null und nichtig. Sie betrachten sich durch keinerlei Änderungen, die in Österreich seit diesem Zeitpunkt durchgeführt wurden, als irgendwie gebunden. Sie erklären, daß sie wünschen, ein freies unabhängiges Österreich wiederhergestellt zu sehen und dadurch ebensosehr den Österreichern selbst wie den Nachbarstaaten, die sich ähnlichen Problemen gegenübergestellt sehen werden, die Bahn zu ebnen, auf der sie die politische und wirtschaftliche Sicherheit finden können, die die einzige Grundlage für einen dauernden Frieden ist.

Österreich wird aber auch daran erinnert, daß es für die Teilnahme am Kriege an der Seite Hitler-Deutschlands eine Verantwortung trägt, der es nicht entrinnen kann, und daß anläßlich der endgültigen Abrechnung Bedachtnahme darauf, wieviel es selbst zu seiner Befreiung beigetragen haben wird, unvermeidlich sein wird.

Gezeichnet : Roosevelt, Churchill, Stalin

[deutsche Version nach Stephan Verosta, Die internationale Stellung Österreichs. Eine Sammlung von Erklärungen und Verträgen aus den Jahren 1938 bis 1947, Manz, Wien 1947, S. 52/53]

Die radikale Form des Judenhasses, die im Nachkriegseuropa in Wien besonders ausgeprägt war, hat er praktisch nach Deutschland exportiert. Ein zweites kommt hinzu. Der Austrofaschismus, als Ableger des italienischen Faschismus, hatte sich zwischen 1933 und 1938 als politische Bewegung etabliert und saß seit März 1933, also kurz nach der Machtergreifung Hitlers in Deutschland, gleichfalls als diktatorisches Regime fest im Sattel. - Nach bürgerkriegsähnlichen Auseinandersetzungen, beginnend im März 1933, wurde zunächst das Parlament über die sogenannte ‚Geschäftsordnungskrise' ausgehebelt. - Im Februar 1934 wurde die Sozialdemokratische Partei verboten. Drei Monate später, nach Verabschiedung der ‚Maiverfassung' gab es dann nur noch die faschistische „Vaterländische Front" als einzige Partei. - Das Verhältnis der Austrofaschisten zu den Juden war zunächst recht zwiespältig. Es gab zwar kein offizielles Berufsverbot für Juden in staatlichen Einrichtungen wie in Deutschland. Dennoch wurde von offizieller Seite nichts unternommen, wenn es zu Ausschreitungen gegenüber der jüdischen Bevölkerung kam, oder jüdische Geschäfte von privater Seite boykottiert wurden. Auch überließ es die „Vaterländische Front" in einer Art geschickter Aufgabenverteilung ihren einzelnen Organisationen, hier insbesondere der extrem judenfeindlichen ‚Heimwehr', um in rüder Form gegen die österreichischen Juden vorzugehen. Eine Ausgrenzung fand auch im Schul- und Bildungswesen statt. Nach einem Erlass des österreichischen Unterrichtsministers Kurt Schuschnigg vom 4. Juli 1934 sollten Juden und Christen künftig in getrennten Klassen unterrichtet werden. - Eine noch üblere Rolle in Sachen Antisemitismus als in Deutschland spielte die österreichische katholische Kirche. Als besonderer Judenhasser tat sich hier Bischof Alois Hudal hervor. Judenhass, in weitaus üblerer und unterschwelligerer Art war und ist auch im heutigen Österreich stärker verbreitet, besser vernetzt und politisch präsenter als in der Bundesrepublik. Antisemitismus hatte zudem Tradition, sowohl im Vielvölkerstaat der Donaumonarchie, als auch in der späteren Ersten Republik.

Uniformierte und Polizisten sehen zu, wie jüdische Wiener Bürger im März 1938 dazu gezwungen werden, proösterreichische Parolen von den Gehsteigen zu waschen

Er wollte die Juden vor die Wahl stellen, entweder freiwillig auszuwandern, oder aber in Konzentrationslager gesteckt zu werden. Es war kein Nationalsozialist, der hier das antijüdische Repertoire der NSDAP vorwegnimmt. Jener Mann war Leopold Kunschak, Führer der christlichen Arbeiterbewegung, der sich derart unverblümt und unwidersprochen 1920(!) im Österreichischen Nationalrat äußerte. Als die Austrofaschisten zunehmend verstärkt damit begannen, dieses ‚lukrative' Thema für sich zu besetzen, klagte der Obmann der Christlichsozialen Partei, Robert Krasser, bei seiner Antrittsrede im Jahre 1932: *„Bei der Eroberung Wiens durch Lueger war eine der zündenden Ideen der Antisemitismus. Aus staatspolitischen Gründen ist es damit in unserer Partei bedenklich still geworden."*

Hitler fand bei seinem Einmarsch in Österreich, der weitaus weniger ein Akt der gewaltsamen Okkupation als vielmehr ein Akt freudiger, überwältigender Hingabe war, ein wohlbestelltes Feld vor. Was gleichermaßen seine Rassen- und Expansionspolitik betrifft. Auch hierzu wiederum eine Anmerkung zu Goldhagen, hätte er ein ähnlich obskures Pamphlet wie das von den gewöhnlichen Deutschen als Hitlers willigen Helfern auf die Österreicher gemünzt verfasst, hätte das unter Umständen in der Alpenrepublik dazu geführt, dass die politischen Nachfahren des rechten und antijüdischen Populisten

Jörg Haider mehrheitsfähig geworden wären und ihn dann sogar zur 'persona non grata' erklärt hätten. Auch die Deutschen, nicht nur wirtschaftpolitisch auf der Erfolgsspur, sondern in ihrer schweigenden Mehrheit wieder mit einer tiefer Sehnsucht nach nationaler Identität und dem selbstverständlichen Recht aller Völker auf patriotische Vaterlandsliebe, werden es in Zukunft nicht mehr länger klaglos hinnehmen, für alle Zeiten, alleinverantwortlich für den Holocaust zum Fenster hinaus gehängt zu werden.

Um es einmal provokativ auf den Punkt zu bringen: die Keule des Holocaust, mit der aus häufig sehr durchsichtigen Gründen immer wieder allein auf die Deutschen eingeschlagen wird, könnte eines Tages zum Bumerang werden, indem sich nämlich im deutschen Volk als Gegenreaktion das notwendige Erinnern mehr und mehr verflüchtigt.

Wir werden an anderer Stelle auf die Gefahren, die sich konsequenter Weise daraus ergeben, näher eingehen. Die Österreicher tragen den Opfermythos bis in unsere Tage wie eine Monstranz vor sich her. Noch heute, nach gründlicher Analyse der Faktenlage, über die allemal gleiche Teilhabe an Holocaust und Eroberungskriegen, halten sie an ihrer Opferrolle fest. Eine groß angelegte

Studie unter Leitung des Historikers Oliver Rathkolb[72] und des SORA-Chefs Günther Ogris[73] ergab, dass sich bis heute 36,5% der Österreicher als Opfer sehen.

Die SORA-Studie unter dem Titel: „Autoritarismus in Österreich und Zentraleuropa“, bis 2007 durchgeführt, ergab für Österreich u.a., dass hier der Autoritarismus wieder leicht angestiegen ist, dass knapp die Hälfte der Österreicher der Meinung war, dass ihr Land mitschuldig am Holocaust sei, 45% dagegen waren sich sehr wohl darüber im Klaren, dass ihr Land finanziellen Nutzen aus der Ermordung der Juden gezogen habe. Aber ganze 75% Prozent aller Befragten hielten standhaft an der Opferdoktrin fest.[74] - Zu einer Besonderheit der Österreicher in ihrer Wahrnehmung von einer Sonderrolle als Opfer im gemeinsam gewollten Großdeutschen Reich gehört auch die bis heute andauernde Glorifizierung und Mystifizierung des austrofaschistischen Diktators Dollfuß. Große Teile der österreichischen Bevölkerung sehen in ihm gar einen Märtyrer, und posthum wird er sogar für viele von ihnen zum Widerständler gegen die

---

[72] Professor Rathkolb ist seit 2002 Herausgeber der Zeitgeschichte und Experte in historischer Diktatur- und Transformationsforschung.

[73] SORA wurde als Institut für Social Research and Consulting im Jahre 1996 von Christoph Hofinger und Günther Orgis gegründet

[74] Im Zusammenhang mit den eigenen Intentionen sei an dieser Stelle auch auf die Studien von Rathkolb/Ogris: Authoritarianism, History and Democratic Dispositions in Austria, Poland, Hungary and the Czech Republic verwiesen

Hitlerdiktatur hochstilisiert. Dabei war Dollfuß alles andere als der gemütvolle Trachtenonkel im Outfit der Vaterländischen Front.

Engelbert Dollfuß, ein Faschist reinsten Wassers

Im Februar 1934, fünf Monate vor seinem Tod, ließ Dollfuß, in Wirklichkeit ein Speichellecker und Lakai Benito Mussolinis, einen Widerstand der Sozialdemokraten gegen das repressive Regime brutal niederkartätschen. Neben zahllosen Toten und Verletzten auf Seiten der Arbeiterschaft bei der Niederschlagung des Aufstandes, wurden anschließend neun Schutzbündler, Angehörige der sozialdemokratischen Miliz, hingerichtet. Der Schuhmacher Karl Münichreiter wurde trotz einer schweren Schussverletzung auf einer Bahre zum Galgen geschleppt.

Nein, Dollfuß war weiß Gott kein Faschist von Westentaschenformat. Das Üble und Entlarvende am „KLerikofaschismus“, so wie ihn einmal der sozialdemokratische Gründervater der Nachkriegsrepublik, Karl Renner, bezeichnete, ist eine Kombination von über die katholische Kirche tradierter religiös motivierter Judenfeindschaft mit dem Stände- und rassenpolitisch motiviertem ökonomischen Antisemitismus.

Dass Dollfuß, gewissermaßen als Geistesverwandter und Landsmann Hitlers nicht in die Führungsriege des Dritten Reiches aufrücken konnte, war Folge eiskalter, zielgerichteter Machtpolitik des Führers. So wie er seinen Duzfreund Röhm opferte, musste auch sein Landsmann Dollfuß allein aus Machtkalkül von der politischen Bildfläche entfernt werden.

Nehmen wir noch ein Beispiel dafür, wie es die Österreicher bis heute verstanden haben, sich aus der Täterrolle hinaus zu lavieren. – Während in Deutschland mit zunehmendem Abstand vom Zeitgeschehen, die Verbrechen von Angehörigen der Deutschen Wehrmacht nicht nur mit der notwendigen Akribie aufgearbeitet wurden, sondern mitunter auch eine tendenziöse, verallgemeinernde Absicht zu erkennen ist, demnächst auch eine ganze Generation von deutschen Kriegsteilnehmern mit dem Odium einer Verbrecherorganisation zu überziehen, muss man den Eindruck gewinnen, dass die österreichischen Angehörigen dieser Wehrmacht an den gemeinsam verübten Verbrechen gar nicht teilgenommen haben. Es handelt sich hierbei offenbar um eine Art ‚Geisterarmee', mit anschließend scheinbar blütenreiner Weste. Und natürlich ist dem nicht so.

Denn was das Thema Kriegsverbrechen angeht, auch da haben sich die Österreicher einen besonders schlanken Fuß gemacht, indem sie sich ein raffiniertes juristisches Konstrukt verpasst haben, das eine gerichtliche Ahndung von NS-Schergen, auch wenn es sich nachweislich um Mörder handelt, erfolgreich verhindert.

Die österreichische Justiz zieht nämlich bei der Beurteilung von schweren NS-Verbrechen, die Rechtssituation zur Tatzeit am Tatort in Betracht, damit also zumeist das deutsche Reichsstrafgesetzbuch (RSTGB) der NS-Zeit, dass ab 1941 auch für Österreich galt. Geht's noch perfider: mit dem Unrecht der deutschen Volksgerichtsjustiz die Täter zu schonen, den Opfern aber gleichzeitig mit Hilfe einer Ausstiegsklausel der Siegermächte eine angemessene Entschädigung vorzuenthalten!

Die Ungleichbehandlung deutscher und österreichischer Kriegsverbrecher ist zudem auch dadurch gegeben, dass selbst Völkermord in Österreich nach 20 Jahren verjährt, wenn man zum Tatzeitpunkt unter 21 Jahre alt war. Ganz anders wird dagegen in Deutschland verfahren, abgesehen davon, dass Mord nie verjährt, *„werden auch noch alte Männer dem Richter zugeführt."*[75]

Übrigens gelten auch in Belgien für verübte Kriegsverbrechen, die zur Tatzeit in Kraft befindlichen belgischen Verjährungsvorschriften. Eines besonders perfiden Unrechtskonstruktes bedient sich die österreichische Justiz im Falle Polens. Denn auch hier wird argumentiert, dass das polnische Strafrecht im sogenannten ‚Generalgouvernement' niemals für reichsdeutsche Angehörige gegolten habe.

Polen war das erste Opfer Großdeutscher Expansionspolitik. Hier ließen deutsch-österreichische Faschisten erstmals die Maske fallen. Und hier begann durch nachrückende SD-Einheiten Terror und Vernichtung in Richtung Endlösung.

Wenn wir den österreichischen Sonderweg besonders herausstellen, dann geht es hier nicht darum, das österreichische Volk per se an den Pranger zu stellen. Das hieße der seltsamen Denke und Logik von Daniel Goldhagen zu folgen. Österreicher und Deutsche können selbstverständlich gleichermaßen nicht mit dem kollektiven Anwurf überzogen werden, sie seien allesamt willige Helfer des Mordbrenners Hitler gewesen.

[75] Colette M. Schmidt, DER STANDARD, 7.5.2013

Was aber nicht sein kann, und das ist eines der Hauptanliegen dieser Arbeit, dass in einem Europa, das sich über eine europäische Verfassung nicht nur einer gemeinsamen Wertegemeinschaft verpflichte fühlt, sondern darin auch eine Gleichbehandlung vor dem Gesetz implementiert hat, in Sachen Kriegsverbrechen weiterhin eine Art von Sondergerichtsbarkeit praktiziert wird.

Nehmen wir als Zeugnis gemeinsamer Verstrickungen von deutschen und österreichischen Wehrmachtsangehörigen in Kriegsverbrechen als exemplarischen Fall die 1. Gebirgsjägerdivision. Eine spezielle Einheit von Hitlers Elitesoldaten, bei der nahezu ein gleicher Anteil von Deutschen und Österreichern diente. Diese Einheit verübte schwerste Kriegsverbrechen. Ihre Blutspur zieht sich durch mehrere Länder Europas.

Als die Wehrmacht sich anschickte, die von Briten besetzte Insel Kreta zu erobern, wurde das Unternehmen unter das Kommando des österreichischen Generalobersten Alexander Löhr gestellt. An der Eroberung Kretas war neben dem XI. Fliegerkorps die rein österreichische 5. Gebirgsdivision nebst Teilen der 6. Gebirgsdivision beteiligt. Die Eroberung Kretas innerhalb einer Woche war zweifellos eine soldatische Bravourleistung. Als es dann aber anschließend zu heftigem Widerstand der Zivilbevölkerung kam, wurden von den Besatzern Vergeltungs- und Sühnemaßnahmen von zum Teil unglaublicher Härte und Brutalität durchgeführt.

Bereits am 31. Mai 1941 ordnete Kurt Student als Befehlshaber der Besatzungstruppen auf Kreta an:

„Jetzt ist die Zeit gekommen, allen derartigen Fällen planmäßig nachzugehen, Vergeltung zu üben und Strafgerichte abzuhalten, die auch als Abschreckungsmittel für die Zukunft dienen sollen. Ich beabsichtige, in dieser Richtung mit äußerster Härte vorzugehen.

Als Vergeltungsmaßnahmen kommen in Frage:

1. *Erschießungen, 2. Kontributionen. 3. Niederbrennen von Ortschaften, 4. Ausrottung der männlichen Bevölkerung ganzer Gebiete.*

Es kommt nun darauf an, alle Maßnahmen mit größter Beschleunigung durchzuführen, unter Beiseitelassung aller Formalien und unter bewusster Ausschaltung von besonderen Gerichten. Bei der ganzen Sachlage ist es die Sache der Truppe und nicht von ordentlichen Gerichten. Sie kommen für Bestien und Mörder nicht in Frage:“ [76]

---

[76] Alexandra Marianne Stefan: Deutsche Kriegsverbrechen auf Kreta 1941-1945, Diplomarbeit an der Uni Wien, 1999, S. 58ff.
Anmerkung: In Ergänzung des Themas hätte die Diplomandin Stefan hinzufügen müssen: Deutsche und österreichische Kriegsverbrechen.

Damit wurde den Soldaten der Großdeutschen Wehrmacht quasi freie Hand gegeben, sich auch außerhalb der im internationalen Kriegsrecht vereinbarten Konventionen zu bewegen.

So wurde am 3. Juni 1941 das Dorf Kandanos von deutsch-österreichischen Truppen heimgesucht. Alle Häuser wurden zerstört. Rund 300 Personen hingerichtet.

Am Schluss dieser barbarischen Mordbrennerei wurde eine Erinnerungstafel aufgestellt, auf der zu lesen war:

„Zur Vergeltung der bestialischen Ermordung eines Fallschirmjägerzuges und eines Pionierhalbzuges durch bewaffnete Männer und Frauen aus dem Hinterhalt wurde Kandanos zerstört."

Dass Partisanen, die reguläre Kampfverbände angreifen mit Vergeltungsmaßnahmen rechnen müssen, liegt im berechtigten Interesse der kämpfenden Truppe. Wenn dabei aber jegliches Maß überschritten wird, Frauen und Kinder zu wahllos dahin gemeuchelten Opfern werden, dann ist nicht nur geltendes Kriegsrecht verletzt, sondern dann muss man den Soldaten oder seine Einheit in die Kategorie der Täter und Kriegsverbrecher einreihen.

Die Bildsequenz vom Vorgehen der Erschießungskommandos, zwingt zum genauen Hinsehen. Und sie fordert die freie Zivilgesellschaft dazu auf, dass das Vorgehen bei einer solchen Vergeltungsmaßnahme, das sinnlose Wüten und bestialische Vorgehen von regulären Truppen, geächtet werden muss, und ohne Anspruch auf

Verjährung von ordentlichen Gerichten geahndet werden sollte.

Spätestens in Vietnam zeigte sich, dass selbst in der Armee der Führungsnation der westlichen Demokratien, partiell genau so brutal und menschenverachtend vorgegangen wurde, wie bei den Gebirgsjägereinheiten der Deutschen Wehrmacht auf Kreta. – Von brutaler Folter und der willkürlichen Ermordung nordvietnamesischer Kriegsgefangener, dem sogenannten ‚Body-Count', bei dem die Beförderung von der Anzahl der getöteten Gegner abhängig gemacht wurde, der Verabreichung vergifteter Getränke in nordvietnamesischen Siedlungen, über das sinnlose Abknallen von auf dem Felde arbeitender Bauern durch gezielte Luftangriffe, dem wahllosen Abladen von überzähligen Bombenfrachten über zivilen Ansiedlungen, zieht sich eine Blutspur der Schande für das amerikanische Militär. – My Lai steht auf amerikanischer Seite für Kandanos. Und es gab nicht nur ein My Lai.

Was Kriegsverbrechen angeht, so haben die Amerikaner längst ihre moralische Integrität verloren. Im Zusammenhang mit ihren teils recht fragwürdigen militärischen Unternehmungen stehen in jüngster Zeit etwa der Folterskandal von Abu-Ghuraib, mit perversen Scheußlichkeiten wie Waterboarding und dergleichen. Nicht zu vergessen die unmenschlichen Foltermethoden und Misshandlungen in Guantanamo.

Offensichtlich gilt für alle Gesellschaftsformen mehr oder weniger, was der Schriftsteller und Holocaust-Überlebende Primo Levi einmal gesagt hat

"Es gibt die Ungeheuer, aber sie sind zu wenig, als dass sie wirklich gefährlich werden könnten. Wer gefährlicher ist, das sind die normalen Menschen."

Und zwar in ihrer Suche nach zweifelhaften Erlösern und Errettern. In ihrem Hang zu unreflektierter Hingabe und Gefolgschaftsbereitschaft , die sie immer wieder wie die Lemminge vor den Abgrund führt. - Dieser Wahnsinn dauert bis in unsere Tage an. Nicht nur die Selbstmordkommandos des IS zeigen die ganze inhumane Brutalität zu der Menschen immer noch fähig sind.

Wie ein unterirdisches Geflecht, vergleichbar etwa einem Pilzmyzel, wurzelt und wuchert altes Gedankengut sowohl unter der Erdoberfläche, als auch im kollektiven Gedächtnis der Menschheit. Und es eruptiert, befördert in einer Atmosphäre von Schwüle und Schwulst. In Zeiten, da Menschen sich durch radikale Veränderungen wie etwa derzeit durch den millionenfachen Ansturm von Fremden aus aller Herren Länder auf die "Festung Europa", verunsichert und verängstigt fühlen.

8.0 Vorurteile und Gleichgültigkeit als Wegbereiter für ein totalitäres und antisemitisches Gedankengut

Vor dem Versuch über den Faschismus als ideologische Plattform hinaus, den Blick auf den faschistoiden Tätertypen zu fokussieren, in dem Bemühen ihn näher zu analysieren und zu spezifizieren, soll ein kurzer Blick auf die sogenannten ‚gewöhnlichen Deutschen' geworfen werden. Sie waren die Mehrheit im deutschen Volk unter Hitler. Aber nochmals sei es in aller Deutlichkeit gesagt, sie dürfen keinesfalls der Kategorie der Täter zugeordnet werden. Und dennoch, schlimm genug, sie waren wiederum in ihrer Mehrzahl: Wegseher, Wegducker, Gleichgültige, Angepasste, oder voller dumpfer, tradierter Vorurteile gegenüber ihren jüdischen Mitbürgern. Und sie ließen mehr oder weniger achselzuckend und von den Anfangserfolgen der Nationalsozialisten geblendet zu, was diesen an Ausgrenzung und Diskriminierung im Deutschen Reich für jedermann sichtbar widerfuhr. Und hier kommen, sicher stellvertretend für viele ähnlich gelagerte Fälle, auch eigene, höchst irritierende Erfahrungen mit ins Spiel.

Lassen Sie mich daher, auch als Erklärung für das eigene Interesse und die nachhaltige Empathie als Angehöriger der ersten deutschen Generation, die durch die "Gnade der späten Geburt" in keiner Weise mehr zu den Tätern, sondern durch Heimatverlust und Elendsjahre im Kriegs- und unmittelbaren Nachkriegsdeutschland eher zu den Opfern gezählt werden muss, der aber wie viele in gleicher Situation, ein brennendes Interesse daran hatte, was es mit der Elterngeneration zu Zeiten des Dritten Reiches auf sich hatte, versuchen, die eigenen Irritationen näher zu beschreiben.

Bernd Theweleit beschreibt das, was ihn dabei umtrieb und sicher für die Mehrzahl der bundesdeutschen Nachkriegshaushalte galt, folgendermaßen:

„Mein Vater, ein guter Eisenbahn-Büromensch, fand, man habe ein paar zu viele „von ihnen" umgebracht. Ausgedrückt ohne Emotionen. Gefühle, also die Tränen, kamen ihm, wenn erzählt wurde, wie russische Partisanen aus dem Hinterhalt gute Deutsche erschossen."

Und er fährt fort:

„Aufgezogen von „gemäßigten" Antisemiten und wilden Rassenhassern, die zugleich ihre Lebenskraft in die Fürsorge für sechs Kinder steckten, auf allen Luxus, Komfort und Urlaubsreisen verzichteten, sich kaum etwas gönnten, mit Ausnahme der großen Familienfeste; die einfach auch nicht bösartig waren; nein, sie kümmerten sich, die Mutter sang bei der Alltagsarbeit das gesamte deutsche Liedrepertoire vor sich her, „gutherzig". Aber für „das

Jüdische" war kein Teil dieses guten Herzens zu erwärmen, auch lange nach dem Krieg nicht. Was für Wahnsinnige!"

Und zum Schluss, das eigentliche Motiv für seinen psychoanalytischen Ansatz: die Frage, die uns alle umtreiben sollte und die, wenn wir sie uns ernsthaft stellen, die beste Prävention gegenüber allen neofaschistischen und neoantisemitischen Anwandlungen und Strömungen in Deutschland und Europa sein dürfte:

„Wie konnte man leben, ohne annähernd zu ergründen, wie solche Psychophysis tatsächlich funktioniert?....und was steckt, bitte schön, in einem selbst?"[77]

Von meinem „demographischen Verfallsdatum" bin ich ein Altersgenosse Theweleits. Und ich teile mit ihm nicht nur den Verlust von Heimat, was im Rückblick auf ein langes und überwiegend glückliches und vor allen Dingen friedliches Leben weniger schmerzhaft ist, sondern auch die nahezu identische Erfahrung in der Nachkriegszeit mit unbeantworteten Fragen konfrontiert worden zu sein, die mich bis heute umtreiben.

Meine Eltern opferten sich für ihre beiden Söhne unter Rückstellung aller eigenen Wünsche auf. Mein Vater ließ

[77] Bernd Theweleit: Der belgische Hitler-Sohn und der deutsche Überleib, aus: Frankfurter Allgemeine, Feuilleton, 2008, S. 3

selbst in schon besseren Zeiten als vormaliger preußischer Revierförster von meiner Mutter seinen Uniformrock wenden, damit mein Bruder und ich anständig gekleidet das Gymnasium besuchen konnten. Meine Mutter, von Herzen gut, hilfsbereit gegenüber jedermann, tapfer in der Seele und kühn im Geist, hat unserer Familie das Überleben im Nachkriegsdeutschland ermöglicht. Mit mehrfachem abenteuerlichen Überschreiten der Demarkationslinie, und dem Bergen von Familienschätzen, die sie rechtzeitig im Zweifel an den Endsieg an heimlichen Stellen im Revier des Vaters im märkischen Sand vergraben hatte.

Sie hat nach meiner Scheidung entscheidend mit dazu beigetragen, dass meine Kinder in Liebe und Geborgenheit heranwachsen konnten und wurde von uns allen und insbesondere von ihren Enkeln dafür bis in ihre letzten, von schwerer Krankheit gezeichneten Tage abgöttisch geliebt.

Und doch, es gab da einen Moment größter Irritation. Als ich meinen jungen Jagdhund abrichtete, und sie bemerkte, wie widerborstig er sich dabei verhielt, erzählte sie wie ihr Bruder, Förster wie so viele in meiner Familie, seinem Hund Apell beigebracht hatte. – *„Stell dir vor, dieser brave Hund bekam hin und wieder einen Happen vom Tisch zugeworfen, den er auf das Kommando: „Nimm“, artig aufnahm. Aber bei: „Lass aus, es ist vom*

Jud!", verweigerte er standhaft den zugeworfenen Leckerbissen." - Meine Mutter lachte in Erinnerung an diese Episode. – Spontan und auch noch im Rückerinnern ging mir dabei Celans Todesfuge durch den Kopf: *„Der Tod ist ein Meister aus Deutschland!" - „Er hetzt seine Rüden auf uns, er schenkt uns ein Grab in der Luft!"*

Niemand hat für mich bedrückender, dichter und intensiver das Grauen des Holocaust beschrieben. Jede Zeile der Todesfuge ist eine Metapher für das untergründig Unheilvolle; erklärt in poetischer Dichte, was dickleibige Bände nicht vermögen.

„Schwarze Milch der Frühe wir trinken dich nachts, wir trinken dich mittags und morgens. Wir trinken dich abends wir trinken und trinken!"

Jene schwarze Milch, nicht unbedingt des Hasses, aber der Ausgrenzung und Gleichgültigkeit, zu viele haben sie aufgesogen in der Zeit, da sie sich an ihrem Führer berauschten. Und da waren auch jene Leichtfertigen im Umgang mit dem Antisemitismus eher Indifferenten. Zu Letzteren gehörte wohl meine Mutter.

Von ihr weiß ich, dass ein brandenburgischer, jüdischer Großgrundbesitzer, ihrem Onkel, der als Folge eines Sturzes aus einer hohen Fichte, wo er ein junges Eichhörnchen fangen wollte, einen Buckel zurückbehalten hatte und nicht mehr wie sein Bruder Förster werden konnte, eine Anstellung als Berufsjäger verschafft hatte und zu dessen großmütigem Gönner wurde. Meine Mutter, die mit diesem Onkel die gleiche Lust zu Schalk und Schabernack verband, hat dies wiederholt erzählt.

Da sie half, wo immer sie Not und Leid sah, pragmatisch und ohne Ansehen der Person, bin ich mir sicher, dass sie auch einer bedrängten jüdischen Familie geholfen hätte.

Wie aber erklärt sich jener nur scheinbare Lapsus? Die Antwort finden wir bei uns selbst. Wie schnell sind wir heutzutage oft mit Vorurteilen und Verallgemeinerungen bei der Hand, wenn wir sie nur oft genug zu hören bekommen: *„Die gefährlichen Islamisten unter den Muslimen, die Asylbewerber, die es nur auf unser Geld abgesehen haben, die arbeitslosen Drückeberger und Sozialschmarotzer"*, um uns dann in der persönlichen Konfrontation mit einem Einzelschicksal häufig vom Gegenteil überzeugen zu müssen.

Ab- und Ausgrenzen gehörten und gehören zum gesellschaftpolitischen Repertoire zu allen Zeiten der Menschheitsgeschichte. Und es trifft immer Minderheiten. Gefährlich wird es immer dann, wenn solche unterschwelligen Emotionen zum Mainstream werden, und wenn sie, noch fataler, zur politischen Doktrin werden, und buchstäblich brandgefährlich, und dann unumkehrbar, wenn sich Diktaturen ihrer bemächtigen.

Da wir bei Widersprüchlichem in der eigenen Familie sind: Er war ein ganz früher Gefolgsmann des Führers. Hat sich mit den Rotfrontkämpfern blutige Scharmützel geliefert. Und unterlag als Preuße, als der er sich zeitlebens verstand, dem fatalen Irrtum, dass er den Nationalsozialismus in der Kontinuität einer deutsch-nationalen Politik sah, und dass er, der Führer, Deutschlands Ansehen und Würde wieder herstellen würde.

Bis an das Ende seines von Kriegsverletzungen aber mehr noch von inneren Verletzungen gezeichneten Leben, hat er darunter gelitten. Stumm und einsilbig häufig. Über Tage und Wochen in tiefer Melancholie gefangen. Dann wieder jäh aufbrausend. Ungerecht im Zorn gegenüber Frau und Kindern, die er doch wiederum über alles liebte.

Mein Vater war durch Hitler und seinen Krieg zutiefst traumatisiert und in seinem Innersten zerstört worden. Da er wenig über das Geschehene sprach und lange vor meiner Mutter starb, weiß ich Weniges.

Aber aus Bruchstücken und Facetten ergibt sich ein Bild. Ein Bild, unvollständig, fragmentarisch, vor dem sich die ganze Tiefe, das ganze Ausmaß eines alptraumhaften Geschehens nur ahnen lässt.

„Traum“

„Bitte aufstehen, damit ich zur Aufhängung zurechtkomme!“

„Weihnachten 1942, Erschießung hinterm Haus – Landjäger!“

„30. Januar, Stalingrad, die Juden in Bialystok.“

Es sind dies traumatische Gedächtnisfetzen, eingebrannt für alle Zeit, aus dem Buch des Rittmeisters Eberhard von Breitenbuch.[78] Und er schreibt dazu:

„Es war dies alles so unerträglich, dass ich mich wieder an die Front meldete. Das Erlebte hatte die letzten Reserven politischer Gläubigkeit und Zuversicht nachhaltig zerstört, und wo ich bisher gemutmaßt hatte, wusste ich nun Bescheid.“[79]

Eberhard von Breitenbuch befand sich etwa für den gleichen Zeitraum wie mein Vater in Bialowies. Nach dem Überfall auf Polen 1939 wurde mein Vater zum Forstdienst an das nunmehr ostpreußische Oberforstamt Bialowies in der vormaligen polnischen Woiwodschaft Podlachien versetzt. Schweren Herzens hatte er sein geliebtes Revier, die Forstdienststelle ‚Reicherskreuz‘, am

[78] Eberhard von Breitenbuch: Erinnerungen eines Reserveoffiziers – 1939-1945, Books on Demand, 2011

[79] Eberhard von Breitenbuch, daselbst, S. 220/221

Rande des Spreewaldes und nahe dem wunderschönen ‚Schlaubetal', aufgeben müssen.

Dort hatte er mit Frau und Kindern die wohl glücklichsten Jahre seines Lebens zugebracht. Und sein ganzes späteres Sehnen ging immer wieder hierher zurück, obwohl er später in einem der wohl schönsten Reviere in Deutschland, dem vormaligen Jagdrevier der Herzöge und Könige von Württemberg, im herrlichen ‚Schönbuch', seinen Dienst versah.

„Als ich mich eines Tages in die Lektüre der Zeitungen und Forstzeitschriften vertiefe, mit denen meine Mutter die Jagdwaffen vor dem Vergraben eingewickelt hatte, stoße ich zunächst auf allerlei Vermischtes. – Im Anzeigenteil inserieren Firmen, die auch heute wieder die gleichen Artikel anbieten.

„Glück und Sonne durch Heirat mit einem Preußischen Revierförster", suchte ein blondes Rheinlandmädel in den Familiennachrichten. Und aus der Distanz erheitert auch die zeitgenössische Betrachtung für das Forsthaus zum Thema: „Die Eintopfmänner gehen wieder um!"

Ein Kampfaufruf des Gauleiters von Mecklenburg aus dem Jahre 1938 gilt gottseidank nur dem Maikäfer! – In der anschließenden Bilanz heißt es: „Die Jagd ist abgeblasen, die Strecke wird gelegt! – Im Februar des Jahres fand auf Anregung des Reichsstatthalters und Gauleiters

Hildebrand die erste Besprechung zwischen führenden Männern der Partei und der Staatsforstverwaltung statt, sie galt einer Großkampfaktion gegen den Mailkäfer!" Darunter werden akribisch die Zentnerlasten der ‚Strecke' für die einzelnen Bezirke aufgeführt und summiert.

Aber das Lächeln über derartige Banalitäten in Sprache und Diktion erstirbt, als ich beim Durchblättern der ‚Bialystoker Zeitung', dem amtlichen Organ der NSDAP für den Bezirk Bialystok, auf eine Bekanntmachung des Amtskommissars von Porzeose stoße.

Darin werden die Namen von neun Polen aufgeführt, die man ohne Angabe von Gründen aus dem Personalregister entfernt hatte. War mit den Ausweisen auch ihr Leben ausgelöscht worden?

Welches Schicksal hatten sie erlitten, in ihrem Land, das das erste Opfer der gewalttätigen und menschenverachtenden Politik der Nazis wurde?

Mein Vater verlor, als er im Forstbezirk Bialystok Dienst zu versehen hatte, seine Selbstachtung. Hier begann er zu erkennen, dass die Politik der Heilsversprecher, denen er gutgläubig gefolgt war, weil sie wortgewaltig versprochen hatten, Deutschlands Ansehen und Größe wieder herzustellen, in Abgründen menschlichen Leidens und tiefer Schuldverstrickung enden musste."[80]

Mein Vater konnte nach dem Krieg nicht mehr glücklich werden, zwar tat er seine Pflicht als Förster, aber seine vormalige Jagdpassion war ihm verloren gegangen. Nie wieder hat er nach dem Krieg ein Tier getötet. Hatte er im Krieg zu viele Menschen töten müssen? Barbarisches wie von Breitenbuch mit ansehen müssen? Es muss so gewesen sein. Denn wie Breitenbuch versah mein Vater neben seiner Tätigkeit als Forstbeamter auch Dienst im Forstschutzkommando im Bezirk Bialystok. Hermann Göring, Reichsfeldmarschall der Luftwaffe und Reichsjägermeister in Personalunion, hatte gleichermaßen Luftwaffenangehörige und Forstbedienstete im sogenannten Forstschutz zusammengefasst, der in den besetzten Gebieten auch zur Partisanenbekämpfung mit herangezogen wurde.

Aus der Zeit, die mein Vater dort verbrachte, gibt es immer noch zwei Mitbringsel. Ein Paar hervorragend gearbeitete Lederdamenstiefel und ein kunstfertig erstelltes Holzkästchen, dessen Deckel ein Wisent ziert. Die Stiefel hatte ein jüdischer Schuhmacher hergestellt, den mein Vater, als wohl die Reglementierung und Ausgren-

[80] Hubertus Zummach: Erworben, um neu zu besitzen! – Auf Spurensuche im wiedervereinigten Deutschland, Satz und Druck: Buch- und Offsetdruckerei Koch; Holzminden, 1993, S.174,175

zung im Ghetto noch nicht so streng gehandhabt wurde, mehrfach besuchte. Später wusste er voller Hochachtung davon zu berichten: *„Selten habe ich einen so hochgebildeten und zugleich liebenswerten Menschen angetroffen“,* so sein Urteil. Gleichermaßen bewunderte er den polnischen Waldarbeiter, der seiner Arbeitsrotte zugeteilt worden war, um dessen Schnitzkünste. Und so wie ich meinen Vater kenne, wird er sich ihnen gegenüber erkenntlich gezeigt haben.

Ich habe übrigens mein ganzes Leben keinen Menschen kennen gelernt, der ein treffsicheres Urteil in Bezug auf Menschen und deren Charaktereigenschaften und Fähigkeiten abgeben konnte. Oft genügte ein Blick aus seinen dunklen, tiefgründigen Augen, und er hatte erkannt, mit wem er es zu tun hatte. Zeitlebens zählten nicht mehr als ein Halbdutzend Menschen, häufig aus einfachsten Verhältnissen, zu seinen engsten Vertrauten.

In Bialystok lag inmitten der Stadt das Ghetto Bialystok. Ein kleines Ghetto mit etwa 2000 Juden, die dann, als das Ghetto 1943 im Rahmen einer Vernichtungsaktion unter dem makabren Namen ‚Erntefest‘ aufgelöst wurde, nach Majdanek überführt wurden.

Zu diesem Zeitpunkt hatte mein Vater mit allem, was ihm der Nationalsozialismus zuvor bedeutet hatte, gebrochen und war wegen ‚defätistischer‘ Äußerungen zur

Bewährung an die Ostfront in die vorderste Linie abkommandiert worden, wo er wohl seiner ‚Endlösung' zugeführt werden sollte. Ich habe die näheren Umstände, die dazu geführt haben, und die mir bis heute allergrößten Respekt gegenüber meinem Vater abnötigen, an anderer Stelle näher beschrieben.[81]

Mein Vater war herb, hart und streng aber voller Gerechtigkeitsempfinden. Ein Preuße eben. Er konnte seine Untergebenen oft harsch rügen, um sich dann aber wieder energisch gegenüber Dritten für ihre Belange einzusetzen. Dass er sich insgeheim zugleich der Mittäterschaft im Unrechtsstaat der Nationalsozialisten bezichtigte, gleichzeitig aber nach dem Krieg an der Grundidee eines vom nationalen Bewusstsein geprägten Deutschtums festhielt, dieser Ambivalenz war er sich bis in seine letzten Tage nicht bewusst.

Ich fürchte, dieser Zwiespalt war neben den inoperablen Granatsplittern mit Ursache für sein jahrelanges schweres Leiden und Siechtum. – Bis zuletzt schwankten die ärztlichen Diagnosen zwischen ‚Multipler Skerose' und ‚Morbus Waldenström'. – Es waren wohl eher die inneren Verletzungen aus der Zeit des Dritten Reiches, die

[81] Hubertus Zummach: Preußens Großer Friedrich – Versuch einer Annäherung, Kap. Im preußischen Mikrokosmos, Cuvillier-Verlag Göttingen, internationaler wissenschaftlicher Fachverlag.

Seele, Geist und Körper gleichermaßen erkranken ließen.

Was ich über meine Eltern hinaus auch für mein Volk, dem ich mich im Rückblick auf seine wechselvolle und lange Geschichte in Patriotismus verbunden fühle, beanspruche, ohne dabei die 12 Jahre nationalsozialistischer Gewalt- und Schreckensherrschaft als das zweifellos finsterste Kapitel ausklammern zu wollen, ist, dass es ein Ende haben muss mit plakativen, unreflektierten oder pauschalisierenden Urteilen über ein ganzes Volk oder Einzelpersonen.

Genau diese einseitig selektierende pseudowissenschaftliche Vorgehensweise von Goldhagen und ähnlichen Protagonisten, fixiert auf eine nur den Deutschen zugeschriebene besonders brutale antisemitische Täterschaft, ist: zum wiederholten Male sei es gesagt, nicht nur geschichtlicher Anachronismus, sondern eine einseitige Schwarz-Weiß-Malerei, die in keiner Weise der Lebenswirklichkeit entspricht. Und unter verengendem Scheuklappenblick verliert wissenschaftliches Arbeiten den Anspruch auf Seriosität.

Ein Weiteres kommt hinzu: je nach Ausgang eines Krieges erfolgt unter dem Verdikt von Siegern und Besiegten eine vereinfachende Zuordnung von Befreiern, Rettern und Opfern auf der einen, und Gewaltverbrechern und skrupellosen Tätern auf der anderen Seite.

Immer ist da zwischen den Fronten und je nach dem Stand des Kriegsverlaufes aber ein mehr oder weniger großer, indifferenter Schwarm von Kriegsgewinnlern, Kollaborateuren, Mitläufern und Mittätern gleich welcher Nation und gleich welcher Couleur und immer finden wir beim genauen Hinsehen mehr Grau- als Schwarz-Weiß Töne.

Bei aller differenzierter Beurteilung dürfen wir aber nicht verkennen, dass sich von den Kreuzrittern des Mittelalters über die ähnlich strukturierten antikommunistischen, faschistischen europäischen ‚Kreuzzügler' in Hitlers Gefolgschaft bis hin zu den postmodernen islamistischen Weltanschauungskriegern des Dschihad eine Blutspur zieht, wo es fernab von nachglorifizierender Geschichtsschreibung oder selbstreflektierender Heroisierung im engeren Sinn um Intoleranz, um Terror und brutalen Kampf gegen Andersdenkende und Minderheiten geht.

9.0 Der faschistoide Täter - Versuch einer Typisierung und Annäherung

„An keinem Maß gemessen wird ein weiteres Argument gegen die Verwendung eines allgemeinen Faschismusbegriffs. Das ist der Hinweis auf die absolute Singularität des Holocaust. Dieses Megaverbrechen sei allein an den Juden und nur durch die Deutschen begangen worden. Daher verbiete sich die Anwendung eines generischen Faschismusbegriffes. Das ist eine ziemlich krause und noch dazu falsche Argumentation. Das aus mehreren Gründen."[82]

Dieser krausen, verquasteten, falschen und zudem auch, wie nachgewiesen, keinerlei neue Fakten aufzeigenden Argumentation ist Goldhagen gefolgt. Mit der nur allzu leicht zu durchschauenden Absicht, die Singularität des Holocaust ausschließlich an den Deutschen festmachen zu wollen.

Zu recht weist Wippermann darauf hin, dass der im Rahmen dieser Arbeit eruierte europäische Faschismus in der ersten Hälfte des 20. Jahrhunderts nicht nur das Reservoir für ein Netzwerk von willigen europäischen

---

[82] Wolfgang Wippermann: Faschismus – Alte Theorie und neue Definition, Aufsatz, erschienen in: Einspruch!: Antifaschistische Positionen zur Geschichtspolitik, Heinrich Fink/Cornelia Kerth (Hrsg), 2011, S. 3

Helfern beim Holocaust bot, sondern dass mit der rassistischen Komponente des Faschismus auch andere völkische Minderheiten zu Opfern faschistoider Terrorregime wurden. - Die Roma und Sinti etwa erlebten ihren Holocaust, der in der Sprache der Roma ‚Porrajmos' (das Verschlungene) genannt wird. Und noch heute werden die Überlebenden durch Europa wie Aussätzige und Paria gejagt. Oft am untersten Existenzminimum dahin vegetierend. Ghettoisiert und zusammengepfercht in den Außenbezirken von Armut und Elend. Auf engstem Raum in Dreckslöchern hausend. Von jeglicher Teilhabe am Reichtum Europas ausgeschlossen – auch das eine gesamteuropäische Kulturschande ohnegleichen. Und das alles nur, weil sie im Gegensatz zu den Juden in Europa und der Welt keine Lobby haben.

Der Historiker Wippermann,[83] hat im deutschsprachigen Raum fundamental Aufklärerisches und Umfassendes in der Faschismusforschung geleistet. Und er sieht den Faschismus völlig zu Recht als epochenübergreifendes und zugleich globales Phänomen.

Dem sei angefügt, und es soll an entsprechender Stelle noch näher belegt werden: wer da glaubt Europa habe auf Grund seiner Erfahrungen aus zwei Weltkriegen die

[83] Siehe : Wolfgang Wippermann: Faschismus. Eine Weltgeschichte vom 19. Jahrhundert bis heute, Darmstadt, Primus Verlag, 2009

Hydra des Faschismus überwunden, der irrt gewaltig. Gleiches gilt für den Antisemitismus.

Bestenfalls hat sie ihre zahllosen Häupter nur vorübergehend eingezogen, oder sie gewandet sich, wie etwa bei den islamistischen Fundamentalisten und Extremisten wie den Salafisten, im neuen Gewand des religiös motivierten Faschismus. Bereit zu Terror, Mord und Totschlag. - Sicher ist Schuld und Verschulden deutscher und ausländischer Täter differenziert zu betrachten und zu bewerten. Nicht erlaubt aber ist, Opfer unterschiedlich zu qualifizieren. Denn so Wippermann: *„Vor einer wie auch immer gearteten Hierarchisierung der Opfer des, bzw. der Faschismen ist zu warnen.“*[84]

Und noch einmal Wippermann zum Kontext von Faschismus und Holocaust: *„Ohne Faschismus hätte es zudem keinen Holocaust gegeben. Das eine ist die Vorbedingung des anderen. Nein, der Hinweis auf den Holocaust ist wirklich kein Argument gegen die Verwendung eines generischen Faschismusbegriffs.“*[85]

Und wir fügen hinzu: *„Ohne das Heer williger europäischer Faschisten hätte es den Holocaust in seiner ungeheuerlichen Dimension nicht gegeben.*

[84] Wolfgang Wippermann: daselbst, S.4
[85] Wolfgang Wippermann: daselbst

Wenn dem so ist, dann gibt es auch keinen auf eine bestimmte Rasse oder Nation fixierten, expliziten faschistischen Tätertypen, wie dies Goldhagen in Bezug auf die Deutschen insgesamt und einzelne deutsche Täter im besonderen, für den Holocaust versucht hat zu konstruieren.

Es wurde bisher versucht, dies am Beispiel des europäischen Faschismus, dessen ideologischen und programmatischen Zielen, aber auch an einzelnen Persönlichkeiten und Anführen der europäischen Faschismusbewegung zu verifizieren. Ohne aber bisher klären zu können, durch welche Besonderheiten, mentale Voraussetzungen, Charaktereigenschaften oder Dispositionen sich ein faschistoider Gewalttäter von einem ideologiefreien Gewaltverbrecher unterscheidet.

Wir begeben uns damit in gewisser Weise auf das Gebiet des Profiling, das in der modernen Kriminalistik zur Identifizierung eines bestimmten Tätertypen seine Anwendung gefunden hat. Es ist aber auf ideologisch eingefärbte Täter nur bedingt anwendbar und wegen seiner Methode, der Fallanalyse, auf gesonderte Tätergruppen mit bestimmten Dispositionen und Verhaltensmustern eine Vorgehensweise der mehr sequentiellen Aufarbeitung. – Trotz aller nachweisbaren Erfolge, die unter Zuhilfenahme des Profiling zur Überführung von Tätern geführt haben, sind es mehr die ständig verfeinerten

Methoden der Spurensicherung, die zielgerichteter, erfolgreicher und objektiver zur Überführung von Tätern führen.

„Sie, (das FBI) unterteilen die Leute, die Mordserien verüben, in zwei Gruppen – organisierte und desorganisierte. Was halten Sie davon?... Stark vereinfachend ist der Begriff, den Sie suchen. In der Tat ist ein Großteil der Psychologie kindisch, Officer Starling, und die in der Abteilung Verhaltensforschung praktizierte Methode steht auf einer Stufe mit Phrenologie – organisiert und desorganisiert, das zeigt von Inkompetenz."[86]

Harris hat in seinem Bestseller: Das Schweigen der Lämmer, einer fiktionalen Romanbearbeitung des Täterprofilprogramms, mit Hannibal Lector eine Kunstfigur geschaffen, die den analysierenden Psychiater und Serienmörder in Personalunion in sich vereint, und damit die hinreichend bekannten und folgeschweren Fehleinschätzungen aus den Reihen der forensischen Analytiker und Psychologen gnadenlos angeprangert. Dennoch: es gibt Erhellendes, das aus der Tiefe einer kranken Seele über geschulte und sorgsame Psychoanalyse geborgen werden kann, und das über eine entsprechende Therapie auch zur Heilung beitragen kann. Denn nicht alles in der Psychologie und Psychiatrie ist der Phrenologie ver-

[86] Thomas Harris: Das Schweigen der Lämmer, München, 1990, S.26

gleichbar. Einer vor 200 Jahren in Umlauf gebrachten Irrlehre, wonach man angeblich auf Grund der Schädelform auf besondere geistige und seelische Eigenschaften schließen könne. Eine wahnwitzige Theorie, derer sich die Nazis bei ihrer Rassenlehre mit der Zuordnung von bestimmten Schädelformen zu bestimmten Volksgruppentypen wieder in infamster Weise bedienten.

Wenn gewissermaßen ein Einblick in die Psyche der durch die Kriterien von Führerprinzip, Gewaltherrschaft sowie von Aus- und Abgrenzung von Minderheiten organisierten Täterschaft gewagt werden soll, dann geschieht dies unter der Prämisse und in der Erkenntnis, dass hier bestenfalls über kongruente Teilaspekte, Verhaltensmuster und andere ähnliche Facetten nur eine im Ergebnis unvollständige Annäherung an den faschistoid geprägten Täter erreicht werden kann.

Diese Einschränkung gilt auch für den psychoanalytischen Ansatz, den in Deutschland mit besonderem Blick auf den faschistoiden Täter u.a. Klaus Theweleit[87] gewagt hat. Er ist damit u. a. auch der geistige Wegbereiter für Littels Roman: Die Wohlgesinnten.[88]

---

[87] Klaus Theweleit: Männerphantasien, 2 Bde. : Bd. 1: Frauen, Fluten, Körper Geschichten, 1977, und Bd. 2: Männerkörper – Zur Psychoanalyse des Weißen Terrors, 1978, Lizenzausgabe bei Rowohlt 1983 – 94, 2000

[88] Jonathan Littell: Die Wohlgesinnten, Roman, Berlin Verlag, 2008

Was Littell in verblüffender Weise gelingt, ist, dass er den Tätern, den ,Wohlgesinnten', wie er sie bezeichnet, eine Sprache gibt, und damit versucht, ihre Denk- und Handlungsstrukturen zu erschließen. Was Walter Kempowski in den vier dickleibigen Bänden in seinem ,Echolot' in hervorragender Weise gelungen ist, nämlich die Hinterlassenschaft aus Tagebüchern, Bildern und Briefen in einer Art literarischen Symphonie zusammenzuführen, um den Toten aus Zeiten des Dritten Reiches ihre Authentizität zu bewahren, das hat Littell mit ungewöhnlicher, teils präziser und photographisch genauer Draufsicht, in Bezug auf die ,Wohlgesinnten' geschafft.

Der Eichmann bei Littell ist in Duktus und Habitus derselbe bürokratische, pedantische und obrigkeitsstaatlich ausgerichtete Vollzugsbeamte, wie er bei den Vernehmungen in Israel wahrgenommen wurde. Selbst in den eigenen Reihen der SS-Chargen wird er als ziemlich einfacher Mensch von schlichter Denkungsart beschrieben: *"Ohne besondere Fähigkeiten,....ein begabter Handlanger, ohne jede Fantasie und unfähig, auf Ereignisse außerhalb seines Aufgabenbereiches zu reagieren und sich weiterzuentwickeln. Er hat seine Karriere auf den Juden aufgebaut, auf der Vernichtung der Juden, und das macht er ausgezeichnet."*[89] - Aber für Eichmann trifft wohl auch zu, dass Macht korrumpiert. Und die Macht,

[89] Jonathan Littell: daselbst, S. 1087

über die er als Cheforganisator der Judentransporte verfügte, der auch über die Weichenstellung Vernichtungs- oder Arbeitslager entscheiden konnte, wird ihm mächtig zu Kopf gestiegen sein. Und sein Gewissen, falls er denn eines hatte, dürfte er wie so viele subalterne Schergen im System, im Führerstaat, in den Strukturen von Befehl und Gehorsam, für eine angeblich große nationale Aufgabe abgelegt haben.

Die ganze distanzierte Kälte, die auch der Versuch einer Art von Distanzierung von sich selbst und den verbrecherischen Taten ist, kommt zum Ausdruck, wenn Littell den Hauptprotagonisten seines Romans, den SS-Offizier Maximilian Aue, sagen lässt: *„Wenn wir einen Juden oder Bolschewiken erschossen, hatte das keinen erzieherischen Wert, es tötete, das war alles…“*[90]

„Es tötete!“, so versucht auch der psychisch kranke Gewalttäter sein triebgesteuertes, zwanghaftes Handeln zu erklären. Aber wie ist das bei scheinbar normal strukturierten Durchschnittsbürgern, die unter normalen Umständen nicht von der Norm abweichen würden? Wie erklären sich ihre Gewaltexzesse?

Dressiert und gefügig gemacht, zu glühenden Fanatikern indoktriniert, wird die Fassade vieler bürgerlicher Normalos zur Makulatur.

---

[90] Jonathan Littell: daselbst, S.476

Die historischen Abläufe, das ganze Spektrum der gesellschaftlichen und politischen Prozesse aus Kriegs- und unmittelbarer Nachkriegszeit sind hinreichend erschlossen. Die Annalen von Krieg, Terror, Massenvernichtung, Vertreibung, Flucht, Elend und Verderben von Abermillionen Menschen auf dem europäischen Kontinent liegen, von großen Historikern und Publizisten der Nachkriegszeit akribisch aufgearbeitet und in zahllosen Dokumentationen einem breiten Publikum präsentiert, vor uns. Das alles hat aber letztendlich zu keinem tieferen Verständnis von bis heute unvorstellbaren und einmaligen Verbrechen gegen die Menschheit beigetragen. Erklärt nicht die Gräueltaten, begangen von scheinbar zivilisierten Menschen des christlichen Abendlandes, die sich zudem im Verlauf der europäischen Geistesgeschichte auch noch Aufklärung, Rationalismus und Humanismus zu eigen gemacht hatten.

Was fehlte war der psychologische Ansatz. Der Versuch, einen Blick in die Psyche und Denkweise von Tätern und ihren Komplizen zu erhaschen. Ein sicher reichlich vermintes Terrain, und auch Theweleit kann uns hierbei nur bedingt weiterhelfen. Dennoch hat er für die Aufarbeitung der Geschichte des Nationalismus, die im erweiterten Sinn auch eine Geschichte des europäischen Faschismus ist, mit Pionierarbeit geleistet und einen wichtigen Teilaspekt eruiert. Und was bei Theweleit überzeugt, ist der persönliche Impetus, die Empathie und die Authentizität seiner Aussagen.

Die Problematik über biographische Daten hinaus, Inneneinsichten in die Seelenstruktur von Hitlers Kriegern, den Schreibtischtätern, den Vollstreckern bei seinen Eroberungskriegen und bei der ‚Endlösung' der Judenfrage zu gewinnen, wurde in mannigfacher Weise versucht. Im Zentrum stand dabei meist der Initiator großdeutscher Barbarei selbst. Und hierbei wurde, je nach Zeitgeist und Zeitumständen oder den einzelnen Phasen seiner 12-jährigen Herrschaft, ein häufig in sich letztlich unterschiedliches, widersprüchliches, ambivalentes und inhärentes Bild des Diktators gezeichnet.

Man stelle sich vor Hitler hätte nach dem Anschluss Österreichs der Schlag getroffen. Eine Vorstellung, die im Nachherein nicht nur sarkastische Genugtuung provoziert, sondern die, wäre sie realiter eingetreten, Hitler bis heute zum größten deutsch-österreichischen Politiker gemacht hätte. Und es wäre davon auszugehen, dass sich das Volk auch heute noch in orgiastischer, posthumer Begeisterung und Verehrung für den Führer hingeben würde. In den Augen der Menschen wären alles Makulatur oder zu vernachlässigende Macken des Führers, was bis dato an politischer Verfolgung, Folter, Mord und Judenverfolgung im Deutschen Reich stattgefunden hatte. – Kinderkrankheiten des Regimes. Nach dem Motto: *„Wo gehobelt wird fallen Späne!“*

Abwegige Hirngespinste? Mitnichten, im Herrschaftsgebiet des nicht nach, sondern mit Hitler größten Massenmörders auf dem europäischen Kontinent im 20. Jahrhundert, werden ‚im Lande der lupenreinen Demokratie‘ (Exbundeskanzler Schröder) die zuvor gestürzten Denkmale Stalins partiell wieder aufgerichtet. Was nur zeigen soll, wie schwer es ist, jene monströsen Weltzerstörer und Vorboten der apokalyptischen Reiter einfach damit abzutun, indem wir versuchen, sie im Panoptikum eines geschichtlichen Gruselkabinetts verschwinden zu lassen.

Wollen wir das Hitler und seine Konsorten als immer wieder herbeizitierte Geister nicht mehr länger unser Denken bestimmen, dann müssen wir den Versuch unternehmen, die Untiefen des Bösen, die sowohl in der faschistischen Ideologie als auch in den faschistoiden Tätern, aber auch in uns selbst vorhanden sind, auszuloten, zu analysieren und zu reflektieren.

Zwei Gründe seien genannt. Zum einen sind es noch immer die ungelösten Fragen, die sich aus den widersprüchlichen Biographien der Täter stellen. Zum anderen scheinen die historischen Abläufe, das ganze Spektrum der gesellschaftlichen und politischen Prozesse immer nur temporär und damit nur bedingt abgeschlossen, weil sie notwendiger Weise mit kommenden Generationen immer wieder einer neuen, und anders gearteten Betrachtung unterworfen werden.

Wenn im folgenden, gemäß unserer These, dass es immer nur darum gehen kann, für eine Verurteilung im konkreten Fall, Tat und Täter zu benennen, dann macht es auch Sinn, eine Annäherung an den faschistoiden Tätertypen zu wagen. Zu versuchen, einen Blick in die Psyche und Denkweise von Tätern und ihren Komplizen zu werfen, um sich dem ungeheuerlichen Vorgang der abnormen seelischen und geistigen Deformation scheinbar normaler, bürgerlicher Existenzen im Faschismus und Holocaust anzunähern. Und diese Annäherung erfolgt in einem europäischen Kontext, da die Geschichte des deutschen Nationalsozialismus auch eine Geschichte des europäischen Faschismus ist.

Die Schwierigkeit eines solchen Annäherungsversuches, das sei vorausgeschickt, liegt darin, dass wir bei genauerem Hinsehen, und das gilt auch für den Versuch einer Erhellung durch Heranziehen der Psychoanalyse, nicht immer eindeutige Zuordnungen vornehmen können. Denn wo beginnt zum Beispiel die Zuordnung oder die Abgrenzung des Kriegers oder Soldaten als Mittäter im faschistischen System?

Worum es hier aber vor allen Dingen geht, ist aufzuzeigen, dass Hitler nicht nur viele politische und weltanschauliche Mitläufer in einem von einer faschistischen Grundströmung geprägten Europa hatte, sondern er hatte darüber hinaus viele „europäische Söhne" vom Schlage eines Degrelle, die zu ihm in glühender Verehrung aufblickten und als fanatische und entschlossene Krieger ihr Leben bis zuletzt für ihn in die Waagschale warfen. Auch dann noch, als sich der Führer am 30. April 1945 durch Selbstmord der politischen Verantwortung entzogen hatte, kämpften seine europäischen „Söhne" mit äußerster Entschlossenheit, in einer Art Nibelungentreue, ihren aussichtslosen Kampf bis zum bitteren Ende weiter.

Es waren vor allem Angehörige der 33. SS-Division „Charlemagne" und der skandinavischen 11. SS-Freiwilligen-Panzergrenadierdivision „Nordland", die auch noch glaubten, den Leichnam ihres toten Führers verteidigen zu müssen. – Eine Anmerkung am Rande als Beleg dafür, wie faschistoides, chauvinistische Gedankengut den Zweiten Weltkrieg überlebt hat, und als unterirdisches, weitverzweigtes Wurzelwerk europaweit weiter existiert. Als Mitglied der Panzergrenadierdivision „Nordland" saß der Rechtspopulist Franz Schönhuber 1990 als Vizepräsident der europäischen Rechtpopulisten im Europarlament. Ihm zur Seite hatte Jean-Marie Le

Pen, Vertreter der französischen Ultra-Rechten und Holocaust-Leugner Platz genommen.

So wichtig es ist, die Aufzeichnungen von Überlebenden des Holocaust für alle Zeiten zu bewahren, um dem millionenfachen, systematischen Morden, das alle menschlichen Vorstellungskräfte übersteigt, ein Gesicht und eine Geschichte zu geben, um im Leiden eines Einzelschicksals Empathie empfinden zu können, so wichtig ist es auch, den Tätern ein Gesicht zu geben, ihren Motiven nachzuspüren, ihre Psyche versuchen zu entschlüsseln und sie aber vor allen Dingen zu brandmarken, als das, was sie waren: Massenmörder und Jahrhundertverbrecher.

Für sie gilt aber auch allemal, dass für einen konkreten Fall von Menschenrechtsverletzung immer nur der einzelne Täter für seine Tat zur Rechenschaft gezogen werden kann. So verlangt es nicht nur die Rechtsprechung. Niemals also kann eine ganze Generation daher in eine Art von kollektiver Zwangshaftung für die Verbrechen eines Gewaltregimes genommen werden. Und niemals kann sich der Einzeltäter im Umkehrschluss durch den Hinweis auf Befehl und Gehorsam in welcher Form einer totalitären Herrschaft auch immer, darauf berufen, im Sinne eines Kollektivs, Menschenrechte außer Kraft gesetzt zu haben, Menschenleben willkürlich vernichtet zu haben.

Daher ist die Auseinandersetzung mit jedem einzelnen faschistischen Gefolgsmann, der Versuch in seine Denkstrukturen einzudringen, die Männerphantasien dieser Gruppe faschistischer Täter, die Theweleit etwa bei den Freikorps in der Zwischenkriegszeit versucht fest zu machen, ein richtiger und zudem ganz wichtiger Ansatz für eine künftige Prävention.

9.1 Die Männer der Freikorps: Vorläufer und Wegbereiter der antisemitischen, rassistischen und nationalistischen Gefolgschaft Hitlers

Theweleit zeichnet auch ein Psychogramm der Seelenstruktur der Freikorpssoldaten, die die Weimarer Republik in Bedrängnis brachten. Jene Landknechtstypen, die die Basis für die Straßenschlägertrupps der SA bildeten. Somit fokussiert er sich einseitig auf eine bestimmte Klientel unter den faschistoiden Tätern. Denn sowohl bei den Freikorps als auch bei der SA, und das ist die Schwachstelle im psychoanalytischen Ansatz von Theweleit, handelte es sich um eine eingegrenzte, eigenspezifische Gruppe aus der Sozietät der Täter, die ergänzt werden müsste, um die der Blutrichter, der mit Menschenopfern experimentierenden Ärzte, und die sich hinter ihren Schreibtischen verschanzenden bürokratischen Lenker in den Vernichtungslagern.

Theweleits psychoanalysierender Ansatz ist es, in seinen „Männerphantasien" zu versuchen, die psychosoziale Struktur zu entschlüsseln, die den Typus des Kriegers umtreibt zu töten. Seine seltsame, paradoxe Sichtweise vom Leben im Krieg als der Quintessenz des Grauens, ansatzweise zu verstehen. Und sein Resümee lautet:

„Im tötenden Eingriff in andere Menschen „distanziert" er sich, „differenziert er sich aus ihnen heraus und ist

noch einmal dem Tod entgangen, indem er ihn verteilt. Im Ausbruch geben sie der Welt ihre Form von Leben: den Tod."[91]

Millionen überlebender deutscher Wehrmachtssoldaten, vor Kriegseintritt normale, friedliche Zivilisten, die unter Hitler gezwungen wurden, in den Krieg zu gehen, waren an dessen Ende schwer traumatisiert.

Wie mögen sie gelitten haben, als es anders als bei unseren heimgekehrten Afghanistankriegern kein Rundumpaket psychologischer Betreuung gab, und sie zudem auch noch zusätzlich aus den Reihen des eigenen Volkes mit dem Generalverdikt überzogen wurden, in der Großdeutschen Wehrmacht insgesamt einer Verbrecherorganisation angehört zu haben?

Sie wollten in ihrer Mehrzahl in ihrem Innersten weder den Tod geben noch ihn nehmen. – Das Spektrum des Kriegers, als eines besonderen Typus, der den Krieg braucht, weil seine Psyche dem Krieg entspricht, war und ist zu allen Zeiten eher begrenzt. Und auch hier halte ich eine Reihung wie sie Theweleit vornimmt für bedenklich. Ob Ernst Jünger, auch Ernst von Salomon und Martin Niemöller zu den faschistoiden Charakteren auf Grund ihrer Vita gezählt werden müssen, wie sie Theweleit zunächst als Ausgangspunkt für seinen literari-

---

[91] Klaus Theweleit: daselbst in Bd. 2: S. 208

schen Einstieg mit anführt, muss dann um der Differenzierung wegen schon kritisch hinterfragt werden. Allesamt waren in ihrer Person und in ihrem Denken und Handeln viel zu variabel und vielschichtig, als dass sie sich dazu eignen, einseitig in eine psychotische und faschistoide Gefolgschaft einvernahmt zu werden.

Näher kommt Theweleit aber dem Profil des faschistischen Täters bei der Betrachtung der Landknechtstypen in den Freikorps in der Zwischenkriegszeit.

„Die Kämpfe im Baltikum waren von einer Wildheit und Verbissenheit, wie ich sie vorher weder im Weltkrieg noch nachher erlebt habe. Eine eigentliche Front gab es kaum, der Feind war überall.

Und wo es zum Zusammenstoß kam, wurde es eine Metzelei bis zur restlosen Vernichtung.... Unzählige Male sah ich grauenhafte Bilder mit den ausgebrannten Hütten und den verkohlten und angeschmorten Leichen von Frauen und Kindern. Als ich dies zum ersten Mal sah, war ich wie versteinert. Ich glaubte damals, dass es eine Steigerung menschlichen Vernichtungswahns nicht mehr geben kann."[92]

[92] Bernhard Sauer: Vom Mythos eines ewigen Soldatentums – Der Feldzug deutscher Freikorps im Baltikum im Jahre 1919, in: Zeitschrift für Geschichte (ZfG), 43, Jahrgang 1995, Heft 10, S. 895

Der hier ein bewegtes Zeugnis abgibt, einen Rest von Empathie vermuten lässt, war später selbst noch zu einer weitaus größeren Wahnsinnstat fähig. Es handelt sich um Rudolf Höß, den späteren Lagerkommandanten von Auschwitz. - In den Figuren der Freikorpsangehörigen spiegelt sich die reale Welt des faschistoiden Gewalttäters. Der Historiker Bernhard Sauer weiß ihnen in seinen Recherchen, durch Fakten und Quellenstudium, die für das empirische Forschen notwendigen Daten, Fakten und entsprechenden Vorgehensweisen zuzuordnen.

Theweleit unterläuft in seinem durchaus veritablen Vorhaben, aber allzu häufig der Fehler, dass er als psychoanalytischer Amateur, vom Ansatz durchaus begrüßenswert, aber mehr aus dem Bauchgefühl heraus, was ja auch nicht immer falsch sein muss, ein zuweilen orgiastisches, monströses, mehr vom schriftstellerischen Impetus geprägtes Tiefengemälde von „Frauen, Fluten, Körpern und Männerkörpern“ entwickelt.

Er ist damit, auch hier in einem mehr schriftstellerischen Sinn, einer der geistigen Väter von Littells „Wohlgesinnten“, der ihnen aber auch zuweilen durch die zusätzliche Beigabe von „Crime and Sex“, in abartigsten, zuweilen pornographischen Detailbeschreibungen von Mord und

---

Verwiesen sei an dieser Stelle auch auf: Bernd Sauer: Schwarze Reichswehr und Fememorde ISBN -3- 936411-06-9

Todschlag in den grausamsten Varianten eine äußerst reißerische Untermalung gibt. - Sie gehörten zu den Totengräbern der Weimarer Republik. Freikorps reimten: *„Blut muss fließen knüppeldick, wir scheißen auf die Freiheit der Judenrepublik!"*

In ihnen manifestierte sich ein dumpfer Hass gegen alles Freigeistige, Intelektuelle, Tolerante und Moderne, das sich als erster demokratischer Aufbruch in Deutschland zu entfalten begann. - Der Kapp-Putsch war ein erster Versuch, den gegen die Weimarer Republik gerichteten Hass in Form eines Staatsstreiches in die Tat umzusetzen. Mit ihrem brutalen Vorgehen boten insbesondere die Angehörigen der Freikorps das ganze Repertoire an Gewalt, Terror, Mord und Folter der späteren nationalsozialistischen Gewaltherrschaft.

Mitglieder der ‚Brigade Erhardt' – Erhardt, 2. von links

Freikorpsführer wie Herrmann Erhardt (Brigade Erhardt), der später nach einer Übereinkunft mit Hitler die paramilitärischen Rabauken von der SA militärisch drillen und organisieren sollte; desweiteren Leo Schlageter, später Mitbegründer der Berliner NSDAP, von rechten Kreisen bis in unsere Tage heroisiert, und Heinz von Petersdorf, der mit seiner Maschinengewehrscharfschützenabteilung in der „Eisernen Division“, mit zu den gnadenlosesten Vernichtungskriegern in den Freikorps gehörte, und der 1931 übergangslos zum SA-Führer von Berlin avancierte, um bei einigen stellvertretend für Zigtausende zu bleiben: das waren die real existierenden faschistoiden Typen aus deren Taten und Verhalten in zweierlei Hinsicht eine Annäherung an den rassistisch-faschistoiden Täter erfolgen kann.

Zum einen, weil es weniger darum geht, einen faschistischen Idealtypus mit welchen Mitteln auch immer zu konstruieren, als vielmehr darum, den Realtypus versuchen zu rekonstruieren, der den Kern der Täter bildete, die in Deutschland und Europa Vollstecker des Holocaust waren. Und weil zum anderen insbesondere die Forschungen von Sauer für die Tätigkeit des Freikorps im Baltikum zeigen, dass die Einengung der Täter auf Deutschland widerlegt werden kann.

„Am 22. Mai 1919 erfolgte der Angriff (der Freikorps) auf Riga. Die Stadt konnte verhältnismäßig schnell genom-

men werden. Nach erbitterten blutigen Kämpfen drang ein baltischer Stoßtrupp unter Baron von Manteuffel sowie das deutsche Freikorps von Medem, dem auch Batterieführer Schlageter angehörte in die Stadt ein.

Die Wut der Balten tobte, nachdem beim Versuch der Befreiung deutscher Geiseln (die die eilends zurückweichenden Bolschewiken nicht rechtzeitig erschießen konnten, Autor), von Manteuffel durch einen Kopfschuss fiel, richtete sich ihr Zorn vor allen Dingen gegen die Flintenweiber.

Es waren dies junge Mädchen von 16-20 Jahren, meist bildhübsche Dinger, wie ein Augenzeuge berichtete, die von den Letten aufgestellt und bewaffnet, Riga (zuvor) weitgehend kontrollierten und ehe die deutschen Truppen kamen, dem Straßenbild eine in der Weltgeschichte wohl einzigartige Note gaben.

Über das Vorgehen der Balten gegen diese jungen Mädchen berichtet ein Augenzeuge: „Die Balten übten keine Gnade, sie sahen nicht die Jugend, den äußeren Liebreiz. Sie sahen nur die Teufelsfratze und schlugen, schossen, stachen sie tot, wo immer sie sich zeigten"

Vierhundert Flintenweiber lagen am 22. Mai 1919 in den Straßen von Riga in ihrem Blut. Gleichgültig schritt der genagelte Schuh der deutschen Freiwilligen über sie hinweg."[93]

Von den faschistoiden Mordbrennern im Baltikum der Zwischenkriegszeit bis zum Totschläger von Kowno zu Zeiten der NS-Diktatur, lässt sich eine Linie ziehen vom gleichen Typus des deutschen bis zum blutrünstigen europäischen Gewalttäter. Und hier kommt auch wiederum die Komponente eines gnadenlosen Antisemitismus hinzu.

Die deutschen Freikorps legten als Vorauskommando der Nationalsozialisten in Form von politischen Attentaten und Fememorden eine grausige Blutspur in Deutschland, der dann auch Walther Rathenau zum Opfer fiel.

Walther Rathenau, ein glühender deutscher Patriot jüdischen Glaubens, dessen Persönlichkeit bis in unsere Tage viel zu wenig gewürdigt wird, hatte wohl als einer der ersten Politiker nach dem Ersten Weltkrieg die Vision von einem friedlichen, demokratischen Zusammenleben der Menschen auf dem europäischen Kontinent. Und er war nicht nur ein Visionär, sondern zudem jemand, der auch Politik zum Wohle Deutschlands pragmatisch, klug, zukunftsorientiert und erfolgreich zu gestalten wusste. So befreite er u.a. mit dem Vertrag von Rapallo die Deutschen von der Last der Reparationszahlungen

[93] Bernd Sauer, daselbst, S. 883

gegenüber der Sowjetunion. Dass nicht kluge, weitsichtige Politik obsiegte, sondern dass sie gleichfalls unter die Nagelschuhe einer bestialischen Bande von Meuchelmördern geriet, schmerzt im Gedenken an Walther Rathenau noch immer.

Für die Kohorten deutscher und europäischer vom Faschismus geprägter, seelenloser Mordbrenner war der zum Holocaust führende Antisemitismus Programm. So sangen die Schlagetote vom Freikorps Roßbach in ihrem ‚Roßbachlied':

„Schlagt alle Juden tot/Haut alle Juden tot/Schlagt alle tot/Ebert und Scheidemann/Kommen auch noch dran/Schlagt alle Juden tot/schlagt alle tot."

Die Zwischenbemerkung sei erlaubt: wenn wir auch nur im Ansatz zulassen, dass unser Blick auf den Neofaschismus in unserer Republik, wie im Fall der NSU-Morde, sich auf dem rechten Auge einzutrüben beginnt, wir uns nicht dem Aufmarsch der sich immer wieder formierenden und uniformierten Clique der gewalttätigen Neonazis, auch in Europa, entgegenstellen, Antisemitismus auch in den Reihen fundamentalistischer Islamisten nicht rigoros unterbinden und ahnden, dann haben wir uns in unserer historischen Lernfähigkeit völlig disqualifiziert.

9.2 Adornos sozialpsychologisch-empirischer Versuch einer Analyse des faschistoiden Täters

Zurück zum faschistoiden Täter, dem es offensichtlich gelingt, immer wieder widerliche Nachgeburten zu gebären. Der Gesamtcharakter des deutschen und europäischen Faschismus mit seinen autoritären, antidemokratischen, antisemitischen und rassistischen Tendenzen war der Nährboden, aus dem die Strukturen einer Bewegung erwuchsen, die auch das faschistoide Individuum prägten.

Tiefer und nachhaltiger Eruiertes über den Typus des faschistisch geprägten Täters finden wir bei Adorno.[94] Anders als Theweleit sind seine Untersuchungen auf ein breiteres und solideres empirisches Fundament gestellt.

„Wenn das Individuum im Mittelpunkt stand, galt es seine Denkmuster, Attitüden und Wertvorstellungen im Detail zu beschreiben, die ihnen zugrundelegenden dynamischen Faktoren zu erkennen und auf dieser Basis adäquate Fragen zur Verwendung bei Gruppen zu entwerfen. Wenn die Gruppe im Mittelpunkt stand, kam es darauf an, herauszufinden, welche Meinungen, Attitüden

---

[94] Theodor Adorno: Studien zum autoritären Charakter, Frankfurt/M. , 1995, ders. in: Soziologische Schriften, I , und ders. in: Gesammelte Schriften in 20 Bänden. Hrsg. Von Rolf Tiedemann unter Mitwirkung von Adorno, Gretel u.a.

und Wertvorstellungen im allgemeinen zusammengehen und welche Faktoren in der Entwicklungsgeschichte und in der gegenwärtigen Situation der Versuchspersonen gewöhnlich mit den ideologischen Konstellationen verbunden waren."[95]

Einfacher gesagt: als Lehrer hatte ich über vier Jahrzehnte Gelegenheit, zu beobachten, wie sich im Prozess der Gruppendynamik, im Wechselspiel von Wortführer und Gruppe Verhaltensmuster sowohl beim Einzelnen als auch in der Gruppe verändern. Und dass sich auch scheinbar stereotype Verhaltensmuster unter bestimmten äußeren Rahmenbedingen umkehren können. Im Rahmen schulischer Sozialisation kann das durchaus das pädagogische Einwirken des Lehrers als übergeordnete gesellschaftliche Instanz sein, der weniger über Appelle als vielmehr über gemeinsames selbstreflektierendes Handeln zu einer grundlegenden Veränderung beitragen kann.

Die Einsicht in derartige Zusammenhänge erschwert zwar eine Typologisierung in Form von einfachen Zuordnungen, sie steht aber für das Prinzip Hoffnung auf eine Umkehrbarkeit scheinbar manifester Verhaltensmuster.

Hierzu Adorno:

[95] Theodor Adorno: daselbst S. 16 f.

„Die Untersuchung des Gesamtcharakters eines Individuums gibt wiederum Aufschluss über die Gesamtstruktur des Individuums. Die Studie versteht unter dem Begriff des „Charakters" eine beständige Organisation, welche das Handeln und die Reaktionen der Individuen bestimmt. Betont wird jedoch die Variation der Charakterstruktur zwischen den Individuen. Die Charakterstruktur reagiert nicht nur auf ihre Umwelt, vielmehr entwickelt sie sich unter dem Druck der Umweltbedingungen. Je früher die Umweltkräfte auf die Individuen einwirken, desto intensiver und gründlicher formen sie den Charakter."[96]

Hier liegt die Begründung für den von mir präferierten und auch praktizierten Weg eines frühen und entwicklungspsychologisch adäquaten, sowie didaktisch und methodisch unter dem Aspekt der Mikrogeschichte gewählten Vorgehens, eines längerfristigen pädagogischen Einwirkens, um allen vereinfachenden „Umweltbedingungen und Umweltkräften", die im Ansatz das Potential zu einer faschistoiden Charakterdeformation haben, entgegenwirken zu können.

Auf diesen Weg wird an anderer Stelle in einem eigenen Kontext näher eingegangen. Zunächst soll aber anhand von Adornos Faschismusanalyse versucht werden, eine

[96] Theodor Adorno: daselbst, S.2

größere Annäherung, eine hinreichendere Erklärung für die Voraussetzungen und Besonderheiten, die zur Prägung eines faschistoiden Charakters führen können, näher zu eruieren.

Adornos wissenschaftliche Vorgehensweise zeichnet sich dadurch aus, dass er sich bei der Elaboration seiner Faschismusanalyse eines methodologischen Instrumentariums von Gruppen- und Einzeluntersuchungen bedient. Und er wählt dabei eine Fragebogenmethode, die sich grob strukturiert aus drei Teilen zusammensetzt:

1.- Fragen zur Person

2.- Meinungs- und Einstellungsskalen und

3.- projektive Fragen

„Bei den Fragen zur Person handelte es sich um allgemeine Fragen, wie Fragen zur früheren und gegenwärtigen Gruppenzugehörigkeit, zu Beruf und Einkommen, zur Religion und Kirchenbesuchen."

„Meinungs- und Einstellungsskalen wurden benutzt, um ideologische Trends, wie Antisemitismus, Ethnozentrismus und politisch-wirtschaftlichen Konservativismus herauszufiltern. Die Skalen bestanden aus Aussagen, bei denen die Personen ihren Zustimmungs- und Ablehnungsgrad angeben mussten. Aus diesen Ergebnissen

wurde eine Skala erarbeitet, die zur Messung antidemokratischer Tendenzen in der Charakterstruktur diente."

„Um die emotionale Ebene zu untersuchen, wurden projektive Fragen verwendet. Eine projektive Frage lautet: ‚Was würden Sie unternehmen, wenn Sie nur noch sechs Monate zu leben hätten und alles tun dürften, was Sie möchten?"

Projektive Fragen sind keine eindeutigen Fragen, auf die einfach zu antworten wäre. Vielmehr mussten die Personen auf solche Fragen interpretierend antworten, so dass sich ein Maximum an Variationsmöglichkeiten der Antworten ergeben würde. Die Antworten liegen also auf der emotionalen Ebene.

Die Antworten wurden als Ausdruck von Wertvorstellungen und Konflikten verstanden. Eine Bedeutung in den Antworten ergab sich dann, wenn eine Beziehung zwischen diesen Antworten und den anderen Angaben der Person hergestellt werden konnte."[97]

Diese methodische Herangehensweise wurde ergänzt durch Intensivuntersuchungen in Form von klinischen Tests, über Interviews und den sogenannten ‚Thematic Apperception Test'. Im letzteren Verfahren wurden den Testpersonen u.a. Bilder mit dramatischen Darstellun-

[97] Theodor Adorno: daselbst, S.4

gen vorgelegt, zu denen die Probanden eine Handlungsgeschichte erzählen sollten. Hierbei sollten verborgene Wünsche, Konflikte und Ängste in Form von spezifischen Charaktervariablen herausgefunden werden.

Auf der Basis der so gewonnenen empirischen Daten wurde dann versucht, über Funktions- und Konstruktionszusammenhänge bestimmte Variablen für eine F(aschismus)-Skala zu evaluieren. Dabei ergaben sich für die F-Skala folgende Variablen:

a) **Konventionalismus:**

   Hierbei handelt es sich um Personen, die durch gesellschaftlichen Druck an konventionellen Normen festhalten. *„Der konventionelle Typ gehorcht und folgt mit ruhigem Gewissen dem Diktat äußerer Mächte."*

b) **Autoritäre Unterwürfigkeit:**

   Charakteristisch ist hier der Wunsch des Individuums nach einem starken Führer. Es besteht ein emotionales Bedürfnis nach Unterwerfung. Das macht den Einzelnen für Manipulationen durch äußere Mächte empfänglich. Autoritäre Unterwürfigkeit fördert antidemokratisches Potential.

c) **Autoritäre Aggression:**

Das Individuum sucht sich Objekte als Feindgruppen aus, weil es nicht imstande ist, sich gegen seine Eigengruppe zu wenden.
„Autoritäre Aggression zeichnet sich dadurch aus, dass das Individuum stets auf fundamentale Wünsche verzichten und mit starker Selbsteinschränkung leben musste."

d) **Anti-Intrazeption:**

Diese Variable beinhaltet eine Anschauungsweise, die auf Imagination beruht. Wobei Gefühle, Sehnsüchte und Phantasien dominieren. Gleichzeitig besteht kein innerer Zugang zu eigenen, inneren Gefühlen. *„Aus Angst das Falsche zu denken, wagt das Individuum nicht, über menschliche Phänomene nachzudenken."*

e) **Aberglaube und Stereotypie:**

Beim Individuum überwiegt der Glaube, dass mystische und phantastische Phänomene sein Schicksal lenken, da es nicht in der Lage ist, sein eigenes Schicksal selbst zu bestimmen. Die Starrheit und Stereotypie führt die Studie auch auf begrenzte Intelligenz zurück.[98]

f) Machtdenken und Robustheit:

„Das Individuum, das diese Züge manifestiert, leidet unter einem Machtkomplex. Es denkt in Dichotomien mit denen es menschliche Beziehungen kategorisiert.“ – Ein Schema, das die Einzelperson auch auf das Verhältnis von Eigengruppe zur Fremdgruppe überträgt. Dadurch verschafft sie sich ein Überlegenheitsgefühl, um etwa über höherwertige oder minderwertige Rassen zu schwadronieren.

Diese Personen hoffen, da sie selbst sich eher scheuen, Macht zu übernehmen, dass sie an der Macht, die Stärkere dann übernehmen, partizipieren können.

---

[98] Anmerkung des Autors: eine solche ‚fatalistische oder schicksalsergebene Haltung', eine Fremdbestimmung durch eine äußere, höhere Macht ist mehr oder weniger allen Religionen immanent. Insbesondere ist dies im Islam der Fall, wo mit dem ‚Fatum' das Schicksal des Menschen als von Allah vorbestimmt und festgelegt ist. –Der radikale, menschenverachtende und brutale Islamismus delegiert damit das eigene religiös- faschistoid motivierte Verbrechen gewissermaßen an Allah. – Hitler faselte, gleichermaßen strukturiert, von der ‚Vorsehung'.

g) Destruktivität und Zynismus:

„Aufgrund der Einschränkung seiner Triebbefriedigung, die das Individuum von außen auferlegt bekommt, hegt es aggressive Impulse. Fremdgruppen sind für dieses Individuum Ventile, auf die es seine Aggression lenkt."

h) Projektivität:

Die eigenen unterdrückten Aggressionen werden auf die Fremdgruppen projiziert und dadurch kanalisiert.

i) Sexualität:

Unter dem Aspekt eines eigenen, stringenten Sexualkodex neigt das Individuum zur Bestrafung all derer, die vermeintlich diese von ihm gesetzten Normen zu übertreten wagen. Ein kausaler Zusammenhang besteht hier in der Verdrängung und Unterdrückung der eigenen sexuellen Bedürfnisse.

Zusammenfassend lässt sich sagen, dass autoritäres oder sich an übergeordneten Autoritäten orientierendes Verhalten aufgrund eigener Unsicherheit, das Denken in

Stereotypen präferiert und damit eigenes Versagen durch Delegation an andere oder als Diskriminierung von Minderheiten überspielt und damit in Form von Oberflächenressentiments bedient.

Das Gesamtverhalten unterliegt somit Vorurteilen, die dann als Anfangsbeurteilung in der Folge keiner weiteren Reflexion unterzogen werden, und im Falle des faschistoid geprägten Individuums gewissermaßen als konventionelles Syndrom in einer bestimmten Charakterstruktur verhaftet bleiben. Darauf fußt eine inhärente Irrationalität, die meint das Andere, das Fremde, das in der Summe als Bedrohung der eigenen Vorurteile empfunden wird, an oberflächlichen, äußeren Kriterien und Merkmalen festmachen zu können, als da sind zum Beispiel Rassen- und Religionszugehörigkeit.

Da wir hier gewissermaßen auch reichlich hypothetisches Gebiet betreten, wollen wir den tiefenpsychologischen Aspekt bei Adorno, wie etwa die sadomasochistische Triebkultur, den Ödipuskomplex, bei dem die Liebe zur Mutter zunächst tabuisiert wird und der Hass auf den Vater projiziert wird, weitgehend vernachlässigen. Wobei, würde man diesem Ansatz folgen, der spätere Versuch einer Umwandlung des ursprünglichen Hasses auf den Vater in Liebe niemals vollständig gelingt, und als Sediment früherer Aggression als Restsadismus nicht neutralisiert werden kann. Folgt man diesem Ansatz konsequent, dann ist eine Kompensation scheinbar nur möglich durch eine Übertragung des Resthasses auf Fremdgruppen.

Ähnlich wie bei Theweleit, der sich teilweise gleichermaßen in seinem wenig professionellen Vorgehen zu tiefenpsychologischen Erklärungsmustern versteigt, unterliegt auch Adorno in diesem Punkt der Versuchung, mehr über ein psychologisches Konstrukt, Gewissheit über den Charakter des faschistoid geprägten Menschen zu gewinnen.

Das eigentliche und übergeordnete Problem liegt denn auch m.E. weniger in den einzelnen Komponenten, die etwa nach der methodisch eingrenzenden F-Skala Adornos Grunddispositionen im Profil der Täter aufzeigen, sondern weitaus mehr auf einem gesellschaftspolitischen und sozialpsychologischen Feld, nämlich dem der Gehorsams- und Gefolgsbereitschaft sogenannter gewöhnlicher Menschen.

Und hieraus ergibt sich für die zu untersuchende Thematik die Frage, ob der Faschismus primär aus psychologischen Bedürfnissen heraus seinen Siegeszug durch Europa antreten konnte, und ob eine psychologisierende Vorgehensweisen wirklich zu seiner Erhellung beitragen kann, oder ob es im Umkehrschluss nicht vielmehr die Summe sozialer Verwerfungen, besonde-

rer wirtschaftlicher Notsituationen und politisch nicht gelöster Fragen ist, die ihn und im Gefolge den faschistoiden Täter erst auf den Plan rufen konnten.

Eine Frage, die für das Überleben in demokratischen Gesellschaftformen von elementarer Bedeutung ist. Es sei denn, wir geben uns dem Trugschluss hin, die Erfahrungen mit dem Faschismus in der ersten Hälfte des 20. Jahrhunderts hätten in Europa so etwas wie ein festes, unverrückbares Geschichtsbewusstsein etabliert, das einen Rückfall in den Faschismus oder ähnlich gelagerte Strukturen ausschließt.

Wenn wir also ein eigenes Fazit wagen wollen, dann geht die Gefahr für Freiheit und Demokratie weniger vom Einzeltäter gleich welcher Struktur und Disposition aus, sondern vielmehr von den Faktoren, die Menschen dazu bewegen, ihre individuelle Souveränität und demokratische Legitimität in Krisenzeiten aus Zweifel an der Lösungskompetenz von demokratischen Parteien in einer Art von Unterordnungs- und Gehorsamsbereitschaft an eine überbergeordnete Autorität abzugeben.

10.0 Irrwege der Vergangenheitsbewältigung

Als Kind wurde ich sehr früh mit den Schrecken des Krieges konfrontiert. Das Kriegende erlebte ich in der Nähe zur Oderfront. Ich hörte das pausenlose Detonieren abertausender Granaten mit denen die Rote Armee, das jenseitige Oderufer eindeckte, als sie zum letzten und entscheidenden Sprung auf Hitlerdeutschland ansetzte. Sah wie sich die Sonne infolge der Myriaden von Staubpartikeln verdunkelte und vernahm das unheilvoll näher rückende und beängstigende Grollen der Front.

Wir, das meint alle, die in der Försterei meines Onkels in der Nähe zur Autobahn Berlin-Breslau Zuflucht gesucht hatten, unternahmen einen letzten, verzweifelten und sinnlosen Fluchtversuch. Den Planwagen und die Zugmaschine, die der Onkel in der Scheune versteckt gehalten hatte, konfiszierten wenige Tage zuvor ein paar Kettenhunde der Großdeutschen Wehrmacht mit vorgehaltenen Maschinenpistolen.

Nunmehr offensichtlich auch im Reißaus begriffen, nachdem sie zuvor wahrscheinlich noch einige Fahnenflüchtige an die Wand gestellt hatten oder den Strick um den Hals gelegt hatten.

Der allerletzte Versuch, dem Unausweichlichen zu entrinnen, führte uns nur ein paar Dörfer weiter. Wir Kinder im PKW des Onkels, die Erwachsenen auf Fahrrädern, wurden bereits auf den schmalen Sandwegen im Revier des Onkels von einem russischen Tiefflieger beschossen.

Noch heute durchfährt mich eisiger Schrecken, als ich durch das Rückfenster mit ansehen muss, wie die kleinen, im Sand aufspritzenden Fontänen auf meine Mutter zuhalten, sie vom Fahrrad stürzt, und ich verzweifelt versuche, aus dem Fahrzeug zu gelangen, mit dem der Onkel selbst versucht, Deckung zu gewinnen.

Nie wieder habe ich einen glücklicheren Moment durchlebt, als ich wenig später das blutüberströmte Gesicht meiner Mutter in den Händen halte, sie die Augen aufschlägt und mich und die sie besorgt Umstehenden mit dem Lächeln anstrahlt, das zeitlebens den Widrigkeiten dieser Welt zu trotzen wusste und so viele Menschen in ihrem Unglück wieder aufrichten konnte.

Im Keller eines Kleinbauern erwarten wir, ängstlich zusammengekauert, das Herannahen der sowjetischen Soldateska. Hin und wieder wagt sich jemand heraus, um ess- oder trinkbares aufzutreiben. Was schwierig ist, denn bereits hier, noch in der angestammten Heimat, erfahren wir etwas von dem Auseinanderbrechen einer Schicksalsgemeinschaft in Einheimische und Flüchtlinge. Die Tafel Schokolade in der Handtasche der Mutter, eine verstaubte Kiste mit ein paar angewelkten Möhren bleiben die Restzehrung bis zum Eintreffen der Rotarmisten.

Dass Hunger körperliche Schmerzen übelster Art bereitet, gehört zu den Grunderfahrungen meines Lebens und es wird mir speiübel, wenn ich erleben muss, wie in unserer derzeitigen Wegwerfgesellschaft mit Lebensmitteln umgegangen wird.

Der Hunger von uns Kellerbewohnern hörte auf, als die Rotarmisten ins Dorf einzogen, auf dem Hinterhof ein Schwein brieten und mit reichlich Wodka ihren bevorstehenden Endsieg feierten. Von Hunger getrieben zwängten wir Kinder uns durchs enge Kellerfenster. Und sie gaben uns reichlich: vom gebratenen Schwein, von ihren kargen Brotrationen. Sie zeigten uns mit Tränen in den Augen Bilder der eigenen Kinder. Ergötzten uns mit akrobatischen Tänzen zu den Klängen von Balalaika und Ziehharmonika.

Dann, ganz offensichtlich befördert durch einen ansteigenden Wodkapegel, verzerrten sich gutmütige Gesichter in angsteinflößende, grausame Fratzen. Sie schossen wahllos mit ihren Maschinenpistolen durch die Gegend, schrien: „Madga, wo ist Madga?“ – Wir verzogen uns ängstlich zurück in den Keller. – Im Dorf hören wir bald darauf die Schreie der heimgesuchten Mädchen und Frauen.

Einige Wochen später, in der Gluthitze der Junitage werden auf der Autobahn endlose Kolonnen von deutschen

Kriegsgefangenen vorbeigetrieben. Man schickt uns Kinder mit Wassereimern und Schöpfkellen dorthin, um den Durst der vorüberziehenden Elendsgestalten zu lindern.

Auch ich stehe dort mit einem kleinen Eimer. Ein Wachsoldat auf seinem Panjepferd macht neben mir halt. Öffnet seinen Leinenbeutel, wirft mir einen Speckriegel zu. Winkt den Kriegsgefangenen seines Kolonnenabschnitts zu, von meinem Wasser zu nehmen. Einige machen davon Gebrauch. Als sie sich wieder in den Zug eingliedern, der Wachsoldat vorangeritten ist, entreißt mir der letzte Wassertrinker meinen Speckriegel.

Die Kolonne ist ein paar hundert Meter weitergezogen. Noch immer stehen wir Wasserträger am Rande des Geschehens. Da sprengt ein anderer Wächter heran, stößt unsere Wassereimer um, lässt uns seine Peitsche spüren. Und während wir das Weite suchen, sehen wir, wie er zurückgaloppiert, und mit einer Salve aus seiner Maschinenpistole einen alten Soldaten niederstreckt, der am Rande der Kolonne seine Notdurft verrichtet.

Warum erzähle ich das? Und wo ist der Bezug zum Thema? Ganz einfach: es gibt sie, die Schurken, die Gewalttätigen, die Mörder und Massenmörder die zutiefst im Bösen verhafteten, und die, die sich ihre Menschlichkeit und Brüderlichkeit bewahren, auch in Zeiten von Krieg und Terror. Und es gibt sie in jedem Volk und in jeder

Sozietät. Und es gab sie selbstverständlich auch unter den Rotarmisten, trotz aller bestialischen Ausschreitungen, befeuert von einer Ideologie und einem Diktator, der seinem nationalsozialistischen Pendent an entmenschter Grausamkeit in nichts nachstand. Dies gehört nicht nur zu meinen frühkindlichen Grunderfahrungen, sondern es ist auch die schlichte Wahrheit dessen, was uns die Geschichte der Menschheit lehrt.

Und darum: die Deutschen also insgesamt und alleinverantwortlich für die Schrecken des Holocaust und für alle Zeiten als ein Volk von Tätern zu stigmatisieren, widerspricht nicht nur dieser Alltagserfahrung, sondern verfälscht auch in völlig unzulässiger Weise die Gesamtsicht auf den auf Antisemitismus fußenden Genozid an den Juden in der europäischen Geschichte und den Teilaspekt von willigen Helfern, von Staaten und Völkern, die in dem Krieg Hitlers, der zunächst mehr ein europäischer, denn ein Weltkrieg war, zwar selbst zu Opfern wurden, sich aber dennoch in großen Teilen am Massenmord der Nationalsozialisten an den Juden beteiligten, und sich auch deren abartige Ideologie von der Überlegenheit gegenüber der jüdischen Rasse und deren Diskriminierung verinnerlichten.

Die Fokussierung auf die Singularität einer gesamtdeutschen Täterschaft, von den Siegermächten zunächst deklariert und von einem Teil der Deutschen, je weiter wir uns zeitlich von dem Geschehen entfernen, willig aufgegriffen, hat sich im übrigen auch als reichlich kontraproduktiv bei der Aufarbeitung des Holocaust erwiesen.

Beginnen wir mit dem, was uns von den Siegern aufoktroyiert wurde. Die perverseste Form einer Gesamtabstrafung der Deutschen war der Plan des jüdisch-amerikanischen Außenministers Henry Morgenthau. Morgenthaus Memorandum vom August 1944, sah vor, Deutschland weitestgehend zu zerstückeln, seine Industrieanlagen zu demontieren und es in einen reinen Agrarstaat umzuwandeln.

Einige der 14 Punkte Morgenthaus wurden in die Tat umgesetzt. So etwa die Zerstückelung und Verkleinerung des ehemaligen deutschen Reichsgebietes, die zeitweise Demontage deutscher Industrieanlagen, die Entschädigung und Reparationen aus vorhandenem Nachkriegsbesitz, insbesondere auch die Rückführung oder Entschädigung vormals jüdischen Eigentums, eine völlige Entmilitarisierung Deutschlands und Punkt 6 des Morgenthauplanes: die *„Entnazifizierung von Schulen, Universitäten, Zeitungen, Rundfunk, die Schließung und der Neuaufbau durch eine alliierte Erziehungskommission."* – Aber bereits US-Präsident Franklin D. Roosevelt verwarf Teile des Memorandums nach kurzer Zeit, da den Alliierten sehr bald klar wurde, dass sie zwar den Satan Hitler besiegt hatten, ihnen dafür aber der Beelzebub Stalin geblieben war.

Es sind sowohl die abstruse Idee Morgenthaus, die Deutschen auf eine vorindustrielle Kulturstufe zurücksetzen zu wollen, als auch das Prozedere der ‚Entnazifizierung', die gleichermaßen einen Teil der Lächerlichkeit, aber auch, was den angedachten und in Teilen umgesetzten Aspekt einer Umerziehung in den Schulen anbelangt, einen verbrecherischen Akt implizieren.

Was die sogenannte Entnazifizierung betrifft, so ist sie eher vergleichbar mit der Entlausungsaktion durch die Weltkriegssieger, die meinten, wenigstens in Sachen Körperhygiene der hungernden, verelendeten und verdreckten Nachkriegsdeutschen, Herr zu werden. Was allerdings das Prozedere der ideologischen Aufarbeitung und die Hygiene in den Köpfen der Deutschen angeht, so hat die mehr oder weniger willkürliche, zum Teil auf Denunziantentum beruhende Aufteilung in Täter und Mitläufer der NS-Diktatur, in ganz, halb oder viertelbelastet – übrigens eine ähnliche Einteilung wie sie die Nazis in ihren Nürnberger-Rasse-Gesetzen bei den Juden vorgenommen hatten - sich nicht nur für die Vergangenheitsbewältigung, sondern für die Aufarbeitung und Auseinandersetzung der Deutschen mit ihrer unmittelbaren Vergangenheit insgesamt mehr als kontraproduktiv erwiesen.

Diese eher sinnlose Aktion, via schriftlicher Erhebungen auf der Grundlage von Gefälligkeitsgutachten und Willkür der Siegermächte, hat Ernst von Salomon in dem ersten Bestseller der deutschen Nachkriegsliteratur unter dem Titel: ‚Fragebogen', treffend kolportiert.

Was den teilweise verbrecherischen Akt der Umerziehung der Deutschen in den Schulen anbelangt, dazu wiederum eigenes Erleben. Kaum auf dem Gymnasium angekommen, mehr noch ein Kind denn ein Heranwachsender, wurden meine Klassenkameraden und ich eines Tages durch ein Wanderkino mit Filmmaterial aus den Vernichtungslagern der NS-Diktatur konfrontiert. Ich habe als Kind in Kriegszeiten und Nachkriegszeiten, wie eingangs beschrieben Schreckliches und für heutige Verhältnisse Unvorstellbares erlebt und gesehen.

So habe ich in die Gesichter gefallener Soldaten geblickt, in deren gebrochenen Augen sich die Schmeißfliegen zu schaffen machten, den Tod von Spielkameraden erlebt, die von einem Blindgänger zerfetzt wurden: alles mehr, was eine Kinderseele im Grunde genommen ertragen kann, aber noch heute bekomme ich ein Würgen im Hals, wenn ich an die unvorstellbar schrecklichen Bilder denke. Die ausgemergelten KZ-Häftlinge sehe. Skeletten ähnlicher als menschlichen Wesen. Wir mit ansehen mussten wie Berge von Leichen von Schaufelbaggern erfasst in vorbereitete Gruben geschoben wurden.

Unsere Klassenkameradinnen Weinkrämpfe bekommen, hinauslaufen und sich übergeben.

Keiner der anwesenden Lehrer gebietet dem Ganzen Einhalt, und keiner gibt uns später Erklärungen zum Gesamtgeschehen, zu Ursachen und Wirkungen dieses Jahrhundertverbrechens. Sie schweigen sich aus. Die meisten von ihnen vormals Angehörige des NS-Lehrerbundes. Stramme Parteisoldaten. Inzwischen, wegen des akuten Lehrermangels als harmlose Mitläufer eingestuft, wieder in Lohn und Brot.

War dies aber rückblickend nicht auch ein Verbrechen an Kindern, sie so unvorbereitet mit dem ganzen Entsetzen und Schrecken des Holocaust zu konfrontieren? Ihnen auf verdeckt-brutale Art Mitschuld zu suggerieren, oder allemal ihre Eltern in Gesamthaftung zu nehmen, mit der simplifizierten Version und Intention von einer Gesamtschuld aller Deutschen am Holocaust? - Man könnte das alles noch als verständliche unmittelbare Überreaktion derer abtun, die den Gewaltverbrechen der NS-Diktatur direkt ausgesetzt waren, oder die bei der Befreiung der Überlebenden mit dem ganzen Ausmaß der Schrecken des Holocaust konfrontiert wurden, wenn nicht die perfide und generalisierende Keule eines unterstellten, besonders aggressiven Antisemitismus, bis in die jüngste Gegenwart auch noch gegen die Kinder, die Enkel und Urenkel der Deutschen geschwungen würde.

Dies hinzunehmen, hieße der alttestamentarischen Logik der Juden zu folgen, wonach die Missetaten der Väter bis ins dritte und vierte Glied heimgesucht werden. Und um diesen Unsinn fortzuspinnen: das hieße dann auch zu akzeptieren, dass Gott, Jahve, oder wer sonst auch immer unter den himmlischen Mächten unter den Missetätern bereits sein fürchterliches Strafgericht gehalten hat. Und nochmals: zu den Opfern der Hitlerdiktatur, gehören auch die Deutschen nichtjüdischen Glaubens in den Konzentrationslagern, und die, die im Widerstand gegen Hitler ihr Leben gelassen haben. Aber es gehören auch die Millionen von Kriegstoten und Heimatvertriebenen dazu. Diejenigen, die als der Krieg gegen Hitler militärisch längst entschieden war, durch alliierten Bombenterror noch zu Abertausenden in den deutschen Städten elend sterben mussten und im Flammeninferno der Phosphorbomben verbrannten. Denn auch das gehört zur Wahrheit, die endlich einmal ausgesprochen werden muss:

„Auf dieser Basis darf es fortan keine weitere Hierarchiesierung mehr unter den Opfern geben!"

11.0 Vergangenheitsbewältigung als Utopie

Der Versuch Vergangenheit zu bewältigen, ist nicht nur geschichtlich ein Anachronismus, denn was geschehen ist, ist irreversibel. Vergangenes, ist nachträglich nicht mehr zu revidieren. Erst recht ist es eine gesellschaftspolitische Fehleinschätzung, denn bewältigt werden kann und muss immer nur die Gegenwart. Es sei denn, man setzte ein gesamtgesellschaftliches Erinnerungsvermögen voraus, das eine Vermeidung von Fehlern aus der Vergangenheit impliziert. Dem ist aber leider nicht so, wie es die Menschheitsgeschichte lehrt. Und dem kann im Falle des jüngsten Kapitels der deutschen Geschichtsschreibung schon gar nicht so sein, weil dieses Erinnerungsvermögen, was die Geschichte des Dritten Reiches und des Zweiten Weltkrieges angeht zum Teil bis heute, trotz weitestgehender Aufarbeitung der Fakten und Geschehnisse, nicht nur eingetrübt, unvollständig, verzerrt und aus einseitiger Sicht und häufig fragwürdiger Position interpretiert wurde und wird, sondern weil sich zukünftig auch zunehmend der Mantel des Vergessens über das Geschehene legen wird.

Was die Geschichte des Dritten Reiches und insbesondere die des Holocaust angeht, stehen wir vor einer historischen Zäsur. Nicht nur der Zeitraum von mehr als sieben Jahrzehnten, sondern vielmehr das natürliche Ableben einer Generation von Opfern und Tätern, er-

fordert eine notwendige Rückblende auf die bisherige Aufarbeitung von Holocaust und Nationalsozialismus, und bedingt auch eine dringende Veränderung im Sinne einer erweiterten Erinnerungskultur, und dies vor allen Dingen jetzt auch im europäischen Kontext.

Wie wenig erfolgreich wir damit in Deutschland selbst, trotz einer länger anhaltenderen und scheinbar im europäischen Vergleich gründlicheren Debatte im Bemühen um eine Vergangenheitsbewältigung waren und sind, dazu einige Zahlen.

In ihrer Ausgabe vom 10. August 2000 titelte die Wochenzeitung ‚DIE ZEIT': ‚Holocaust, was soll das sein? Und kam nach Auswertung von Ergebnissen einer Emnid- und Forsa-Umfrage zu der ernüchternden Feststellung: *„Deutschlands Jugend hat keine Ahnung."* Die Auswertung der Befragung hatte ergeben, dass zwei Drittel der 14- bis 18—jährigen Deutschen mit dem Begriff Holocaust nichts anfangen konnten.

Bei den Hauptschülern waren dies sogar 87 Prozent, die vom Holocaust keine Ahnung hatten. Aber selbst Jugendliche mit Fachhochschulreife oder Abitur gehörten mit immerhin noch 43 Prozent zu den Ahnungslosen. Und eine in 2012 veröffentlichte Umfrage des Magazins STERN ergab, dass jeder fünfte Deutsche unter 30 Jahren nicht weiß, dass Auschwitz ein Konzentrationslager war.

Trotz aller Skepsis, auch in die Problematik von angewandten Befragungsmethoden, ist das Ergebnis in seiner Tendenz doch höchst erschreckend, zumal eine im Januar 1994 durchgeführte, weitaus differenziertere Untersuchung, die 1434 Bundesbürger aller Altersgruppen in die Befragung mit einschloss, zu ähnlichen Schussfolgerungen kam. - In Auftrag gegeben hatte die Untersuchung das ‚American Jewish Committee'. Durchgeführt wurde sie vom Emnid-Institut.[99] – Zu befürchten ist, dass künftig der Prozess des Vergessens und Verdrängens noch weitaus größere Dimensionen annehmen wird.

Und die Frage muss gestellt werden: was haben all die offiziellen Bekenntnisse, die zahllosen medialen und pädagogischen Bemühungen um Umerziehung, Aufarbeitung und Aufklärung letztlich in Sachen Antisemitismus bewirkt?

Kann es sein, dass für die Vermittlung der Thematik überwiegend ein Weg gewählt wurde, der bis heute impliziert, alle Deutschen, auch die Gegenwärtigen, immer noch in eine Art Kollektivhaftung zu nehmen? Etwas, was von der großen Mehrheit der Deutschen zu recht in dieser Form schon längst nicht mehr akzeptiert wird.

---

[99] Siehe näheres in der Auswertung der Emnid-Umfrage im Auftrag des ‚American Jewish Committee' vom Januar 1994

Es waren und sind auch genügend Versuche zu erkennen, bei denen einem klebrigen Philosemitismus gehuldigt wird, teils aus berechnendem Kalkül, teils um sich mit Hilfe der Antisemitismus-Keule in die Rolle des Gutmenschen und somit scheinbar besseren Deutschen zu versetzen.

Ein Beispiel, das einen in Wut und Scham zugleich verfallen lässt:

„Die Auslese im deutschen Schulsystem ist mit der Selektion an der Rampe von Auschwitz zu vergleichen!"

Zu dieser wahnwitzigen Ungeheuerlichkeit, die einem buchstäblich die Sprache verschlägt, verstieg sich 1995 die damalige Schulexpertin der Grünen in Mühlheim, Brigitte Schumann. Weitere Beispiele könnten angeführt werden, wo, wenn immer die rationalen Argumente in einer Diskussion ausgehen, als letztes schlagendes Argument die Antisemitismus-Keule geschwungen wird. Dies verunglimpft letztlich nicht nur das Gedenken an die Millionen Opfer der Schoa, sondern es setzt sie einem nachträglichen Missbrauch aus.

Vieles von dem, was in den sogenannten Wochen der Brüderlichkeit und an sonstigen Gedenkveranstaltungen zum Holocaust von einem elitären Zirkel, sicher im guten Glauben, angemahnt wird, hat aber leider von der Wirkung her häufig nicht viel mehr als Symbolcharakter.

Überdeckt das immer noch vorhandene Potential eines dumpfen, untergründigen Antisemitismus im Lande.

Wir werden künftig einen Weg finden müssen, der sich im Sinne einer europäischen Aufklärung und Volksbildung eingehender als bisher mit den immer noch vorhandenen Ressentiments des Antisemitismus und Rassismus beschäftigt. Als geschichtsdidaktische- und gesellschaftspolitische Vorgabe bedeutet dies, da im Sinne Sartres, das Schicksal drangsalierter Minderheiten auch immer das eigene Schicksal implementiert, zu versuchen, ein neues, übernationales Geschichtsbewusstsein zu schaffen, das die Würde des Einzelnen und die Rechte von Minderheiten nicht nur auf dem Papier garantiert.

12.0 Die Anthropologisierung und Hierarchisierung von Opfern unter dem Verdikt der Kollektivschuld

Die historische Zäsur, der es gilt Rechnung zu tragen, erfordert aber auch endlich einen gerechteren Blick auf die Millionen Opfer der Hitlerdiktatur im eigenen Volk. Denn auch hier gilt in einem übertragenen Sinn, was Sartre über die Symbiose von Tätern und Opfern anmerkt: ein Gewaltregime wie das des Nationalsozialismus stigmatisierte und meuchelte nicht nur scheinbar missliebige Minderheiten, sondern am Ende wurden die eigenen Volkangehörigen zu Abermillionen Opfer des Systems.

Nicht um zu relativieren oder um vom Verschulden eines Teiles der Deutschen an den schrecklichen Geschehnissen im Verlauf des Zweiten Weltkrieges abzulenken, sondern um der historischen Wahrheit willen und um der Gerechtigkeit willen, muss auch der Leidensweg der Deutschen, ihr millionenfaches Opfer unter der Hitler-Diktatur benannt und gewürdigt werden. Wenn dies nicht geschieht, die Kapitel vom alliierten Bombenterror, die Elends- und Leidensgeschichten von Flucht und Vertreibung, oder die Kriegsverbrechen der Anti-Hitler-Koalition nicht einer gründlicheren Aufarbeitung unterzogen werden, sind wir in Gefahr, uns einer weiteren, unzulässigen und unverantwortlichen Enthistorisierung hinzugeben Und dann besteht die Gefahr, dass langfristig gespeicherte und tradierte Bewusstseinsinhalte im kollektiven Gedächtnis, wenn sie nicht entsprechend aufgearbeitet werden, eines Tages im untergründigen Bewusstsein einer Nation, zu weit größeren neonationalistischen Ressentiments führen könnten, als dies ohnehin schon der Fall ist.

Eine Selektion von Opfergruppen des Nationalsozialismus, die quasi unter dem einengenden Blickwinkel von Gruppeninteressen eine Hierarchisierung und Einteilung nach Opfern erster und zweiter Klasse vornimmt, ist nicht nur anthropologisch unsinnig, sondern sie verhindert letztlich die Perspektiven, die aus einer Gesamtschau auf das Unmenschliche und Barbarische der Hitlerzeit, und der Würdigung aller Opfer des Naziterrors, zu einem effektiveren Schulterschluss aller Menschen in Deutschland und Europa gegen Chauvinismus, Rassismus und Diskriminierung von Minderheiten führen könnte.

Und das erfordert, wie mehrfach angemahnt:

„...einen Konsens, in den nicht nur die Deutschen einbezogen sind, sondern alle Europäer. In den 90er Jahren hat in einer Reihe europäischer Nationen eine kritische Auseinandersetzung mit den nationalen Gründungsmy-

then der Nachkriegszeit begonnen; Fragen der Kollaboration mit dem „Dritten Reich“ unterliegen seither nicht mehr dem strengen Tabu wie in den Jahrzehnten zuvor. Die Rede vom Menschen ist in diesem Kontext geeignet, aus einem „Europa der Sünder“, wie der Historiker Klaus Naumann formuliert, ‚ein geläutertes Zukunftsprojekt‘ zu destillieren.“[100]

Denn noch einmal: die Frage von Schuld und Sühne stand am Ende des Zweiten Weltkrieges ausschließlich unter dem Verdikt der Siegermächte. Zum Teil fußt sie bis in unsere Tage auf der immer noch aufrechterhaltenen aber unhaltbaren These von der deutschen Allein- und Kollektivschuld am Holocaust. Und immer wieder wird sie auch als politisches Kalkül eingesetzt.

Die Nachkriegsjustiz der sowjetischen Besatzer folgte der Generallinie *„von der heldenhaften Roten Armee als edlem Befreier vom deutschen Faschismus“.* Dass die bolschewistische Soldateska Stalins nicht minder brutal und grausam gegen die deutsche Zivilbevölkerung vorgegangen ist, als die nachrückenden Sondereinheiten bei Hitlers Überfall auf die Sowjetunion, dass willkürlicher Totschlag, Raub, Vergewaltigung und Vertreibung in ungeahntem Maß zum Repertoire der einrückenden So-

[100] Insa Eschebach: Nationale und postnationale Sprachen des Gedenkens, Gedenkstättenrundbrief 95: Theologisierung und Anthropologisierung nach der deutschen Einheit, S.2,

wjets gehörten, die dazu von Kreaturen wie Stalin und Ehrenburg systematisch zur gnadenlosen Vergeltung an den Deutschen befeuert wurden, ist hinreichend bekannt und nie bestritten worden.

Mit der infamen Auslegung der These von einer ‚Anthropologisierung im Sinne einer Hierarchisierung von Leid und Opfern', was im konkreten Fall meint, die Opfer der einen Seite zu würdigen, die auf der anderen Seite aber zu unterschlagen, weil man sie pauschal als Verursacher und Mitttäter eines Gewaltregimes vereinnahmt hat, wurde und wird jeglichem Gedenken und jeglicher Würdigung der unzähligen eigenen Opfer im deutschen Volk die Anerkennung versagt.

Die Millionen Kriegstoten, Vertriebenen und abertausend Verbrannten in den deutschen Städten können und dürfen nicht Opfer sein, weil sie, siehe wiederum Goldhagen und dergleichen Protagonisten, bis heute mit dem Generalverdikt der Komplizenschaft mit Hitler und seiner Politik des Genozids an den Juden überzogen werden.

Hierzu haben auch die westlichen Besatzer, wie man sie anfänglich nannte, sowohl mit ihrer zum Teil fatalen Umerziehungsdoktrin und der eignen Heroisierung mit beigetragen. - Im historischen Kontext gab es bei der Niederwerfung der Hitlerdiktatur von Seiten der Kriegsalliierten und der Befreiten zudem auch zahllose Aktionen von äußerster Brutalität und Unmenschlichkeit.

Jürgen Thorwald berichtete sehr früh davon. Er schildert die Katastrophe und das Leid auf den Flüchtlingsschiffen (der Untergang der Wilhelm Gustlow verlief wesentlich dramatischer und erforderte weitaus mehr Opfer als der Untergang der Titanic, Autor).

Unter der Gesamtthematik: Die große Flucht, vermittelt Thorwald in zwei Bänden zur Vertreibung: ‚Es begann an der Weichsel' und ‚Das Ende an der Elbe', ein Bild vom Leiden und Sterben der Vertriebenen. Er schildert die brutalen und unmenschlichen Übergriffe der befreiten Osteuropäer auf die deutsche Zivilbevölkerung.

So unter anderem im Augenzeugenbericht des Pfarrers Seifert, der in Prien an der Elbe tausende toter Deutsche vorbeitreiben sah, darunter eine Familie, die mit langen Nägeln an eine hölzerne Bettstelle angenagelt worden war. Tschechen, oft vormalige Faschisten, die nunmehr zu opportunistischen Widerstandskämpfern mutiert waren, übten sich in solcher Barbarei. Ähnlich wie die Polen bei der Vertreibung und späteren Zwangsaussiedlung der Deutschen. Die Eltern von vier Kindern aus der Ehe einer Schwester meines Vaters, wurden auf ihrer Hofstelle in Hinterpommern von Polen erschlagen. Und so erging es abertausend anderen.

Was man mit Thorwald machte, um ihn als verdeckten Revanchisten zu diskreditieren, geschieht zum Teil noch immer. Thorwald, damals Mitarbeiter bei der Zeitschrift ‚Christ und Welt', wurde wegen seiner Schilderung der Katastrophe der Flüchtlingsschiffe von 1945 von den Alliierten als ‚under cover nazi' beschimpft. – Der profunde Publizist vom Format eines Sebastian Haffner, verfasste mehrere Bestseller.

Er wurde ausgezeichnet mit diversen Literaturpreisen und dem Bundesverdienstkreuz, war aber weiß Gott alles andere, als ein verkappter Nazi. Dies bescheinigt ihm u.a. etwa Moishe Postone, Professor für Geschichte an der Universität von Chicago. In seinem Artikel im Spiegel/1979 aus Anlass des Fernsehfilms ‚Holocaust – Die Geschichte der Familie Weiß', habe Thorwald einen der wenigen jüngeren Versuche in den westdeutschen Medien unternommen, die Vernichtung der Juden qualitativ zu bestimmen. Denn, so Thorwald im SPIEGEL: *„Die Planer und Akteure des Holocaust, nicht nur im SSD, sondern im Auswärtigen Amt, im Finanzministerium und in ihren Außenstellen wurden zu Außerwählten zum Töten."*

In neuerer Zeit hat mit Jörg Friedrich ein weiterer brillanter Publizist mit: ‚Der Brand – Deutschland im Bombenkrieg' ein wichtiges und längst überfälliges Buch geschrieben. Nicht als militärisch notwendig, sondern als Ausgeburt einer menschenverachtenden Militärdoktrin demaskiert Friedrich die Bombenangriffe auf deutsche Städte seit 1944.

Sollte hier, jenseits aller militärstrategischen Überlegungen, schlichtweg eine kollektive Bestrafung aller Deutschen erfolgen? Deutschland nach den irrwitzigen Vorstellungen Morgenthaus in die von ihm beabsichtigte Wüstenei für ein künftiges Volk von Hirten und Nomaden vorbereitet werden? Wer sich einmal den Bildband ‚Brandstätten' von Friedrich anschaut, könnte zu solchen Überlegungen kommen.

Sir Arthur Harris, auch genannt ‚Bomber-Harris', war ab 1943 Chief Marshal der Royal Air Force. Mit dem von ihm angeordneten Flächenbombardement verstieß er eindeutig gegen geltendes Kriegsrecht. Man darf ihn also einen Kriegsverbrecher nennen, als der er sich in seinen Memoiren auch outet.

Aber in allen Zeiten galt und gilt es als äußerst praktisch alle Schuld auf den überwundenen Gegner zu übertragen. Wenn die Deutschen nach einem langen Prozess der Verdrängung, dann, auch beeinflusst durch die großartige Rede des wohl veritabelsten Bundespräsidenten, den diese Republik je hatte, allmählich zu der Überzeugung gelangten, dass sie durch die alliierte Kriegsallianz vom NS-Staat befreit wurden, ist ihnen in der Summe doch auch millionenfaches, unermessliches, unverschuldetes, grausames und ungesühntes Leid widerfahren.

Arthur Harris, ein Schreibtischtäter und Kriegsverbrecher, genannt: ‚Bomber-Harris'

„Es muss mit Nachdruck gesagt werden, dass von Essen abgesehen, wir niemals ein besonderes Industriewerk als Ziel gewählt haben. Die Zerstörung von Industriewerkanlagen erschien uns stets als eine Art Sonderprämie. Unser eigentliches Ziel war immer die Innenstadt."

Arthur Harris in: „Bomber-Offensive"

Es ist und bleibt ein Skandal, eine Verhöhnung von über einer halben Million, qualvoll verbrannter, ziviler Opfer in deutschen Großstädten, dass die Briten 1992 im Beisein der Königin ein Denkmal von Harris enthüllten.

Aber so sahen es auch viele Briten selbst. Etwa 24 Stunden nach Denkmalsenthüllung übergossen empörte Engländer das Denkmal mit roter Farbe. Mehrfach wurde es beschädigt und musste durch eine Sonderwache geschützt werden.

Harris hat denn auch bei den Inselbewohnern weniger den Ruf eines genialen Militärstrategen als vielmehr den eines ‚Butchers', eines Metzgers. Bei seiner ‚Bomber-Offensive' wurden auch 55 000 britische Piloten geopfert. Er hätte allemal vor ein internationales Kriegsverbrechertribunal gehört.

Übertrieben? Sicher nicht. Selbst der britische Luftkriegshistoriker, Richard Overy, kommt zu dem Ergebnis:

„Dass, wenn man als Maßstab die Thesen des Holocaust anlegt, die diesen Völkermord unter dem Gesichtspunkt der Moderne sehen, also die Abstraktion des Tötens betonen, die Bürokratisierung der Vernichtung, das verwaltungstechnische Planen und Durchführen der Morde, das Beamtenverhalten der Täter hinter

ihren Büroschreibtischen, also die Distanz zwischen Täter und Opfer, so findet man all das auch als Charakteristikum des Bombenkrieges." [101]

Es muss an dieser Stelle angeführt werden: der häufig nüchternere Blick vieler Briten, ihre Fairness im Umgang mit Gegnern und ihre Bereitschaft, auch eigenes Verhalten als selbstbewusste Individuen, kritisch zu reflektieren und notfalls zu revidieren, ist weitaus ausgeprägter als das häufig einem jeweiligen Trend oder Zeitgeist folgende, indifferente Schwarmverhalten vieler Deutscher.

Es war lange Zeit schlichtweg allgemeiner Konsens zwischen Besatzern und Besiegten, dass über deutsche Kriegsopfer aus Flächenbombardements, Flucht, Vertreibung und bestialische Übergriffe von Seiten der Sieger weitestgehend Stillschweigen bewahrt wurde.

Deutsche wissenschaftliche Forschungen auf diesem Gebiet wurden von 1945 bis 1990, also dem Zeitraum von der Gesamtkapitulation bis zu den Zwei-Plus-Vier-Verträgen vom 12.09.1990 weitgehend verhindert. Und die deutschen Opfer der Hitlerdiktatur und des Zweiten Weltkrieges immer noch ausblenden zu wollen, hält unter dem Verdikt von der Alleinschuld der Deutschen am Holocaust tendenziell an.

[101] Moritz Schwartz: Blick in die Todeszone, Interview mit Richard Overy, 20. April 2007

Nicht eine Gemeinschaft als Ganzes unterliegt dem pauschalen Anwurf einer Gesamtschuld, sondern immer zielt Schuld und Sühne im juristischen Sinn auf die Verantwortung eines einzelnen Täters ab. Somit sind Verbrechen, auch die im Holocaust, personengebunden, und nur nachweislich begangene Verbrechen von Einzeltätern können der Gerichtsbarkeit zugeführt werden. Und selbstverständlich unterliegen Kriegsverbrechen und Verbrechen gegen die deutsche Zivilbevölkerung dem gleichen Grundsatz.

Unter juristischen Gesichtspunkten wurden Kriegsverbrechen als Straftaten im Zusammenhang mit einer kriegsführenden Macht gegen Kriegsgegner oder Verletzungen des Völkerrechts gegenüber Zivilpersonen erstmals 1945 vom Internationalen Gerichtshof der Alliierten in Nürnberg in Artikel 6 formuliert, definiert und konkretisiert.

So richtig es war, die ungeheuren Verbrechen der NS-Führungsclique zu benennen und die Haupttäter abzuurteilen, so darf nicht vergessen werden, dass dies in Teilen auch der Willkür einer Siegerjustiz unterworfen war, die nicht nur die eigenen Kriegsverbrechen außen vor ließ, sondern wo schon wenig später unter dem Eindruck des aufkommenden kalten Krieges deutsche Kriegsverbrecher milder oder gar nicht mehr verurteilt wurden.

Nochmals: die Fokussierung auf die Singularität einer gesamtdeutschen Täterschaft, von den Siegermächten zunächst deklariert und von den Deutschen, je weiter wir uns zeitlich von dem Geschehen entfernen, immer noch willig aufgegriffen, hat sich letztlich auch als reichlich kontraproduktiv bei der Aufarbeitung des Holocaust erwiesen; auch deshalb, weil Millionen andere Opfer des europäischen Faschismus bisher dabei weitgehend ausgeblendet wurden. - Es soll an anderer Stelle noch dezidierter darauf eingegangen werden.

Und auch das kann nicht oft genug wiederholt werden: zu diesen Opfern der Hitlerdiktatur, gehören auch die Deutschen nichtjüdischen Glaubens in den Konzentrationslagern, und die, die im Widerstand gegen Hitler ihr Leben gelassen haben, und die millionenfachen zivilen Opfer, was allein schon den Unsinn von einer Gesamtschuld der Deutschen widerlegt. Wir werden bei der Bekämpfung des Antisemitismus nicht einen Schritt weiter kommen, wenn wir ihn permanent über den Weg der Vergangenheitsbewältigung, oder den eines Alleinstellungsmerkmales von Schuld versuchen.

Bei dem Versuch Gegenwart zu bewältigen, um Zukunft zu gestalten, bedarf es, wenn wir denn schon nicht zu altruistischem Handeln und Denken fähig sein sollten, aus rein rationalistischen und meinetwegen auch aus egoistischen Gründen, der verstärkten Aufmerksamkeit, darauf zu achten, dass zum einen Minderheiten in ihrem Status geachtet werden, und andererseits Opfer nicht gegeneinander auf- oder abgewertet werden.

Dabei gilt es auch, allen Versuchen zu widerstehen, die darauf abzielen, auf die schwierigen Fragen der Zeit, einfache Antworten zu finden. Konflikte im mühsamen Dialog versuchen zu lösen, Meinungsbildung und Entscheidungsprozesse in der Pluralität einer demokratischen Gesellschaft auszutragen und was den europäischen Aspekt anbetrifft, um jeden Preis, schon um des Friedens willen, festzuhalten an der Idee eines Vereinten Europa.

Wenn wir aus sehr guten Gründen und um des eigenen Überlebens dazu fähig sein sollten, könnte es uns gelingen, ein neues Bewusstsein in der europäischen Geschichte zu etablieren.

Aber unterliegen wir dabei nicht dem Irrtum, demokratische Gesellschaften seien gänzlich frei von der Versuchung, einfachen Parolen und Lösungen zu folgen. Hierauf beruht u.a. auch die grundsätzliche Fehleinschätzung von Goldhagen.

„Es ist nicht vorteilhaft, gegen den Geist seines Jahrhunderts und seines Landes anzukämpfen; und möge man einen Mann für noch so mächtig halten, er wird seine Zeitgenossen schwerlich für Gefühle und Ideen gewin-

nen, die von all ihren Begehren und Gefühlen abgelehnt werden."

Alexis Tocqueville: Über die Demokratie in Amerika

Gewissermaßen als Beweis für die gänzlich anders geartete, und angeblich humanere Mentalität der Amerikaner und gleichzeitig als höchst veritablen Zeugen für seine fulminanten Anwürfe gegen die Deutschen und deren pauschalisierende Vereinnahmung als willige Vollstrecker Hitlers, wird Tocqueville von Goldhagen mit einem einleitenden Zitat bemüht. Aber gerade Tocqueville ist es auch, der den Amerikanern schonungslos den Spiegel vorhält, indem er ihnen Teilhabe an der Sklaverei und den Genozid an den amerikanischen Ureinwohnern vorwirft.

„Der gleiche Mensch voller Mitgefühl für seine Mitmenschen wird gefühllos gegenüber ihren Leiden, sobald sie nicht zu seinesgleichen gehören."

Alexis Tocqueville: Über die Demokratie in Amerika

Hätte Goldhagen diese, die menschliche Mentalität und ihre Schwächen betreffende und zutreffende Aussage von Tocqueville und damit auch den Blick auf Hitlers willige Helfer in Europa in seinen Versuch einer Aufarbeitung des Holocaust mit einbezogen, dann hätte er einen neuen, erweiterten und richtungsweisenden Beitrag für eine umfassende Erinnerungskultur zum Phänomen einer über die Jahrhunderte andauernden Judenfeinschaft auf dem europäischen Kontinent leisten können. - So aber hat er ein rückwärtsgewandtes, kontraproduktives Pamphlet abgeliefert, das in seiner einseitigen, verengenden Sicht der Dinge von einer zeitgemäßen Aufarbeitung eines Jahrhundertverbrechens meilenweit entfernt ist, und das dem Bemühen einer differenzierten Aufarbeitung des Holocaust völlig zuwider läuft. Eher immer noch vorhandene Ressentiments neu belebt, als den sachbezogenen Dialog fördert.

Wenn jetzt der Blick auf den immer noch anhaltenden und nachhaltigen Antisemitismus im gegenwärtigen Europa geworfen werden soll, dann findet sich hier wiederum eine eindeutige Widerlegung der unhaltbaren These von einem Alleinstellungmerkmal deutscher Judenfeinschaft. Denn scheinbar überwundenes Gedankengut aus Zwischenkriegszeit und Kriegszeit hat längst wieder vom europäischen Kontinent Besitz ergriffen.

13.0 Europas bedrohte Juden in der Gegenwart

Soweit nicht schon im Kontext mit dem Faschismus der Zwischenkriegszeit bereits mit erwähnt und erörtert, soll nun der Blick verstärkt auf den immer noch anhaltenden und zum Teil durch den Rückfall in eine religiös-islamistisch motivierte Judenfeinschaft neubelebten, zum Teil expandierenden, aktuellen Antisemitismus auf dem europäischen Kontinent gelenkt werden.

Wie sehr sich Juden in Europa akut bedroht fühlen, sich fürchten, wegen ihres Glaubens nicht nur zu Opfern verbaler Attacken zu werden, geht aus einer groß angelegten EU-Studie hervor, die am 8. November 2013 veröffentlicht wurde. Die Umfrage, veranlasst von der EU-Agentur für Grundrechte in Wien, einer offiziellen Institution der Europäischen Kommission, wurde in acht Ländern der EU durchgeführt. Neben Deutschland waren es: Großbritannien, Frankreich, Italien, Belgien, Ungarn, Schweden und Lettland. In diesen Ländern leben derzeit 90% der europäischen Juden.

Von diesen fürchtet nahezu jeder Zweite in den kommenden 12 Monaten, Opfer einer verbalen Attacke zu werden. Ein Drittel befürchtet zudem, Opfer einer Gewalttat zu werden. Zudem mussten 57% der Befragten erfahren, dass der Holocaust als Mythos oder übertrieben abgetan wurde. - Besonders habe sich der Antisemitismus im Internet manifestiert. Für Ungarn, Frankreich und Belgien erfuhren 46% der Befragten: *„Die Israelis würden sich wie die Nazis gegenüber den Palästinensern verhalten."* Die in Deutschland lebenden Juden sind zu 66% davon überzeugt, dass die Nah-Ost-Krise, der anhaltende Konflikt zwischen Israelis und Palästinensern, eine sehr wichtige und belastende Rolle für ihr Leben in Deutschland spielt.

Diese immer wieder beliebte Paraphrase zur Relativierung des Holocaust wird besonders häufig in Deutschland, Frankreich, Italien und Belgien verbreitet. Ein gleichermaßen traditionelles wie irrationales Vorurteil der europäischen Unkultur, *„dass die Juden zu viel Macht haben"*, glauben 75% der in Ungarn lebenden Juden und 56% der in Frankreich lebenden Juden in diesen Ländern ausmachen zu können. Im Vergleich dazu: in Deutschland sind dies 28% und in Großbritannien 21%. - Verblüffend an der Studie ist, dass 53% der Juden der Überzeugung sind, dass die antijüdischen Ressentiments besonders im linken Spektrum der Gesellschaft angesiedelt sind. Dagegen meinen 39%, dass Antisemitismus nur den Rechten zuzuordnen ist. Erschreckend ist, dass die Befragten übereinstimmend der Meinung waren, dass die antisemitischen Tendenzen in den untersuchten Ländern stetig zugenommen hätten. Und beängstigend ist der

Standardsatz aller Befragten, weshalb sie denn entsprechende Diskriminierungen und Übergriffe nicht zur Anzeige brächten: *„Es würde sich nichts ändern, wenn man die Vorfälle zur Anzeige bringt."*

Wenn laut Studie nur 8% der betroffenen Opfer antijüdischer Diskriminierungen oder Übergriffe diese zur Anzeige bringen, 64% dagegen aus Angst oder Resignation bei Polizei und Justiz auf Ahndung der Übergriffe verzichten, und wenn inzwischen nahezu jeder dritte Jude in der EU in den letzten fünf Jahren erwogen hat, sein Heimatland zu verlassen, dann zeigt dies überdeutlich wie wenig wir den Antisemitismus in Deutschland und Europa überwunden haben.

Der Appell des Leiters der EU-Agentur für Grundrechte in Wien, Morten Kjaerum, an die EU-Staaten: *„Während viele Regierungen große Anstrengungen unternommen haben, um Antisemitismus zu bekämpfen, sind noch mehr gezielte Maßnahmen notwendig"*, muss in konkrete Maßnahmen und härtere Sanktionen umgesetzt werden. Aber es bedarf auch eines neuen gesellschaftspolitischen Gesamtkonzeptes, wie wir nach der historischen Zäsur von mehr als einem halben Jahrhundert für kommende Generationen eine Erinnerungskultur entwickeln können, damit: *„Nie wieder Auschwitz!"* zu mehr als einer bloßen Metapher wird, sondern vielmehr zu einem Fanal, das auch jenen, die den Juden gegenüber mehr oder weniger indifferent und ohne besondere Sympathie eingestellt sind, ein für alle Mal klar macht, dass Antisemitismus, Rassismus und Nationalismus, zunächst die Freiheits- und Grundrechte von Individuen und Minderheiten aushebeln, um dann die Pluralität einer demokratischen Gesellschaft am Ende zu beseitigen.[102]

Die alleinige Fokussierung auf einen besonders aggressiven Antisemitismus im deutschen Volk, die Goldhagenthese nur die Deutschen per se seien daher für die Rolle der willigen Vollstrecker des Holocaust prädestiniert gewesen, konnte nicht nur im Zusammenhang mit der vor dem Zweiten Weltkrieg vorherrschen Ideologie des Faschismus widerlegt werden. Sie wird bei einer Betrachtung und Analyse der aktuellen gesellschaftspolitischen Verhältnisse im Europa des 21. Jahrhunderts erst recht in Frage gestellt. Seit Ende der 1980er-Jahre erleben wir ein kontinuierliches Ansteigen rechtsextremer Bewegungen innerhalb eines gesamteuropäisch vernetzten, rechtslastigen, subkulturellen Milieus.

[102] Die Untersuchungsergebnisse der Wiener EU-Agentur für Grundrechte wurden der Ausgabe der WELT vom 09.11.2013 entnommen

13.1 Latenter Antisemitismus und die Leugnung des Holocaust als Drehtür für menschenverachtende Konzepte und Verhaltensweisen in Europa

Um den Antisemitismus in seiner Tragweite nicht als ein auf Deutschland reduziertes Phänomen, und ihn auch nicht als ausschließlich europäisches Grundübel zu begreifen, und um aufzuzeigen, dass die Hydra des Nationalismus und Antisemitismus immer noch allgegenwärtig ist und zudem eine neue, höchst aggressive und bösartige Variante im extremistischen Islam gefunden hat, wollen wir einleitend auf einen Kommentar von Rainer Haubrich[103] zurückgreifen, der einen brutalen Überfall auf einen Rabbi in Berlin zum Anlass hat.

„Wir f... deine Frau, wir f... deinen Gott", schrien die "mutmaßlichen arabischstämmigen" Täter und prügelten den Rabbi anschließend bewusstlos. – Dieser Vorfall, der normalerweise in Deutschland mit Recht für große Schlagzeilen gesorgt hätte, wenn man die Täter eindeutig dem rechtsextremen Milieu hätte zuordnen können, fand, so wie hier auch in der ‚Welt am Sonntag', nur im untergeordneten Teil von Medien und Gazetten Aufmerksamkeit.

---

[103] Haubrich, Rainer: Europas bedrohte Juden, Kommentar in: Forum, Welt am Sonntag, Nr. 13, 2. September 2012, S. 13

Haubrich erklärt dies mit dem Hinweis: ‚dass das Entsetzen auch deshalb nicht so groß gewesen sei, der Gewaltakt deshalb national keine so großen Schlagzeilen gemacht habe, weil er schließlich im europäischen Trend liege. Und er summiert und räsoniert:

„In Toulouse forderte im März der Amoklauf eines islamischen Attentäters vor einer jüdischen Schule vier Todesopfer, drei waren Kinder. Frankreich, das EU-Land mit dem höchsten muslimischen Bevölkerungsanteil, empfinden immer mehr Juden als unsicheren Ort, viele kaufen schon Wohnungen in Tel Aviv.

In Amsterdam wurden bereits Polizisten in Zivil mit Kippa als „Lockvögel" eingesetzt, um die fast immer marokkanischstämmigen Schläger auf frischer Tat zu erwischen. Der ehemalige EU-Kommissar und Israel-Freund Bolkestein stellte 2010 resignierend fest, dass es für erkennbare Juden in den Niederlanden keine Zukunft gebe – wegen des wachsenden Anteils intoleranter Muslime.

Äußerst dramatisch ist auch die Lage im schwedischen Malmö, wo eine große islamische Community den wenigen Juden das Leben so schwer macht, dass schon viele junge Familien ausgewandert sind. Der dortige sozialdemokratische Bürgermeister glaubt, alles wäre besser, wenn sich die schwedischen Juden „vom Staat Israel distanzieren".

Was Haubrich treffend beschreibt, ist ein Milieu stetig ansteigender, gewaltbereiter Muslime in der deutschen und europäischen Zivilgesellschaft, die ihren Frust, ihre häufig mangelnde Bildung, ihren religiösen Fanatismus, und ihre allen Werten und Normen einer zivilen, demokratischen, auf dem Fundament von Grundrechten basierenden Gesellschaft zuwiderlaufenden Verhaltensweisen, meinen hier in Gewaltexzessen ausleben zu können.

Wohlgemerkt sie sind noch eine, wenn auch nicht zu vernachlässigende Minderheit. Und sie sind, was den Islam anbetrifft, weit hinter das zurückgefallen, was diese große und großartige Weltreligion einst nicht nur als spirituelle Kraft, sondern auch als der Wissenschaft und der Welt zugewandte Religion, für die Menschheit geleistet hat.

Wenn auch das Handeln islamischer Extremisten und Terroristen in keinen Zusammenhang mit der Masse der friedliebenden Muslime in Deutschland und Europa gebracht werden sollte, so wünscht man sich doch weniger Abschottung, mehr Teilhabe am demokratischen, pluralistischen Miteinander und eine klarere Distanzierung zu islamistischen Gewalttaten, als dies bisher der Fall ist.

Wenn ein rundum unglückseliger Ex-Bundespräsident verkündete: *„Der Islam gehört zu Deutschland!"*, dann

irrte er schlichtweg. Der Islam hat noch einen langen Weg der Säkularisierung in Deutschland, in Europa und in der Welt vor sich, bevor er global als demokratiefähig angesehen werden kann.

Hierzu gehört auch die Verweigerung gegenüber der Sprache und dem Bildungsangebot, das die Gastländer vorhalten. Das Flüchten in eine Parallelwelt mit eigener Sozietät. Das teilweise Dulden von islamischen Hasspredigern in den Moscheen, die mit einem aggressiven, fundamentalistischen Islamismus, den Hass auf alles Fremde, Andersartige und Moderne schüren, den Dschihad, den blutigen, barbarischen Terror, der durch ihn in die Welt getragen wird, verherrlichen. Auf scheinbar religiös abgesicherter Grundlage das Begehen von Ehrenmorden sanktionieren, Schächtungen an Tieren vornehmen; vor allen Dingen aber die demokratische Emanzipation der Frauen in den westlichen Demokratien auf infamste Weise ignorieren und sich einen Dreck scheren um die in unserem Grundgesetz postulierten Rechte und Pflichten einer demokratischen Zivilgesellschaft.

Brutale Horden mit arabischem Migrationshintergrund terrorisieren mit ihren Übergriffen inzwischen in unserer Republik ganze Stadtteile. Verbreiten in Schulen, wo deutsche Schüler und Schülerinnen in der Minderheit sind, Angst und Schrecken. Und dies alles über einen langen Zeitraum, befördert durch ein links-grünes Politkartell, mit dem Ziel, den Deutschen über unkontrollierte Masseneinwanderung via Heterogenesierung, ihre nationale Identität zu nehmen. - Ein Zustand, der durch die Fehlentscheidung der derzeitigen Bundeskanzlerin, die eine Millioneninvasion von Flüchtlingen und Asylsuchenden ausgelöst hat, wovon der Anteil von Muslimen 80%(!) beträgt, an Dynamik und Verwerfungen genereller Art noch an Fahrt gewinnen wird.

Ein zum Teil unverantwortlicher Migrationsfuror wurde hier lange Zeit betrieben, in dessen Schatten sich ein gut florierendes Geschäftsmodell für eine häufig wenig zielführende Integration etablieren konnte. Ein entsprechendes politisches Lager im Verein mit wenig realistischen Gutmenschen verunglimpfte die berechtigte Forderung an die Migranten, die Sprache des Heimatlandes zu erlernen, einst als „Zwangsgermanisierung", und verhinderte lange Zeit das Veröffentlichen von Polizeistatistiken, die den rasanten Anstieg von Kapitalverbrechen durch Täter mit Migrationshintergrund auswiesen. Sie konterkarierten damit zugleich auf die wohl wirksamste Weise eine für unser Land <u>und</u> die Migranten selbst sinnvolle und erforderliche Einwanderungspolitik.

Die Tatsache, dass als Reaktion auf ein so widerliches Verbrechen, wie das an dem jüdischen Rabbi in deutschen Landen mehr klammheimliche Stille denn wirkliche Betroffenheit herrschte, hat immer noch etwas mit einer Avantgarde linksintellektueller und grüner Meinungsführer in dieser Republik zu tun. Deren manische Besessenheit, um alles in der Welt ja nicht als ausländerfeindlich zu gelten, ihre abgehobene Sicht auf die gesellschaftliche Realität, verstellen den Blick darauf, dass die Gefahren für die deutschen und europäischen Mitbürger zwar auch immer noch von einem rückwärtsgewandten Nationalismus, aber auch zunehmend von einem aggressivem Islam ausgehen.

Es waren die extremen linken Sozialfaschisten, die sich anmaßten, die Schuld ihrer Väter aufzuarbeiten. Dabei aber nicht nur mit Mord und Totschlag im eigenen Land agierten, sondern sich zudem mit ähnlich strukturierten Gesinnungsgenossen in den arabischen Ländern verbündeten, wie etwa der PLO des späteren „Friedensnobelpreisträgers" Arafat, und die sich damit die Vernichtung des Staates Israel zum Ziel gesetzt hatten. Ein Sediment dieser nicht nur antijüdischen, sondern vor allen Dingen antiisraelischen Haltung ist im linken Lager immer noch auszumachen.

Was aber die von Haubrich angeführte Dimension des wiedererwachten, oder besser gesagt schon immer vorhandenen Antisemitismus betrifft, so bedarf es zusätzlich zum Antisemitismus der arabischen Sozietät in Europa einer Draufsicht auf die gesellschaftlichen, nationalen Kräfte, die sich vor allen Dingen durch Formierung und Formulierung von antisemitischen Strömungen und Thesen in bestimmten politischen gesellschaftlichen Schichten und Parteien in Europa manifestieren.

Nach dem Holocaust, der mit Vertreibung und Ermordung der europäischen Juden eine bis dahin nie gekannte und unvorstellbare Form einer barbarischen Massenvernichtung und des Genozids in der Menschheitsgeschichte erreicht hatte, hätte man eigentlich eine grundlegende Zäsur erwarten dürfen.

Nicht nur ein Lippenbekenntnis: *„Nie wieder Auschwitz!"*, sondern ein grundlegendes Revirement, ein radikales Umdenken und eine vehemente Ächtung aller rassistischen und antisemitischen Tendenzen, wären ein adäquates und mutiges Zeichen einer sich auch im Geiste des Humanismus und der Aufklärung erneuernden, demokratischen und europäischen Gesellschaft gewesen.

Was sich aber nach 1945 zum Teil vollzog, war genau das Gegenteil. Eine neue Form des Antisemitismus griff um sich, die man als sekundäre Judenfeindschaft bezeichnen könnte. In einem perfiden Umkehrschluss wurde die Schuld der Täter jetzt auf die Opfer projiziert. **Juden wurden jetzt nicht trotz, sondern wegen Ausschwitz gehasst.**

Mit dieser schizophrenen Denke ging die Leugnung des Holocaust einher. Und der dumpfe, unterschwellige Antisemitismus breiter Volkschichten wird beflügelt von prominenten Politkern, Wissenschaftlern und Klerikern, die stellvertretend für ein starkes, rechtslastiges Milieu in Europa stehen.

Vater le Pen, rechtspopulistischer Holocaustleugner, in inniger Umarmung mit seiner Tochter Marine le Pen, die als wesentlich geschicktere, rechte Demagogin sein politisches Erbe angetreten hat

Der Brite David Irving, Hitlerbiograf und Publizist, bestreitet vor allen Dingen die Mitwisserschaft Hitlers am Holocaust. Desgleichen behauptete er, dass es in Auschwitz niemals Gaskammern gegeben habe

Der Bischof der Piusbrüder, der Brite Richard Williamson, mit Irving befreundet, behauptet der Holocaust sei eine Erfindung der Juden

Obwohl der Genozid an den deutschen und europäischen Juden, den Roma und Sinti, die Kapitalverbrechen an politischen Gegnern, die barbarische Vernichtung von lebensunwertem Leben auf dem Wege der Euthanasie hinreichend bekannt sind, müssen wir uns wohl langfristig darauf einstellen, dass, je weiter wir uns historisch vom Geschehen entfernen, das Leugnen, Umdeuten, Bestreiten und Verharmlosen, von Jahrhundertverbrechen auch unter der Zuhilfenahme pseudowissenschaftlicher Methoden, zunehmen wird.

Holocaustleugner wie le Pen, Irving und Williamson bestreiten vor allen Dingen neben der Echtheit der vorhandenen Dokumente die technisch-industrielle Machbarkeit des Holocaust, insbesondere die der Vergasung in den Konzentrationslagern. Desweiteren wird versucht in einer Art von Geschichtsrevisionismus, die Täter aus der Verantwortung zu entlassen, und das auf infamste Art. Zwar werden Verbrechen an den Juden zugegeben, aber die systematische Durchführung eines Völkermordes, gewollt durch Hitler und die oberste Führungsriege, wird bestritten.

Nicht weniger perfide ist, wenn die Revisionisten argumentieren, dass eine derartige Anzahl von Juden, wie sie als Opfer des Holocaust angegeben werden, gar nicht im deutschen Machtbereich gelebt hätten. Hierbei wird bewusst unterschlagen, dass die Meldelisten in den Konzentrationslagern vernichtet wurden; in den Sterbelisten, auf die sich die Geschichtsverfälscher berufen, die Opfer der Vergasung gar nicht aufgeführt wurden, und das letztlich der Genozid an den Juden ein europäisches Projekt war.

Eine andere Theorie, eher eine krude Verschwörungstheorie, bedient sich des Arguments, dass die Alliierten sich der ‚Lüge des Völkermordes' bedient hätten, um Deutschland ein für alle Mal in die Schranken zu weisen. Von den Juden würde die ‚Ausschwitzlüge' zur Erpressung von immer neuen Wiedergutmachungszahlungen und als moralischer Druck auf die Staatengemeinschaft genutzt.

Das Gefährliche: Geschichtsrevisionisten von der Art der Holocaustleugner, versuchen ihren ‚Expertisen' oder Gutachten das Mäntelchen der Wissenschaft umzuhängen. Mit Fußnoten und Zitaten, in denen sich die Holocaustleugner meist auf ihren internen Zirkel berufen, geben sie sich einen scheinbar seriösen Anstrich.

Und das Brandgefährliche: das eigentliche Ziel derartiger Revisionisten liegt keinesfalls in der Ernsthaftigkeit eines wissenschaftlich-akademischen Disputes, sondern es ist vielmehr die Verfolgung handfester politischer Ziele. Über eine Relativierung der Schuldfrage soll eine generelle Revision der durch das Ende der Hitlerdiktatur geschaffenen Verhältnisse am Ende des Zweiten Weltkrieges erreicht werden.

„Sechs Millionen kann nicht stimmen. Es können maximal nur 340 000 in Ausschwitz umgekommen sein. Dann sagen zwar die Juden immer: Auch wenn nur ein Jude umgekommen ist, weil er Jude ist, ist das ein Verbrechen. Aber es ist natürlich ein Unterschied, ob wir für sechs Millionen zahlen oder für 340 000.

Und dann ist irgendwann die Einmaligkeit dieses großen Verbrechens – oder angeblich großen Verbrechens weg. ....Pommern, Westpreußen, Ostpreußen, Schlesien, ob das Königsberg ist, ob das Danzig ist, oder Breslau, das alles sind alles deutsche Städte für uns auf die wir natürlich Anspruch haben."[104]

Was der Frontmann der NPD hier zynisch-unverhüllt von sich gibt, ist in seiner Absicht leicht erkennbar: Über eine Relativierung und Verharmlosung des Holocaust, sollen großdeutsche Phantastereien neu beflügelt werden, und eine nationalistische Revisionspolitik zur Wiedererlangung der vormaligen Territorien des Deutschen Reiches langfristig in die Wege geleitet werden. Dieser antisemitisch-rassistische und nationalistische Politikansatz richtet sich auch gegen alle Bemühungen über ein gemeinsames wirtschaftlich integriertes Europa hinaus, vor allen Dingen Frieden und Menschenrechte im demokratischen Konsens zu sichern. Daher muss es uns zukünftig

[104] Äußerung des NPD-Vorsitzenden Udo Vogt, in der SWR-Sendung ‚Monitor' im Juni 2007

gelingen, eine Ächtung nationalistischen und faschistischen Gedankengutes sowie eine juristische Ahndung der Leugnung des Holocaust europaweit wesentlich nachdrücklicher durchzusetzen.

Die neue, mehr oder weniger unterschwellige, europaweite, sekundäre Judenfeindschaft, wird aus unterschiedlichen Motiven gespeist. Im Umkehrschluss, Opfer zu Tätern zu stilisieren, ist dabei das wohl Übelste. Gehört aber zum gängigen Verdrängungsrepertoire von Tätern. Fortdauernder Antisemitismus, die Verbreitung von der Legende einer national, wie global agierenden Macht eines Welt- und Geldjudentums, das ganze abgegriffene Repertoire gehören dazu. Und auch die religiös motivierte Judenfeindschaft, ergänzt durch eine neue, teils radikal-aggressive Form der Judenfeindschaft im fundamentalistischen Islam, fügt sich zu den Chimären einer andauernden Judenfeindschaft.

Mitten in Europa und der Union freiheitlich-demokratischer Staaten formieren sich zunehmend Gruppierungen und Parteien, die anders als die rechtslastigen Parteien wie die Republikaner oder die NPD in Deutschland, zunehmend massiven Einfluss auf die politische Gestaltung und Ausrichtung ihrer Länder und die Europapolitik gewinnen. Wer da glaubt die doppelköpfige Hydra von Nationalismus und Antisemitismus in

Europa vernachlässigen zu können, der gibt sich einem gefährlichen Trugschluss hin.

Seit den 80er- Jahren ist vielmehr eine sich stetig steigende Entwicklung im europäischen Rechtsmilieu zu beobachten. Und den Wenigsten ist bewusst, wie groß ihr Einfluss inzwischen auf die nationale und europäische Politik ist. Die fremdenfeindlichen und rechtspopulistischen Aussagen stoßen auf eine immer stärker werdende Akzeptanz. Auf lokaler und regionaler Ebene, besonders in sozialen Brennpunkten mit ungelösten Migrationsproblemen und hoher Arbeitslosigkeit wächst ein neuer dumpfer Nationalismus, der auf weitaus breitere, klammheimliche Zustimmung in großen Kreisen der Bevölkerung trifft, als dies allgemein angenommen wird.

Aber auch eine gleichermaßen anwachsende antijüdische Einstellung am Stammtisch und auf dem Campus, von sogenannten ‚Normalos' und geistigen Eliten, zeigt wie dünn das Fundament einer geistig-moralischen Aufarbeitung von Faschismus und Antisemitismus in Deutschland und Europa ist. Aufschlussreich und erschreckend zugleich ist in diesem Zusammenhang eine vergleichende Studie des Osnabrücker Erziehungswissenschaftlers Wassilis Kassis[105], die dieser zusammen mit

[105] Die Studienergebnisse von Professor Wassilis Kassis wurden im Juli 2013 aufgelegt

seiner kanadischen Kollegin Charlotte Schallié durchführte.

Kassis ist einer der wenigen Vertreter unter Deutschlands Erziehungswissenschaftlern, die sich weniger im unergiebigen ‚Glasperlenspiel der Didaktik' (Professor Sabrow) in den Erziehungswissenschaften verlieren, sondern die die eigentlichen Probleme der Pädagogik, als da sind Gewaltsozialisation, Vorurteile in der Gesellschaft oder die Thematik bei der Resilienzforschung empirisch angehen.

Das Ergebnis der Studie, was die Einstellungen von Studenten/innen in Bezug auf Ausländerfeindlichkeit und Vorurteilen gegenüber Minderheiten sowie Antisemitismus betrifft, ist sowohl an der Universität Osnabrück als auch an der University of Victoria in British Columbia schockierend.

Zunächst widersprechen sie der gängigen These, dass mehr und vor allen Dingen qualifiziertere Bildung oder etwa internationale Studiengänge zu offenerer oder toleranterer Einstellung führen. Vielmehr liegen die extrahierten Meinungen in weitgehender Übereinstimmung mit der Mehrheit der übrigen Bevölkerung.

Die Statements, die den Studenten/innen vorgelegt wurden und bei denen sich Professor Kassis reichlich beschämt fühlte, waren in ihrer Direktheit aber so angelegt, dass sie klare Antworten verlangten. – Auf Aussagen wie: *„Deutsche Frauen sollten keine Juden heiraten." „Es sollten weniger jüdische Einwanderer nach Deutschland gelassen werden",* meinten gut 40% aller Befragten: *„Stimmt völlig",* oder *„stimmt eher."*

Professor Kassis nennt dies mehr akademisch-salopp, *„eine geistige Derangierung"* und *„wir normalisieren so das bisher Undenkbare."*[106] Und der Privatmann Kassis hat gar die Meinung: *„Man kann heute eine liberale Haltung haben und trotzdem soziale Vorurteile haben!"*[107] Deutlicher wird da der Vizepräsident für Studium und Lehre an der Uni Osnabrück, Joachim Härtling: *„Das junge ausgebildete Bürgertum zeigt dieselben Einstellungen wie der Rest. Da muss man sich doch fragen: Wo sind wir hier eigentlich?"*[108]

Sicherlich stehen wir nicht an der Schwelle zu einem ‚Vierten Reich'. Und ganz sicher werden sich die Vorgänge, die zu einer Machtergreifung der Nationalsozialisten in Deutschland und einer partiellen Vereinnahmung Europas durch den Faschismus führten, nicht in gleicher

---

[106] NEUE OZ, Osnabrücker Zeitung vom 01.07. 2013, S.2
[107] daselbst, S. 2
[108] daselbst, S. 2

Weise wiederholen. Dennoch sollten wir zur Kenntnis nehmen, dass wir es, sowohl in Deutschland als auch in Europa, verstärkt mit einem Verfall geistiger und politischer Kultur zu tun haben, bei dem ein dumpfer und unterschwelliger Antisemitismus zu einem wichtigen Indikator für intolerantes, respektloses und menschenverachtendes Denken und Handeln vor allen Dingen im Umgang mit gesellschaftlichen Minderheiten geworden ist.

13.2 Rassistische und nationalistische Grundströmungen in Europa und ihre Manifestierung in den jeweiligen Parteiprogrammen

Europaweit bildet sich ein Kartell von Rechtspopulisten, deren Einfluss nicht nur in den eigenen Ländern, sondern auch im Straßburger Europaparlament wächst. Sie vernetzen sich grenzübergreifend, um populistische Grundstimmungen teils in bekannter Verpackung, teils aber auch in neuartigen Varianten zu bedienen.

Gemeinsame aktuelle rechtspopulistische Strategen im Europaparlament: Die rechtextreme französische Politikerin Marine le Pen und der österreichische Rechtspopulist und FPÖ-Chef Heinz-Christian Strache

Europa befindet sich derzeit nicht nur in einer Finanzkrise, sondern eine soziale kommt hinzu. Neben einer stetig anwachsenden Jugendarbeitslosigkeit in den Südländern ist es der Drang der Eurokraten, Europa in ihrem ureigenen Interesse immer größer werden zu lassen, ihre Reglungswut im Detail, die keinerlei Rücksicht auf nationale oder regionale Interessen, Befindlichkeiten und Unterschiede nimmt, und eine immer größere Spreizung in arme und reiche Bevölkerungsanteile. Und das in allen Ländern Europas, was zunehmend nationale Ressentiments und Parteienverdruss befördert.

Von Belgien bis Weißrussland haben sich rechtsextreme Parteien in Europa mit einem Gedankengut und einer Programmatik etabliert, die bei einem Abgleich mit der Ideologie aus den Zeiten des europäischen Faschismus den gleichen Ungeist dumpfer, fremdenfeindlicher und rassistischer Gesinnung verbreiten. Und sie sind zudem die Spaltpilze auf dem ohnehin schwierigen Weg zu einer europäischen Integration.

Was auffällt, ist eine neben dem Antisemitismus und Antiziganismus neue Komponente des Fremdenhasses, der sich in Nord- und Westeuropa hauptsächlich gegen die Muslime richtet. In erster Linie verfolgen die meisten rechtslastigen Parteien aber neonationale bis neonazistische Ziele.

Ein weiteres, auf populistische Ressentiments setzendes Argument der rechtsextremen Szene in Europa ist, dass sie allen Immigranten unterstellen, sich schamlos der nationalen Wohlfahrtskassen zu bedienen. Die ‚soziale Deprivation', die trotz eines im weltweiten Vergleich hohen Lebensstandards in Europa zunehmend beklagt wird, ist ein Indiz dafür, dass sich die Rechtspopulisten hier eines für sie erfolgversprechenden Themas angenommen haben.

Im Verlauf der Nachkriegsgeschichte hat es diverse ‚Downs' und ‚Ups' bei den unterschiedlichsten, rechtspopulistischen Parteien und Fraktionen in den einzelnen europäischen Ländern gegeben. An dieser Stelle sollen aber nur die neueren und neuesten Entwicklungen des rechtsextremen Spektrums Berücksichtigung finden.

Zweifellos eine Zäsur war die Gründung der ‚European Right' im Jahre 1984. Nicht nur, um in den Genuss finanzieller und organisatorischer Vorteile zu gelangen, gründete sich unter der Führung des Franzosen Jean-Marie Le Pen, dem Vorsitzenden der ‚Front National' im Europa-Parlament, die Fraktion ‚Europa der Freiheit und der Demokratie'. Durch Vernetzung und Zusammenschlüsse und die Fokussierung auf nationale Fragen, hofften sie im Verbund wirksamer gegen die europäische Integrationspolitik opponieren zu können.

Im Jahre 2011 wurde die rechtspopulistische ‚Europäische Allianz für Freiheit' (EAF) vom Europaparlament als Europapartei anerkannt und konnte 372 000 Euro aus EU-Mitteln für ihre gegen Europa gerichtete subversive Tätigkeit einstreichen. Zu den Mitgliedern der EAF gehören als tragende Säulen neben den Mitgliedern der französischen Front National (FN) auch die FPÖ Österreichs, die antisemitische, ungarische Jobbik-Partei und die ‚British National Party'.

In Zukunft werden immer mehr regionale und nationale Vertreter aus dem rechten Milieu von EU-Fördermitteln profitieren, da die Hürden für derartige Mittel vergleichsweise niedrig sind. Aus mindestens einem Viertel der Mitgliedstaaten müssen nämlich Abgeordnete in regionalen oder nationalen Parlamenten mindestens ein Mandat im EU-Parlament innehaben. So dürfen sich u.a. die neofaschistische ‚Fiamma Tricolore' sowie die ‚Schwedischen Nationaldemokraten' und vielleicht auch die deutschen ‚Nationaldemokraten' Hoffnung auf ‚Fördermittel' der EU machen, obwohl sie derzeit noch gar nicht im Europäischen Parlament vertreten sind. Was sich aber schon bei der nächsten Europawahl durch das aktuelle Urteil des Bundesverfassungsgerichtes, das die 3% Sperrklausel für die Europawahl gekippt hat, sehr schnell ändern könnte.

Analog zu dem zeitlichen Einstieg (ab den 1980er- Jahren), soll nun eine Auswahl der aktuellen politischen Gruppierungen in den europäischen Länder vorgenommen werden, auf deren rassistische und antijüdische Grundhaltung im Kapitel über den europäischen Faschismus in der ersten Hälfte des 20. Jahrhunderts bereits hingewiesen wurde. Beginnen wir daher mit dem "Mutterland des Europäischen Faschismus" während dieser Zeit.

13.2.1 Neofaschistische Tendenzen in Italien

Bereits kurz nach dem Krieg bildete sich in Italien die neofaschistische italienische Sozialbewegung, die Movimento Sociale Italiano (MSI). Da der vormalige Bündnisgenosse des Großdeutschen Reiches rechtzeitig von der Fahne gegangen war, sich keinerlei Entnazifizierungsprozessen von Seiten der Sieger unterziehen musste, wie die Deutschen, war es hier auch von Anfang an leichter für die alten faschistischen Kohorten, wieder Fuß zu fassen. Abgeordnete der MSI waren bis zur Auflösung der Partei im Jahre 1995 im italienischen Parlament vertreten.

Innerhalb der MSI gab es gewaltbereite Schlägertrupps und Terroristen wie etwa den Vorsitzenden der MSI von 1990-191, Pino Rauti, der für verschiedene Bombenanschläge zwischen den 1960er- und 1980er- Jahren verantwortlich war. Der rassistische Agitator und langjährige Vorsitzende der MSI, Giorgio Almirante, war bis zu seinem Tod im Jahre 1988, Herausgeber der antisemitischen und rassistischen Zeitschrift: ‚La difesa della razza' (Die Verteidigung der Rasse) und saß seit 1979 als Mitglied im Europaparlament.

Zwischen 1994 und 1995 kam es sogar zu einer kurzen Regierungsbeteiligung der MSI zusammen mit der Lega Nord und der ‚Hauspartei' ‚Forza Italia' des italienischen

Milliardärs und Medienzars Silvio Berlusconi. Inwieweit Berlusconi über lange Jahre für die Italiener eine Art ‚Ersatz-Duce' war, das sei dahingestellt. Allerdings weist seine Regierungszeit als italienischer Ministerpräsident, wenig demokratische Züge auf. Es ist vielmehr eine Mischung aus burlesken, machiavellistischen, häufig aber auch äußert peinlichen Elementen, die eher an napoleonische Großmannssucht erinnern.

Berlusconi erlaubte sich u.a. Eskapaden, die jeden deutschen Politiker schon längst hinter Gitter gebracht hätten. Sex mit Minderjährigen in der Rubygate-Affäre, massive Steuerhinterziehung: bisher hat Berlusconi mit seinem Medienmonopol, seinen Milliarden und als politischer Strippenzieher immer noch verstanden, sich zu relativ günstigen Konditionen aus allen Affären heraus zu lavieren.

Seine Regierungszeit könnte man ohne allzu große Abstriche als eine Epoche neofaschistischer Allüren und Grundhaltungen bezeichnen. Viermal (1994-95, 2001-2005, 2005-2006 und 2008 - 2011) war er italienischer Ministerpräsident und bestimmte die Geschicke des Landes. Aus seiner verdeckten Sympathie für den Duce hat Berlusconi nie ein Hehl gemacht.

So hatte er, angeblich beschwipst, behauptet, dass Mussolini niemanden getötet habe und man ihn daher nicht einmal mit einem Diktator wie Saddam Hussein vergleichen könne. Sein Statement: *„Mussolini schickte die Leute nur auf Ferien, in ein Exil im Inland!"* – Aber Berlusconi konnte sich auch, da wo es ihm opportun schien, staatstragend gebärden.

Nachdem er kurz zuvor sich vor eigenem Publikum als Sänger präsentiert hatte, hielt er als Ratspräsident der EU in 2003 vor der UN-Vollversammlung eine Rede in der er u.a. zu einer Stärkung der UN und möglichen Sanktionen gegenüber Terroristen aufrief. Als gern gesehener Gast im Weißen Haus, nahm er in diesem Zusammenhang einen Preis entgegen, der ihm zugesprochen wurde, weil er sich aktiv gegen den Antisemitismus eingesetzt habe. Mit dem Preis zeichnete ihn die jüdische Organisation ‚Anti-Defamation-League' aus.

„Ein Jude kam zu Angehörigen und bat sie, ihn zu verstecken. Sie brachten ihn im Keller unter und forderten von ihm Geld, 3000 Euro pro Tag.

„Na ja, wir sind eben Juden", sagten sie sich. Er hat gezahlt, weil er Geld hatte. – „Was meint ihr, sollte man ihm sagen, dass Hitler tot und der Krieg vorbei ist?"

Diesen ‚Judenwitz' erzählte Berlusconi bei aufgeräumter Stimmung Jugendlichen. Einer der Teilnehmer nahm diese primitive Entgleisung, die in Wahrheit viel von der inneren Haltung des Erzählers preisgab, als Filmsequenz auf und setzte sie ins Internet. Peinlich das Ganze für ein Gremium wie die ‚Anti-Defamation-League', dem so renommierte Personen wie Henry Kissinger, Robert Murdoch oder Mortimer Zuckerman angehören. - Mehr als peinlich auch sein Vergleich, als sich der mediale Druck auf ihn erhöhte: *„Meine Kinder sind der gleichen Verfolgung ausgesetzt wie die Juden unter Hitler!"*

Um es im Fall von Berlusconi einmal bewusst provokativ zu hinterfragen: *„Darf man gewissermaßen profaschistische und antisemitische Äußerungen tätigen und rechtes Gedankengut transportieren, wenn man sich nur hinreichend pro-israelisch gibt?"*

In Sachen Berlusconi und der Bewertung seiner ‚Epoche' gibt es aus europäischer Sicht eine klare Antwort: Abgesehen von den beschriebenen unappetitlichen Begleiterscheinungen kommt schwerwiegend hinzu, dass das System Berlusconi der Beleg dafür ist, wie wenig die Italiener insgesamt den Faschismus und Rechtsextremismus überwunden haben.

Aram Mattioli[109] profunder Kenner der italienischen Zeitgeschichte, gibt hierzu desgleichen eine klare Antwort, in dem er für die ‚Ära Berlusconi' die „Aufwertung des Faschismus" als Signatur bezeichnet.

---

[109] Aram Mattioli: „Viva Mussolini;" Die Aufwertung des Faschismus im Italien Berlusconis, Schöningh Verlag, Paderborn 2010

In einem Artikel in der ‚Frankfurter Allgemeinen' unterzieht Christiane Liermann das Fazit Mattiolis einer genaueren Betrachtung:

„Mattiolis Analyse des Umgangs der italienischen Gesellschaft mit dem Faschismus macht die ungeheure Gegenwart deutlich, die nicht vergeht und auch gar nicht vergehen soll, weil ihr Fortleben politischen und medialen Profit verspricht. Das Bild, das der Autor zeichnet, erzählt von uralten, in den Jahrzehnten nach 1945 offenbar nur oberflächlich geheilten Konflikten um die Deutung der Rolle des Faschismus. Gerade der Verzicht auf den empörten Skandalton macht aus seiner Darstellung die kritisch-sympathetische Zeitdiagnose einer zerrissenen Gesellschaft, deren Schwierigkeit mit der eigenen Geschichte weit über den Faschismus zurückreicht, wie die politisch aufgeheizten Auseinandersetzungen um die passende Form des Gedenkens an die Gründung des italienischen Nationalstaates zeigen, dessen 150. Geburtstag im kommenden Jahr ansteht."[110]

Zeichen für einen sich anbahnenden Rassismus und Faschismus, sind neben einer ‚Normalisierung' und programmatischen Enttabuisierung der ‚alten Kämpfer' auch die aggressiven Kampagnen etwa der Lega Nord gegenüber Migranten. Bei Kampagnen gegen Moschee -

[110] Christiane Liermann: Duce hier, Duce dort? Das Italien von heute und der Faschismus, in: Frankfurter Allgemeine vom 04.07.2010

Bauten werden Schweine über die Baustellen geführt, um die Plätze religiös zu verunreinigen. In diesem Zusammenhang sei auch auf den italienischen Parlamentarier Mario Borghezio hingewiesen. Seit 2001 ist er Mitglied des Europaparlaments. In Italien war er eine Zeit lang Staatssekretär im Justizministerium. Dieser feine Signore wurde mehrfach wegen rassistischer Straftaten verurteilt, darunter der Beihilfe zur Brandstiftung. So sah es der Oberste Gerichtshof in Italien als erwiesen an, dass Borghezio zusammen mit sechs weiteren Lega Nord Gesinnungsgenossen im Jahr 2000 die Zelte von Migranten, die unter einer Brücke in Turin kampierten des nachts in Brand gesetzt hatte. - Italien, lange Zeit klassisches Auswanderungsland, ist seit Beginn der 1980er-Jahre verstärkt zu einem Einwanderungsland für Menschen aus dem Nahen Osten und Nordafrika geworden. Die Angst und das Gefühl vor Überfremdung werden weiter um sich greifen. Nicht nur in Italien. Und die Frage, wie viel Zuwanderung verträgt der alte Kontinent, ist eine der wohl problematischsten für die Zukunft Europas, die auch die faschistischen und rassistischen Kräfte in Europa zu noch größerem Machteinfluss beflügeln könnte.

13.2.2 Aggressiver Antisemitismus und Antiziganismus in Ungarn

Was antisemitische Strömungen in Europa anbelangt, so nimmt Ungarn derzeit eine Sonderrolle ein. Seit 1998 ist die ‚Partei für Ungarische Gerechtigkeit und Leben' (Magyar Igazsag es Elet Partja) im Parlament. Daneben gebärden sich die ‚Bewegung für ein besseres Ungarn' (Jobbik), die ‚Ungarische Nationale Front' (Magyar Nemzeti Front), die ‚Partei der ungarischen Interessen' (Magyar Erdek Partja) und die ‚Ungarische Wohlfahrtsvereinigung' rechtsextrem, rassistisch, antisemitisch und antiziganistisch.

Viktor Orban, autoritärer Nationalist und Antisemit

Eine neue Dynamik hat die nationalistische und antisemitische Komponente mit dem Regierungsantritt von

Viktor Orban im Jahre 2010 bekommen. Orban liefert derzeit ein klassisches Beispiel dafür wie sehr eine Politik der nationalen Verengung mit fremdenfeindlichen Ressentiments korrespondiert.

Als Orban 2002 aus der Regierung gewählt wurde, hatte er die Oppositionsrolle mit dem Argument abgelehnt, dass seine Partei ‚Fidesz' (Bürgerbund), die Nation verkörpere und nicht Opposition sein könne. In 2010 schaffte Orban, dem es auf Grund eines gewissen Charismas gelungen war, die rechtsextremen und nationalistischen Kräfte weitgehend auf seine Person hin einzuschwören, wieder den Sprung an die Spitze des Staates. Zusammen mit der christdemokratischen KDNP verfügt er derzeit über eine Zweidrittelmehrheit im ungarischen Parlament.

Übermütig geworden rief er die „nationale Revolution" aus. Und vollzieht bis heute im Land einen Systemwechsel von demokratischen zu autoritären Strukturen mit dem Ziel, seine Herrschaft auf Dauer zu zementieren. Hierzu dient auch die in 2012 in Kraft getretene Verfassung. Der Politikwissenschaftler Jan-Werner Müller kommentiert das Vorgehen Orbans wie folgt:

„Orbans Strategien zielen nicht auf einen offenen autoritären ‚Führerstaat', aber doch auf eine hochzentralisierte, in Teilen illiberale Demokratie, die das Gefüge von

checks and balances systematisch unterminiert, die Medien einschüchtert oder de facto direkt kontrolliert, die Zivilgesellschaft schwächt – und die es zumindest sehr wahrscheinlich macht, das ‚Fidessz' bis auf Weiteres Wahlen gewinnt."[111]

Und er schreibt an gleicher Stelle:

„Weit mehr als Putin kommt Orban eine spezifische Errungenschaft der EU zugute: Wem es in Ungarn nicht passt, der kann ja (zumindest innerhalb der EU) woanders hingehen. Die Niederlassungsfreiheit bietet insofern die eleganteste und am wenigsten repressive Art, potenzielle Regimekritiker loszuwerden."[112]

Was Müller in seinem Essay anspricht ist neben der anhaltenden Eurokrise der wiedererwachte Nationalismus innerhalb Europas, von dem bereits kurz nach dem Zerfall der Sowjetunion ein hellsichtiger Henry Kissinger sagte, dass Europa eine Renaissance der Nationalstaaten erleben würde, die zukünftig als bei weitem unterschätzte Fliehkraft einen generellen Zerfall der Europäischen Union zur Folge haben könnte. Wie schwach diese Union infolge nationaler Egoismen bereits jetzt ist, zeigt sich daran, dass Europa weder außen- noch verteidigungs-

---

[111] Jan-Werner Müller: Wo Europa endet – Ungarn, Brüssel und das Schicksal der liberalen Demokratie, Essay, erschienen bei: edition Suhrkamp digital, o.J.

[112] Jan-Werner Müller, daselbst

politisch in der Lage ist, seine Konzepte und Optionen effizient zu bündeln. Das zeigt sich auch überdeutlich am aktuellen Beispiel der Krise in der Ukraine. Bildhaft formuliert steht hier derzeit der russische Bär dem Papiertiger EU gegenüber.

Ein Abstecher in die aktuelle Tagespolitik sei daher an dieser Stelle erlaubt. Am jüngsten Beispiel der Ukraine-Krise zeigt sich, dass in dem als Reaktion auf entsprechende Provokationen in Form von Erweiterungsgelüsten von Seiten der EU und Nato, jetzt folgenden robusten, nationalstaatlichen Vorgehen bei der Einverleibung der Krim durch den ‚lupenreinen Demokraten' Putin, sich die EU zudem auch international wieder einmal als wenig handlungsfähig erweist.

Man fragt sich, ob die deutsche Kanzlerin derzeit gut beraten ist, im Konsens mit der EU ein Drohszenario von Sanktionen aufzubauen, unter denen Deutschland wegen seiner engen und zu beider Nutzen produktiven wirtschaftlichen Zusammenarbeit, am stärkten zu leiden hätte.

Deutschland, das derzeit zu Russland die umfangreichsten Handelsbeziehungen innerhalb der EU unterhält, ist aber nicht nur wirtschaftlich schlecht beraten, wenn es in das allgemeine Geschrei nach Sanktionen gegenüber Russland mit einstimmt.

Ein zweiter, enorm wichtiger und bisher reichlich vernachlässigter Aspekt kommt hinzu. Deutschland hat bisher versucht, seine historische Schuld an den Verbrechen aus Zeiten des Nationalsozialismus weitgehend aufzuarbeiten und sich dabei mit den ehemaligen westlichen Kriegsalliierten ausgesöhnt. Was fehlt, ist die Aussöhnung mit dem russischen Volk, das als Folge von Hitlers Überfall auf die Sowjetunion mit über 20 Millionen Toten, den größten Blutzoll im Kampf gegen die Hitler-Diktatur zu entrichten hatte.

Eine solche, längst überfällige, nicht nur symbolische Aussöhnung mit Russland, sollte nach der vor allen Dingen durch Russland ermöglichten deutschen Wiedervereinigung endlich auf die Agenda der deutschen Politik gesetzt werden.

„Es lohnt sich die Freundschaft dieser Barbaren zu kultivieren!“, so äußerte sich einst Friedrich der Große in seiner gewohnt sarkastischen und maliziösen Art. [113] Nach seinen Kriegen hielt sich der große Preußenkönig bis an sein Lebensende an diese Staatsmaxime. – Preußen, und später das Zweite Deutsche Reich unter Bismarck haben sich zum Wohle und zum Nutzen Deutsch-

[113] Hubertus Zummach: Preußens großer Friedrich –Versuch einer Annäherung, Cuvillier Verlag Göttingen, Internationaler wissenschaftlicher Fachverlag, Göttingen 2012, 2. Auflage, S. 310

lands und Russlands, für die Dauer eines guten und friedlichen Jahrhunderts daran gehalten.

Und vielleicht könnte über diese nationale Komponente dann auch Russland durch Deutschland näher an Europa herangeführt werden. Denn für die Perspektiven einer langfristig angelegten europäischen Politik macht es weitaus mehr Sinn, Russland näher an Europa heranzuführen, als den Beitritt der Türkei zu betreiben. Russland ist ein Land, das befreit von den einst osteuropäischen Satelliten der Sowjetunion, nach seiner Geschichte und Kultur ohnehin mehr dem ‚alten Kontinent' zugehört.

Um aber wieder auf Ungarn zurück zu kommen: auch hier ist es allemal eine signifikante Schwäche der europäischen Institutionen, wenn es nicht möglich ist, das Unterwandern demokratischer Strukturen zugunsten eines autoritären, nationalistischen und antiliberalen Systems zu verhindern. – Aber wie wir sehen, gibt es auch in der EU genug weniger ‚lupenreine Demokraten'!

Was in Ungarn geschieht könnte zu ‚Road-Map' für andere potentielle, nach Autarkie und autoritären Machtstrukturen strebende Mitgliedstaaten in Europa werden. Und durch das Beispiel Ungarn könnten sie durch dessen Rückfall in Geschichtsrevisionismus und subtile Formen von ethnischer Ausgrenzung bei weiterer Dul-

dung durch die EU gewissermaßen die nötige Legitimation erfahren.

Bereits jetzt hat in der ungarischen Verfassung die ethnische Definition Verfassungsrang. Außer den Ungarn sind die Angehörigen anderer ethnischer Minderheiten nach dieser Verfassung nicht Bestandteil der ungarischen Nation, sondern werden lediglich als „staatsbildender Teil“ geduldet.

Insbesondere die mehr oder weniger versteckte Hetze gegen die Juden, die man per se der Illoyalität gegenüber der ungarischen Nation bezichtigt, hat etwas von der Verkündung der Nürnberger Rassegesetze durch die Nazis.

„Die Juden werden nicht als die andere Nation, sondern als Negation der Unterscheidung zwischen Nationen vorgestellt.“, so lautet hierzu die Einschätzung des Soziologen und Generalsekretärs der Evangelischen Akademien, Klaus Holz.[114] Das lässt auf Ungarn bezogen die klare Ausgrenzung der Juden als Fremdkörper in der ungarischen Nation, und somit eine Vorform ethnischer Säuberung als Ziel einer nationalistischen Politik erkennen. Erschreckend ist die zunehmende Akzeptanz dieser antisemitischen Politik in der Bevölkerung.

---

[114] Klaus Holz: Nationaler Antisemitismus – Wissenssoziologie einer Weltanschauung, Hamburger Edition, Hamburg, 2001

13.2.3 Österreich: alte Ressentiments, neue Revisionisten

Ausführlich wurde auf die Sonderrolle verwiesen, die die Alliierten den Österreichern nach dem Zweiten Weltkrieg zubilligten. Künftig war es ihnen erlaubt, in eine Opferrolle zu schlüpfen, die es ihnen ermöglichte, sich klammheimlich aus der Gesamtverantwortung für die Verbrechen, die im Namen des Großdeutschen Reiches begangen wurden herauszunehmen. Aus diesem Grund hat eine Auseinandersetzung mit dem Nationalsozialismus lange Zeit nicht stattgefunden.

Bereits 1948 gründete sich mit dem Verband der Unabhängigen (VdU), ein Sammelbecken ehemaliger Nationalsozialisten, das bei den ersten Nationalwahlen nach dem Krieg im Jahr 1949 mit 11,7% zur drittstärksten Kraft wurde. Fünf Jahre später bildete sich die Kameradschaft IV, die sich vorwiegend aus Mitgliedern der ehemaligen Waffen-SS rekrutierte.

Als nach tiefen Zerwürfnissen der VdU sich auflöste und sich in der Freiheitlichen Partei Österreichs (FPÖ) neu formierte, begann ein bis in unsere Tage anhaltendes Kapitel rechtpopulistischer, revisionistischer Politik in Österreich, der sogar durch zeitweise Regierungsbeteiligung der FPÖ Bestandteil der österreichischen Politik wurde.

Schon der erste Parteivorsitzende, Anton Reinthaller, bis 1945 Reichstagsabgeordneter der NSDAP und SS-Brigadeführer, ließ keinen Zweifel an Zielen und Absichten seiner Partei aufkommen. Sein Nachfolger, Friedrich Peter, Angehöriger der 1. SS-Infantriebrigade, hatte keine Skrupel, sich offen zu seiner vorgestrigen Weltanschauung zu bekennen.

„Ich bin nicht zu jenen zuzuzählen, die angeblich gezwungen wurden, sondern ich bekenne mich auch heute dazu, dass ich damals freiwillig zur SS gegangen bin, denn das Vaterland war für uns Junge des Donauraumes nur Deutschland."[115]

Machen wir einen Zeitensprung, hin zu dem wohl populärsten und erfolgreichsten Vertreter, den die FPÖ bisher hatte. In Jörg Haider begegnet uns erstmals der neue Typus des charismatischen Volksverführers. Smart, fesch wie die Österreicher sagen, im Volkstümlichen verwurzelt, war er der erste rechtspopulistische Rattenfänger mit erstaunlichem Erfolg. Von der Gesinnung schloss er nahtlos an seine Vorgänger an. Er sympathisierte offen mit den verbrecherischen Organisationen aus NS-Zeiten.

---

[115] Zitiert aus: Tobias Peter: EUROPARECHTSAUSSEN, Rechtsextremisten und Rechtspopulisten im Europäischen Parlament, Herausgeber: Jan Philipp Albrecht, MdEP, ISBN 978-3-00-038586-5, S. 80

Sein Credo vor ehemaligen Angehörigen der Waffen-SS im Jahre 1995 im österreichischen Krumpendorf lautete:

„Es ist gut, dass es in der Welt noch anständige Menschen gibt, die einen Charakter haben, die auch bei größtem Gegenwind zu ihrer Überzeugung stehen und ihrer Überzeugung bis heute treu geblieben sind."[116]

Jörg Haider, der u.a. nicht nur jahrelang Landeshauptmann in Kärnten war, sondern dessen Partei bei den Nationalratswahlen im Jahre 1999 mit 26,9% zur zweitstärksten Partei im Land wurde und die im Verein mit der ÖVP des Wolfgang Schüssel von 2000 bis 2002 die Regierung bildete, lobte u.a. *„die ordentliche Beschäftigungspolitik des Dritten Reiches"* und sympathisierte immer wieder mit Mitgliedern aus vormaligen Organisationen der NS-Zeit.

Wie tief die FPÖ im rechtslastigen Sumpf verhaftet ist, wie groß die Anhängerschaft vorgestriger Nationalsozialisten und neuer Gefolgsleute in ihr ist, das zeigt auch die Verlinkung mit extrem rechtslastigen und antisemitischen Formationen wie der Burschenschaft ‚Olympia'.

Haider trat in 2000 vom Vorsitz der FPÖ zurück. Agierte und intrigierte aber weiter im Hintergrund, so dass die Regierungskoalition schließlich zerbrach. Bei den Neu-

[116] Tobias Peter/Jan Philipp Albrecht: daselbst, S. 81

wahlen erreichte die FPÖ vergleichsweise bescheidene 10%. Damit reichte es zwar zu einer erneuten Koalition mit der ÖVP. Haider war das zu wenig. So gründete er im März 2005 als neue Partei das ‚Bündnis Zukunft Österreich', deren Vorsitz er bis 2006 übernahm, zwischenzeitlich aber wieder abgab, um in 2008, bis zu seinem Tod, erneut anzutreten.

Bei den österreichischen Nationalratswahlen erreichte die FPÖ 17,5% und die BZÖ Haiders 10,7%, womit sie zusammen auf Augenhöhe mit den beiden großen Volksparteien SPÖ und ÖVP gelangt waren.

Am 10. Oktober 2008 raste Haider in seinem Dienstwagen betrunken in den Tod. Die Kärntner haben ihm an der Unfallstelle an der Loiblpass-Straße bei Lambichl einen Gedenkstein gesetzt, den die Inschrift ziert:

„Jörg Haider – mit dem Hirn gegen die Großen, mit dem Herzen für die Kleinen."

Noch Jahre nach seinem Unfalltod, ist die Gedenkstätte zu einem wahren Wallfahrtsort geworden. – Haider ist nicht nur für viele seiner Kärntner Landesleute, sondern für ungezählte Österreicher sowie in der internationalen rechten Szene zum Mythos geworden.

Jörg Haider, Rechtspopulist und über Jahre Mitgestalter der österreichischen Politik, wurde nach seinem Tod zum Mythos der rechten Szene

Mit Wahlparolen wie: *„Unser Kurs ist klar: Abendland in Christenhand", „Echte Volksvertreter statt EU-Verräter",* konnte die FPÖ ihre Stimmen bei den Wahlen zum Europaparlament in 2009, auch ohne ihre charismatische Gallionsfigur Haider, im Vergleich zu 2004 verdoppeln.

Zwar hetzen die Epigonen Haiders in neuerer Zeit nicht mehr offen gegen Juden, dass sie ihre antisemitische Grundhaltung als Komponente zur nationalistischen, europafeindlichen nicht abgelegt haben, zeigte sich u.a. darin, dass sich der österreichische EU-Abgeordnete,

Andreas Mölzer, weigerte einer Resolution des EU-Parlaments gegen Antisemitismus und Rassismus anlässlich des 60. Jahrestages der Befreiung von Auschwitz, zuzustimmen. Seine Begründung: das heutige Österreich sei für die Verbrechen aus der NS-Zeit nicht verantwortlich. – Eine Haltung, in der sich die Österreicher durch die ‚Opferrolle', die ihnen von den Siegermächten durch die willkürliche Separation vom vormals ‚Großdeutschen Reiche' zugebilligt wurde, bestätigt fühlen. Übrig blieb dann bekanntlich ein für alle Naziverbrechen alleinverantwortliches Deutschland.

Als Beleg für einen neuen, radikalen Antisemitismus gepaart mit einem Snobismus ohnegleichen gegenüber allen Versuchen der Deutschen die Verbrechen der Nationalsozialisten aufzuarbeiten, sei nochmals auf jenen scheinbar gutbürgerlichen, rechtsfaschistischen Sumpf hingewiesen, den u.a. die rechte und revisionistische Burschenschaft ‚Olympia' verkörpert.

Sie bezeichnet in ihrer ‚Festschrift' zum 08. Mai 2009 das Verbot der Leugnung des Holocaust, als *„Rückfall in eine längst überwunden geglaubte Zeit der geistigen Unfreiheit."*

Und mit einem Seitenhieb auf die einstmaligen 'Volksgenossen' im gemeinsamen ‚Großdeutschen Reich' heißt es:

„Wenn ein Deutscher über einzelne ‚sensible' Fragen der Geschichte nur in den von den Umerziehern und ihren deutschen Helfern vorgegebenen Bahnen denken und sprechen darf, stellt dies eindeutig einen Mangel an Meinungs- und Redefreiheit und somit ein Fehlen der Freiheit der Wissenschaft und ihrer Lehre dar."[117]

---

[117] Tobias Peter/Jan Philipp Albrecht: daselbst, S. 84

13.2.4 Französische und niederländische Rechtsallianz

Marine Le Pen und Geert Wilders: Das neue „Dream-team“ der europäischen Rechten

Für Le Pen und Wilders trifft im gleichen Maße zu, was über Jörg Haider gesagt wurde. Beide sind nicht ohne Charisma, medienpräsent, eloquent und äußerst wirksame und erfolgreiche Menschenfänger im rechtpopulistischen und nationalistischen Milieu. Sie sind derzeit die wohl bekanntesten Rechtspopulisten in Europa. Waren bisher europaübergreifende Aktionen der Rechten wegen unterschiedlicher nationaler Ziele wenig von Erfolg gekrönt, so könnte das französisch-niederländische Rechtsbündnis das Fanal zu einer ernsthaften Bedrohung der europäischen Integrationsbemühungen werden. - Ihre Ziele haben die beiden Politiker vor Presse und Kameras aus ganz Europa klar formuliert. Zusammen mit weiteren europaskeptischen und europafeindlichen Parteien wollen sie im Frühjahr 2014 eine möglichst starke Fraktion im künftigen EU-Parlament bilden. Langfristig arbeiten sie auf eine Auflösung der Europäischen Union hin.

„Wir wollen unserem Volk die Freiheit wieder geben", so Marine Le Pen. Und was Wilders will, ist *„die Befreiung von dem Monster in Brüssel. Rückkehr zur eigenen Währung, der nationalen Hoheit über die eigenen Grenzen und einer souveränen, nationalen Gesetzgebung"*, sind vor allen Dingen friedenspolitisch und letztendlich auch ökonomisch rückwärtsgewandte Schritte in enge, nationalistische Perspektiven von vorgestern.

Man wird sich aber auch fragen müssen, wie ein Land, das lange Zeit als europäisches Musterland der Toleranz und Weltoffenheit galt, ins Fahrwasser des Rechtsextremismus geriet. Sicher, da war wie nahezu flächendeckend in Europa nach dem Zweiten Weltkrieg ein Netzwerk von Kollaborateuren, Faschisten und Kriegern, die während des Zweiten Weltkrieges zu Hitlers willigen Helfern wurden.

Über die 1970er, 1980er und 1990er- Jahre kam es zwar zu einem stetigen Anstieg des rechtslastigen Milieus infolge der sehr liberalen Einwanderungspolitik der Niederlande. Das eigentliche Erstarken rechtspopulistischer Parteien erfolgte dann aber erst ab 2001 unter dem Eindruck des bestialischen Mordes durch einen islamistischen Eiferer an Theo van Gogh. - Unter dem Eindruck dieser Gewalttat *„und den daraufhin ausgebrochenen gesellschaftlichen Auseinandersetzungen ist auch der cordon sanitaire gegenüber rechtsextremen und rechtspopulistischen Parteien vollkommen erodiert."*[118]

Dieser ‚Cordon sanitaire" brach dann vollends ein, als mit Pim Fortuyn, eine weitere Gallionsfigur vor allen Dingen der Anti-Immigrations- und Anti-Muslime- Bewegung in den Niederlanden ermordet wurde. – Man würde es sich zu einfach machen, Fortuyn posthum schlichtweg ins rechtslastige Milieu zu verbannen. Fortuyn, der als Publizist und Soziologe zeitweise auch eine Professur an der Erasmus-Universität in Rotterdam innehatte, geriet, als er sich öffentlich zu seiner Homosexualität bekannte, ins Fadenkreuz militanter Muslime. Im politischen Islam sah er eine Gefahr für eine offene, tolerante Gesellschaft, nicht nur in den Niederlanden. Dass er daraus auch auf ein generelles Scheitern des

[118] Aus: Tobias Peter/Jan Philipp Albrecht, Länderbericht Niederlande, daselbst: S. 71

Multikulturalismus schloss, war sicherlich eine übertriebene Schlussfolgerung.

Den Entschluss Fortuyns in die Politik zu gehen, beschreibt der bekannte deutsch-syrische Politikwissenschaftler und Publizist, Bassam Tibi wie folgt:

„Im Mai 2000 nahm ich an einer Veranstaltung der ‚Kulturhauptstadt Europa' in Rotterdam teil. Genau zu diesem Zeitpunkt erregten heftige Attacken des Imams von Rotterdam gegen Homosexuelle die Gemüter.

Der Imam – der sich übrigens ausdrücklich nicht als europäischer, sondern als marokkanischer Muslim versteht – erklärte unter anderem: ‚Die Schwulen müssen bekämpft werden; sie sind eine Gefahr für den Frieden.' Von solchen Äußerungen alarmiert, schrieb der Soziologieprofessor Pim Fotuyn ein Buch mit dem Titel: ‚Gegen die Islamisierung unserer Kultur'. Fortuyn, ein bekennender Homosexueller, ging in die Politik....“[119]

---

[119] Bassam Tibi: „Selig sind die Belogenen“ in: Die Zeit, Ausgabe 23/2002 – Tibi, den während seiner Göttinger Lehrtätigkeit als Politikwissenschaftler ich das Vergnügen hatte zu hören, ist wohl einer der besten Kenner des Islam. Pragmatisch und nüchtern beschreibt Tibi auch die Gefahren, die von den fundamentalistischen, radikalen Formen des politischen Islam ausgehen, ohne allerdings in den Fehler Fotuyns zu verfallen, damit den Islam insgesamt aus Europa verbannen zu wollen.

Im November 2001 wurde Fortuyn zum Spitzenkandidaten der Partei ‚Leefbaar Nederland' (Lebenswerte Niederlande), einer rechtsbürgerlichen Partei, gekürt. Kurz vor den Parlamentswahlen, am 6. Mai 2002, erschoss ihn der Niederländer Volkert van der Graaf.

Van der Graaf, u.a. Veganer und Tierrechtler, gab im Prozess an, er habe die Muslime vor Fortuyn schützen wollen. Ein tiefer Riss ging nach dieser Bluttat durch die niederländische Gesellschaft. Statt der antirassistischen und toleranten Norm der Nachkriegsjahre, rückte jetzt, bis in unsere Tage, rechtspopulistisches und rassistisches Gedankengut auch in die Mitte der politischen Agenda.

Der Erfolg von Wilders beruht weitgehend auf dem, was ihm Fortuyn als Erbe hinterlassen hat. Hinzu gekommen ist eine vermehrte Vernetzung der rechten Szene zu europaweiten Aktionen.

„Als gute Freundin und vielleicht künftige Präsidentin Frankreichs", begrüßte Wilders seine rechte Gesinnungsgenossin Le Pen bei einem ihrer Zusammentreffen. Und wer die jüngste politische Entwicklung in Frankreich, vor allen Dingen den großen Erfolg der Front National bei den im März dieses Jahres durchgeführten Kommunalwahlen kritisch betrachtet, muss befürchten, dass eine solche Option nicht völlig auszuschließen ist.

Indizien hierfür sind vor allen Dingen die negative Bilanz der derzeitigen französischen Regierung unter dem Sozialisten Francois Hollande. Eine stagnierende Wirtschaft bei ständig wachsenden Steuerlasten und soziale Wohltaten, da wo es nichts mehr zu verteilen gibt, haben eine der Gebernationen im europäischen Verbund in eine Situation gebracht, bei der künftig eine Inanspruchnahme des Rettungsschirmes durch die EZB nicht mehr undenkbar erscheint.

Mit den fallenden Zustimmungswerten der Sozialisten steigen die Sympathiewerte für die rechtsextreme Front National (FN). – Ein Paukenschlag war bereits der überlegene Sieg des FN-Kandidaten Laurent Lopez bei der Kantonalwahl in Brignoles in Südfrankreich im Oktober 2013, wobei der rechte Kandidat 53,9% der Stimmen holte, und dass, obwohl Sozialisten und Konservative in einem gemeinsamen Wahlbündnis, dies zu verhindern suchten.

Im Oktober 2013 erzielte der FN bei einer frankreichweiten Umfrage im Hinblick auf die Perspektiven bei den Europawahlen 2014 einen Zustimmungswert von 24% und würde damit zur stärksten Partei in Frankreich werden, denn die regierenden Sozialisten kämen nur auf 19%, die Konservativen auf 22%.

„Eine Umfrage, die Angst macht!", titelte das Magazin „Nouvel Observateur", das die Umfrage beim Meinungsforschungsinstitut Ifop in Auftrag gegeben hatte. Und die Regionalzeitung ‚Le Midi Libre' kommentierte ein Menetekel, das nicht nur über Frankreich, sondern über ganz Europa hängt:

„Die Rechte wie die Linke sind am Boden! Eine große Ohrfeige für diese Gutmenschen der Demokratie. Indem sie sich gegenseitig die Macht zuschieben, ohne das tägliche Leben der Menschen zu ändern, machen sie die Wähler überdrüssig!"[120]

---

[120] ZEIT-ONLINE, 14.Oktober 2013, S. 2

13.2.5 Faschistische, antiziganistische und antisemitische Ressentiments auf dem Balkan: Kroatien, Bulgarien und Rumänien

Ein Beispiel dafür, dass die Institutionen der EU sich in ihrem Vereinnahmungswahn maßlos überhoben haben, ist die Tatsache, dem Aufnahmewunsch vieler Länder entsprochen zu haben, ohne dass diese immer die Kriterien für eine Mitgliedschaft erfüllt hätten, und ohne dass die EU derzeit die Kompetenzen dafür hat, nachträglich in die nationalen, souveränen Rechte der Mitgliedstaaten regulierend einzugreifen.

Nach dem Zusammenbruch des Sowjetimperiums versuchten die Westalliierten die bisherige ‚Balance of Power' zwischen Warschauer Pakt und NATO als Kriegsgewinnler des ‚Kalten Krieges', zu ihren Gunsten zu verändern. Mit teils fatalen Folgen. Finanz- und Wirtschaftskrisen ausgelöst durch einen sich wie toll gebärdenden Raubtierkapitalismus, drohen das Sozialgefüge der westlichen Demokratien zu sprengen. Die Expansionsgier der Eurokraten, die vormals osteuropäische Beute der Sowjetunion, möglichst rasch im Schoss der EU zu bergen, hat nicht nur zu einer Überdehnung eines ohnehin schon fragilen Konstruktes geführt, sondern es sind damit weitere Sprengsätze für die Zukunft eines noch sehr weiten und komplexen Weges zur europäischen Integration gelegt worden.

Am Beispiel von Bulgarien und Rumänien wird stellvertretend für andere Länder Osteuropas überdeutlich, wie sehr sie durch die forcierten Marktreformen, die Effizienz und ökonomische Überlegenheit der bisherigen Geldgeber, wie übrigens auch schon die sogenannten Altmitgliedern der EU Griechenland, Spanien und Portugal, überfordert sind.

Europa, unter dem Diktat der Einheitswährung, der EZB und des IWF, überfordert sowohl die Kapazitäten der Geberländer als auch erst recht die Fähigkeit der Bittsteller, sich irgendwie wieder auf die Beine zu stellen.

Europa, und das ist Ausdruck seiner Pluralität und Multinationalität, fährt auf seinem Kurs zur Einheit mit unterschiedlichen Geschwindigkeiten. Und Europa, um uns wieder dem für diese Schrift zentralen Thema zuzuwenden, ist partiell tiefgründiger in Relikten des Faschismus der Zwischenkriegszeit verhaftet, als dies viele wahrhaben wollen.

Dies wird am Beispiel Bulgariens, Rumäniens und Kroatiens nochmals besonders deutlich, denn auch hier zeigt sich deutlich die Fratze des Faschismus. Ein Europa, das sich als supranational versteht, das sich an die durch die Nachkriegsordnung geschaffenen Territorialverhältnisse gebunden fühlt, sieht sich, vor allen Dingen, was den Balkan anbetrifft, immer wieder mit nationalstaatlichen Expansionsgelüsten als Altlasten des Faschismus konfrontiert. - Wiederum sei eine Zwischenbemerkung zur aktuellen Politik erlaubt: über das Vorgehen Putins auf der Krim echauffierte sich der Chor der Europäer über alle maßen, obwohl sie im Fall des Kosovo, mit einer Abtrennung von serbischem Territorium, ähnlich verfuhren.

Als das ‚Großjugoslawien' Titos zerfiel, kam es von 1991 bis 2001 zu erbitterten kriegerischen Auseinandersetzungen zwischen Serben, Kroaten, Mazedoniern, Bosniern und Slowenen. Unbeglichene Rechnungen aus Zwischenkriegszeiten und Zeiten des Zweiten Weltkrieges, wie etwa zwischen Kroaten und Serben führten im sogenannten Balkankrieg zu teils grausamen Exzessen.

Konzentrationslager, brutale und unmenschliche Übergriffe, Massenerschießungen, Vergewaltigungen, Massaker wie das von Srebrenica, alles was die Westeuropäer als Chimäre aus der Vergangenheit des Zweiten Weltkrieges glaubten überwunden zu haben, mussten sie jetzt wieder ungläubig zur Kenntnis nehmen. Das alles kam auf dem Balkan in einer über ein Jahrzehnt andauernden brachialen und brutalen Auseinandersetzung zwischen divergierenden Nationalitäten erneut zur Eruption.

Kroatische Faschisten, unter ihrem Anführer Ante Pavelic, hatten sich, als Tito mit den Serben seinen Partisanenkampf gegen Hitlerdeutschland aufnahm, auf die Seite des Großdeutschen Reiches geschlagen. Die ‚Ustascha'-Faschisten des Ante Pavelic führten mit Billigung der katholischen Kirche einen grausamen Vernichtungsfeldzug gegen Serben, Juden und Roma. Ab September 1941 begannen sie im großen Stil mit der Zusammenfassung des jüdischen Bevölkerungsanteils.

Der Anteil der europäischen Mittäterschaft am Holocaust, lässt sich hier explizit am Beispiel Kroatiens nochmals näher präzisieren, und liefert wiederum einen Beleg dafür, dass Hitler und sein Gefolge überall in Europa willige Helfer und Kollaborateure fanden, wenn dies nur Gewinn versprach.

Unter dem Schutzpatronat des Großdeutschen Reiches nahm die Ustascha bereitwillig und freiwillig ihr blutiges Handwerk auf. Bereits im April 1941 wurden nach deutschem Vorbild die entsprechenden Rasse- und Judengesetze erlassen. Juden wurden aus dem Öffentlichen Dienst bald darauf auch aus privaten Betrieben entlassen. Ab Mai 1941 war es ihnen verboten, Restaurants, Kinos, Theater oder öffentliche Parks zu betreten. Die Kennzeichnungspflicht mit speziellen Judenausweisen erfolgte sogar drei Monate früher als im Deutschen Reich. Und auch die Endlösung der Judenfrage wurde mit vernichtender Präzision durchgeführt. Nach einer Phase der Ausgrenzung, folgten die Zusammenführung in Konzentrationslagern und anschließend die planmäßige Vernichtung.

Ab Mitte April 1941 entstand in Kroatien ein regelrechtes Lagersystem, das von den Kroaten in eigener Regie betrieben wurde. Solche Lager befanden sich u.a. auf der Insel Pag, in Gospic, am Velebit, in Jadovno, in Djakovo und Loborgrad, wo sich spezielle Vernichtungslager für Jüdinnen und jüdische Kinder befanden.

In dem 110 km südöstlich von Zagreb gelegenen Konzentrationslager Jasenovac, fand mehr als die Hälfte aller jüdischen Opfer den Tod. Und in dem ab 10.04.1941 proklamierten ‚Unabhängigen Staat Kroatien' war Jasenovac der größte KZ-Komplex, und das größte Vernichtungslager Europas, in dem im Zweiten Weltkrieg ohne Zutun der Nazis auf äußerst brutale Art gemordet wurde. Hierzu gehörte u.a. das Erschlagen mit einem Fallklotz. In Jasenovac waren es vermehrt auch Serben, Roma und kroatische Antifaschisten, die hier bestialisch misshandelt und umgebracht wurden. Bis heute herrscht in den unterschiedlichen Territorien von Exjugoslawien ein Streit über Anteil und Höhe der Opfer. - Die Zahlen für die Opfer der Massenmorde der Ustascha schwanken zwischen 300 000 und 800 000; davon werden 290 000 den ursprünglich 1.9 Millionen Serben zugerechnet, es folgten die große Mehrheit der 40 000 Juden und etwa die gleiche Anzahl an Roma.

Allein in Jasenovac kamen um die 100 000 KZ-Häftlinge ums Leben. - Dass wiederum die serbisch-nationalen Tschetniks und die Partisanen Titos mit ihren Gegnern nicht weniger grausam verfuhren, war die Keimzelle für die Balkankriege nach Titos Tod. In den einzelnen nunmehr nationalen Teilstaaten des vormaligen Exjugoslawien herrscht bis heute ein Verdrängungswettbewerb über die Teilhabe an Gewaltverbrechen im Zweiten Weltkrieg. - Und es ist, wie flächendeckend im übrigen Europa, auch die Stunde der Revisionisten, die den eigenen Part nicht nur kleinschreiben wollen, sondern die den perfiden Versuch unternehmen, Opfer in Täter oder Mittäter umzufunktionieren. Ein klassisches Beispiel hierfür war der erste kroatische Nachkriegspräsident Tudjman.

Franco Tudjman:

„Er war ein Monstrum, aber er war unser Monstrum!“

Dass Kroatien mit einem vormals serbischen Bevölkerungsanteil von 12% heute fast serbenfrei ist, ist das Verdienst des Rassisten, Nationalisten und üblen Antisemiten Franco Tudjman. Mit welcher Brutalität bei der Vertreibung und Vernichtung der Serben auf Geheiß Tudjmans dabei vorgegangen wurde, dazu ein späterer Bericht der UNO:

„Immer neue Beweise für die Gräueltaten tauchen auf, durchschnittlich sechs Leichen am Tag....die Leichen, einige frisch, andere verwest, stammen vorwiegend von alten Männern. Viele sind in den Hinterkopf geschossen worden oder weisen durchschnittene Kehlen auf, andere wurden verstümmelt...Die Verbrechen sind von der kroatischen Armee, der kroatischen Polizei und kroatischen Zivilisten begangen worden. Es wurden keine Versuche beobachtet, ihnen Einhalt zu gebieten, und alles deutet auf eine Politik der verbrannten Erde hin."[121]

Was diesen Menschschlächter der Nachkriegsära aber noch auszeichnete, ist seine üble Rolle nicht nur als Revanchist, sondern auch als faschistischen Revisionisten und Geschichtsfälscher, denn auch als Historiker hat sich Tudjman versucht. In seinem Buch: ‚Irrwege der Geschichtswirklichkeit' behauptet er, dass in dem berüchtigten Vernichtungslager Jasenovac Juden nicht nur Op-

---

[121] Justus Leicht/Peter Schwarz zum Tod von Franco Tudjman in: World Socialist Web Site vom 14. Dezember 1999, S 1

fer waren, sondern sich auch auf Grund ihrer privilegierten Stellung mitschuldig gemacht hätten. Ja, sie hätten teilweise sogar in enger Kooperation mit der Ustascha an Tötungen und Selektionen mitgewirkt. So sei etwa auch die Ermordung einer Gruppe von Roma Juden übertragen worden.

Nach dem ‚Cui bono-Prinzip' verfuhren NATO, EU und auch die Bundesrepublik Deutschland in ihrem Umgang mit diesem üblen Zeitgenossen. Tudjman attestierte der Ustascha ‚positive Leistungen'. Sie sei ein Ausdruck der ‚historischen Bestrebungen des kroatischen Volkes' gewesen. - Die Opferzahlen, der durch die Ustascha gemeuchelten 800 000 Serben, Juden, Roma und Antifaschisten rechnete der ‚Historiker' Tudjman auf 30 000 herunter. Das Monstrum Tudjman, der u.a. auch in Bosnien die berüchtigte HVO-Miliz, eine vom Haager Kriegstribunal ausgewiesene notorische Kriegsverbrecherbande, materiell unterstützte, hat im Balkankrieg eine vergleichsweise üblere Rolle gespielt als sein serbischer Gegenspieler Milosevic. Während Serbien das Bombardement der Nato über sich ergehen lassen musste, Milosevic als ‚Hitler des Balkans' dämonisiert wurde, wurde der Schurke Tudjman zum willfährigen Partner der Westallianz. - Als Tudjman am 10. Dezember 1999 endlich das Zeitliche segnete, da kondolierte der damalige Bundespräsident, Johannes Rau, wider besseres Wissen auf unerträgliche Weise. Er nannte in seinem Beileidstelegramm den Verstorbenen *„eine große politische Führungspersönlichkeit unter dessen Herrschaft ‚das bewährte freundschaftliche Verhältnis zwischen dem deutschen und kroatischen Volk' vertieft und weiterentwickelt werden konnte."*

Kommen wir nun zu den Verhältnissen in Bulgarien und Rumänien. Der mit dem Verfall des Sowjetimperiums um sich greifende Revanchismus und gegen Minderheiten gerichtete Rassismus, zeigt für beide Länder eine ansteigende Tendenz.

In Bulgarien wenden sich unterschiedliche rechtsextremistische Gruppierungen insbesondere gegen muslimischen und türkischen Einfluss. Aber auch offener Antisemitismus und radikale Roma-Feindlichkeit nahmen ab 1990 ständig zu. – Der Durchbruch gelang den bulgarischen Nationalisten als die kurz zuvor gegründete ultrarechte Partei ‚Ataka'(Angriff) bei den Parlamentswahlen 2005 knapp 9% der Stimmen erhielt. Wes Geistes Kind die Gefolgschaft von ‚Ataka' ist, zeigte sich, als sie unmittelbar nach der Wahl auf einer Homepage 1500 Namen bulgarischer Juden veröffentlichte. Die Überschrift signalisierte Antisemitismus pur: *„Die Juden sind eine von Pest verseuchte, gefährliche Rasse."*[122] – Bei den Wahlen

[122] Tobias Peter/Jan Philipp Albrecht: Länderbericht Bulgarien, daselbst : S. 25

zum europäischen Parlament in 2007 war ‚Ataka' die viertstärkste bulgarische Kraft und entsandte mit Slavi Binev und Dimitar Stoyanov zwei Abgeordnete ins EU-Parlament. - Als Vorsitzender der ‚Ataka' fungiert mit Volen Siderov ein Rassist und Antisemit reinsten Wassers. Als Autor mehrerer Bücher hetzt er gegen die ‚globale Verschwörung der Juden'. Mit Parolen wie: *„Zigeuner ins Arbeitslager!" oder: „Homosexuelle sind krank!"*, und seinen ‚Großbulgarischen Machtphantastereien' bedient er die ganze Palette des faschistoiden Gedankengutes.

Volen Siderov: Faschist, Antisemit und Rassist übelster Sorte

Es wurde bereits festgestellt, dass sich in Rumänien besonders willige Helfer, auch für die 'Endlösung der Juden' fanden. Beflügelt von ‚Großrumänischen Träumen', Hitler hatte wie den Ungarn auch den mit dem Großdeutschen Reich im Kampf gegen die Sowjetunion verbündeten Rumänen versprochen, nach dem Krieg eine neue Gebietsaufteilung auf dem Balkan vorzunehmen, setzte der Diktator, General Ion Antonescu, willfährig die NS-Ideologie in seinem Lande um.

Mehr als 300 000 Juden kamen ums Leben. Offenbar wurde diese Teilhabe am Holocaust von den Rumänen gut verdrängt, denn noch 1991 und 1997 ehrte das rumänische Parlament Antonescu als Kämpfer gegen den Bolschewismus. Kein Wunder, dass ein entsprechender Bodensatz rassistischen und faschistischen Gedankengutes überlebt hat.

Zu den Feindbildern der bisher am erfolgreichsten operierenden rechtsextremistischen Partei, der 1991 gegründeten Partidul Romania Mare (PRM), der Großrumänien-Partei, gehören neben Ungarn, Juden, Roma auch Homosexuelle. Der politische Durchbruch gelang der Partei bei den Parteien- und Präsidentschaftswahlen im Jahr 2000, wo sie mit 21% im Senat und 19,5% im Parlament zur zweitstärksten Kraft wurde.

„Wir sind Zeugen eines nationalen Erwachens. Wir wollen nichts mehr von einer Romasprache hören, keine gebogenen Nasen und bläulichen Lippen mehr sehen.“[123]

---

[123] Tobias Peter/Jan Philipp Albrecht: Länderbericht Rumänien, daselbst: S. 88

Da zeigt sie sich wieder, die Fratze der Hydra, in ihrem Chauvinismus und erbärmlichen Rassismus. Man fühlt sich an die brutalen rassistischen und antisemitischen ‚Eisernen Garden' aus den 1930er und 1940er- Jahren erinnert, und damit an das ganze Ausmaß eines entmenschlichten Faschismus, an willkürlicher Verfolgung von Minderheiten, Wegsperren, Foltern und Massenmorde.

Es ist schlichtweg unerträglich, wenn ein Parteimitglied der PRM wie Vadim Tudor, von Haus aus Soziologe und Historiker, ausgezeichnet mit dem ‚Stern von Rumänien', der höchsten Auszeichnung Rumäniens, zwischen 2004 und 2008 Vizepräsident des Senats, immer wieder gegen Juden und Roma hetzt, die Wiedereinführung der Todesstrafe fordert und sich für die Errichtung von Lagern für die ungarische Minderheit und Roma einsetzt.

14.0 Das deutsch-israelische Verhältnis auf einer Projektionsfläche des Normalen und des Anormalen

Im Jahr 2005 hielt der damalige Bundespräsident Horst Köhler eine Rede vor der Knesset in der er u.a. sagte, dass es zwischen Deutschland und Israel keine Normalität geben könne. Und doch unterhalten beide Staaten seit 1965 diplomatische Beziehungen, die auch von einer gewissen Normalität im Umgang zweier demokratischer Zivilgesellschaften geprägt sind.

Dennoch: von einem normalen Verhältnis wird nicht nur in absehbarer Zeit keine Rede sein können. Zu tief das durch den Massenmord des Holocaust erlittene Leid auf der einen Seite und das letztlich immer noch Nicht-Begreifen-Können eines Verbrechens, das nicht nur das Kainszeichen des Brudermordes trägt, sondern das darüber hinaus den tiefen Fall einer Kulturnation in barbarisch-rassistische Urzustände in einem Gefüge von Führer und Gefolgschaft offenbart. – So schreibt denn auch der bekannteste israelische Schriftsteller, Amos Oz, in einem Essay über Israel und Deutschland: *„Normale Beziehungen zwischen Deutschland und Israel sind nicht möglich und nicht angemessen."*

Als Konrad Adenauer bereits 1952 zusammen mit dem israelischen Außenminister Mosche Scharett in Luxemburg das erste ‚Wiedergutmachungsabkommen' unterschrieb, führte dies zu Protesten bei großen Teilen der Israelis. Insgesamt 3,45 Milliarden D-Mark wurden darin als Opferentschädigung, zur Integration jüdischer Flüchtlinge und als Entschädigung für ehemals jüdisches Vermögen gezahlt. Auch die Nachkriegsdeutschen waren in großen Teilen gegen eine finanzielle Wiedergutmachung an Israel. Und bis heute sind solche Ressentiments noch vorhanden.

Adenauer begründete seine Entscheidung zu den Entschädigungszahlungen mit dem Hinweis, etwas tun zu müssen, um *„den Weg zur seelischen Bereinigung unendlichen Leides zu erleichtern"*. Entscheidend für eine zunächst finanzielle Form der Wiedergutmachung war sicherlich auch, dass mit Adenauer und Ben Gurion, zwei Politiker von ähnlicher Struktur und pragmatischer Haltung aufeinander trafen, und die auch eine gewisse Sympathie füreinander empfanden.

„Wir dürfen zwar nicht vergessen, was geschehen ist, aber wir dürfen auch unser Handeln nicht auf das begründen, was geschehen ist", so beschrieb der erste israelische Ministerpräsident den schmalen Grat einer ersten, vorsichtigen Annäherung.

Es war von Anfang an ein äußerst fragiles, von verständlicher Ablehnung der Überlebenden des Holocaust auf der einen, und den hartleibigen, sich rechtfertigenden Tätern auf der anderen Seite, sowie auch von unterschiedlichen und diffusen Animositäten geprägtes Verhältnis. Aber es ist auch ein Verhältnis, das vom Bemühen beider Seiten geprägt ist, unter dem Wandel der Nachkriegsverhältnisse und in Erkenntnis der Tatsache, dass die Politik der Nationalsozialisten von beiden, Juden und Deutschen, ein Millionenheer von Opfern gefordert hat, sich allmählich anzunähern. Gleichzeitig gibt es Gemeinsamkeiten in der Kulturgeschichte, in den Geisteswissenschaften, in Kunst und Literatur und eine enge Verbindung von Christen- und Judentum, die zu den Wurzeln der Geschichte des Abendlandes gehören.

Zahlreiche gemeinsame Kultur- und Austauschprogramme, Städtepartnerschaften, Bildungsreisen, Kooperationen auf dem Gebiet von Wissenschaft und Forschung tragen zu einem Prozess von gegenseitigem Interesse und Nutzen und zu einem stetigen Mehr an Normalität in den gegenseitigen Beziehungen bei. Das persönliche Kennlernen vor allen Dingen von Jugendlichen über einen gemeinsamen Schüleraustausch, der 2001 auf Anregung des damaligen Bundespräsidenten Rau gegründeten Organisation ‚ConAct' mit Sitz in Wittenberg, ist nicht nur ein zukunftsweisendes Modell für gegenseitiges Kennenlernen und Verstehen, sondern es zeigt, dass trotz aller nicht weg zu diskutierenden Besonderheiten, Deutschland wie kein anders europäisches Land um mehr Kontakte zu Israel bemüht ist, als zu jedem anderen Land auf der Welt.

Noch vor Aufnahme der diplomatischen Beziehungen, ab 1959, gab es gemeinsame deutsch-israelische Forschungskooperationen, eine Kooperation, die heute in nahezu allen wissenschaftlichen Disziplinen zum Standard geworden ist. Beide Nationen profitieren in einem ganz pragmatischen Sinn von dem ‚Know-how' aus dieser Partnerschaft. In keinem anderen Land dieser Welt gibt im Verhältnis zur Gesamtbevölkerung eine größere Dichte an Akademikern als in Israel.

Beide, Deutschland und Israel, als an Rohstoffen arme Länder, sind in erster Linie auf einen hohen Standard in Bildung und Forschung angewiesen. Und sie können ihren relativ hohen Lebensstandard nur über ein ständiges Wachstum an Kreativität und hochqualifizierter Forschung realisieren. Es sind weniger die dem deutschen Konsumenten ins Auge fallenden Zitrusfrüchte aus Jaffa, sondern vielmehr zunehmend Hightech-Produkte, die über die Kontakte von über 6000 deutschen Firmen den deutsch-israelischen Handel ausmachen.

Soweit die überwiegend auf zunehmende Normalität ausgerichteten Bemühungen beider Seiten. Es gibt aber immer noch hinreichend Irritationen im Verhältnis beider Staaten zueinander, die auf deutscher Seite häufig mit verschämter Sprachlosigkeit ausgesessen werden, weil es auf Grund der besonderen Geschichte der Deutschen keine Kritik an den Juden, und somit auch an Israel geben darf. Jüngstes Beispiel: die Auslobung einer Art Kopfgeldprämie für die Ergreifung von letzten Nazitätern.

Als ‚Operation letzte Chance' hat das ‚Simon Wiesenthal Center', das die weltweite Fahndung nach NS-Verbrechern koordiniert, eine Aktion gestartet, bei der für jeden überführten NS-Täter eine Prämie von 10 000 Dollar ausgelobt wurde. Kurios dabei ist, dass sich diese Aktion gezielter auf die baltischen Staaten und Deutschland konzentriert und dabei Österreich und die Balkanstaaten vernachlässigt.

Auf die besondere Rolle Österreichs als integriertem Bestandteil des Großdeutschen Reiches und der Teilhabe der Balkanstaaten am Holocaust wurde bereits hingewiesen, auch auf die Tatsache, dass sich hier aus unterschiedlichen Gründen, die NS-Täter lange Zeit einen schlanken Fuß machen konnten. So datiert zum Beispiel das letzte gegen einen NS-Kriegsverbrecher durchgeführte Gerichtsverfahren in Österreich aus dem Jahr 1975. Hier wurde der frühere SS-Mann, Johann Gogl, dem vielfacher Mord im Konzentrationslager

Mauthausen vorgeworfen worden war, übrigens von jeder Schuld freigesprochen.[124]

Es ist daher Wasser auf die Mühlen all derer in Deutschland die das Panier rechter Gesinnung hochhalten, wenn ein 94 jähriger(!), ein kleines, untergeordnetes Rädchen unter den SS-Wachmannschaften kürzlich wegen Mordbeihilfe in 170 000 Fällen zu fünf Jahren Freiheitsstrafe verurteilt wurde.

Erinnern wir uns: einer der übelsten Kollaborateure bei Hitlers Judenmorden, der lettische SS-Offizier Viktor Arajs, der selbst mit Hand angelegt hatte, um Tausende von Juden bestialisch umzubringen, hatte sich nach 1945 gleich ganzen Hundertschaften von baltischen Mordbrennern nach Deutschland abgesetzt. Sie alle wurden von keinem deutschen Gericht für ihre mörderischen Taten abgeurteilt. - Und der lettisch SS-Offizier und Massenmörder an den Juden durfte im Nachkriegsdeutschland ein völlig unbehelligtes Leben führen, bis er 1988 in Kassel verstarb.

Es muss an das Simon-Wiesenthal-Center, die Frage gestellt werden, ob die Aussetzung eines Kopfgeldes nach Wild-West-Manier auf die geschätzten noch überlebenden 500 Gesamttäter, davon noch etwa 50 in Deutschland, nicht nur eine Missachtung der Rechtshoheit sou-

[124] Siehe Berliner Zeitung vom 04.12.2013: Operation letzte Chance

veräner, demokratischer Staaten bedeutet; die Liste derer, der man habhaft werden will, nicht willkürlich gewählt wurde, und ob es angesichts des biblischen Alters und des damit verbundenen körperlichen und geistigen Verfalls der meisten Täter noch der Inszenierung einer solchen Aktion bedurfte?

Hier stoßen letztlich sicher auch jüdische und christliche Glaubensgrundsätze aufeinander. Aber allemal ist die Aktion ‚Letzte Chance' eher eine vertane Chance. Sie hat, wenn überhaupt, nur einen zweifelhaften symbolhaften Charakter. Und sie liefert den ewig Gestrigen, eine willkommene Argumentationshilfe, weil hier scheinbar genauso gnadenlos gegenüber kranken und teils verhandlungsunfähigen alten Menschen verfahren wird, wie es den Tätern vorgeworfen wird.

Wenn man weiter heranzieht, was den hilfreichen Kopfgeldjägern ausgelobt wird - 5000 Euro für die Anklageerhebung, weitere 5000 Euro für die Verurteilung, 100 Euro pro Tag Haft für die ersten 150 Tage und bis zu 15 000 Euro zusätzlich – dann liegt hier erheblich mehr als eine Geschmacklosigkeit vor.

Der deutsch-israelische Historiker Michael Wolffsohn sieht die ‚Operation Last Chance' denn auch als eher pietätlos und schamlos, sie habe mit einer moralisch intensiven Aufarbeitung nichts zu tun.[125] Und im Deutschlandradio Kultur warf er dem Simon-Wiesenthal-Center „Wichtigtuerei und Klamauk“ vor. Und Hendryk Broder kommentiert die späte Nazijagd des Simon-Wiesenthal-Centers schlichtweg als Farce.

Man mag dem Simon-Wiesenthal-Center zu Gute halten, dass hier, zu einem Zeitpunkt, da Opfer und Täter sich gleichermaßen aus demographischen Gründen aus der Geschichte verabschieden, nochmals ein verzweifelter Versuch unternommen werden soll, um auf das Ungeheure eines Jahrhundertverbrechens aufmerksam zu machen Trotzdem: es ist ein kontraproduktiver, rückwärtsgewandter Versuch einer Vergangenheitsbewältigung, die keine Antwort darauf hat, wie denn künftig, nach Ableben von Opfern und Tätern, eine notwendige Erinnerungskultur zu implementieren ist.

Es gehört auch zu der Art Sprach- und Hilflosigkeit deutscher Politik gegenüber Israel, im Hinblick auf eine dringend erforderliche Lösung des Nah-Ost-Problems, die weitestgehend von einer angemessenen Lösung der Palästinenser-Frage abhängig ist, häufig zu keiner klaren Stellungnahme fähig zu sein. Israel betreibt durch den Bau von immer neuen Siedlungen auf Palästinenser-

[125] Michael Wolffsohn: aus: Neue Osnabrücker Zeitung vom 23.07.2013

Gebiet eine schleichende Okkupation fremden Territoriums.

Wobei zwar nicht unterschlagen werden soll, dass die Militanten unter den Palästinensern eine auf die Vernichtung des Staates Israel angelegte Politik des Terrors und der Vergeltung betreiben; sich aber dennoch die Frage stellt, ob die derzeitige ‚Auge um Auge, Zahn um Zahn-Politik' nicht nur einer alttestamentarisch-antiquierten Form der Konfliktlösung entspricht, sondern vor allen Dingen keine Zukunftsoption für die Jugend beider Länder ist.

Das Tragische am Palästinakonflikt ist, dass beide Seiten, Israelis und Palästinenser, aus einer friedlichen Zusammenarbeit in einer Art föderalen gemeinsamen Staatlichkeit, ungeheuren Nutzen ziehen könnten. Um ein Beispiel zu nennen: zu den erwähnten High-Tech-Produkten der israelischen Wissenschaftler gehören äußerst hochwertige Bewässerungssysteme in der Landwirtschaft, hier u.a. eine hocheffiziente Tropfbewässerung, mit der man in Zukunft in einer wasserarmen Region das Problem der Wasserknappheit wirkungsvoll angehen könnte.

Ziel deutscher und vor allen Dingen europäischer Politik muss es sein, hier klare Positionen zu beziehen, die ohne einseitige Parteinahme auf eine konstruktive Lösung abzielt. Letztlich ist der ungelöste Nah-Ost-Konflikt eine der wohl gefährlichsten Brandherde für den Weltfrieden. Die derzeitige israelische Regierung unter ihrem Ministerpräsidenten Netanjahu zeigte sich höchst unflexibel, hartleibig und von einer beängstigenden militärischen Gewaltbereitschaft. Als Europäer und Amerikaner den dringend notwendigen Dialog mit dem Iran führten, und ihn zu einem konstruktiven Abschluss führten, sperrte sich die israelische Regierung und behielt sich einen Präventivschlag gegenüber dem Iran vor. Israel ist mit seiner offiziellen Politik in mancherlei Hinsicht in Gefahr, ins Abseits zu geraten. Auch bei denen, die sich dem Land aus unterschiedlichen Gründen verpflichtet fühlen, trifft vieles im Handeln der politischen Akteure im Land auf zunehmendes Unverständnis. Aber auch unter denen, die auf Grund ihrer eigenen Biografie für eine israelfeindliche Haltung unverdächtig sein dürften, wächst das Unbehagen, das Tamar Amar-Dahl für das deutsch-israelische Verhältnis wie folgt zur Sprache bringt:

„Deutschland ist einer der stärksten Staaten und Israels wichtigster Verbündeter in Europa. Wenn Israel Deutschland verliert, wird es ein Problem haben, seine Politik in Europa zu erklären. – was ohnehin schwierig ist, da das israelische Verhältnis nicht wirklich von Freundschaft geprägt ist. Die israelische Regierung benötigt daher die

langfristige Unterstützung Deutschlands und baut darauf."[126]

Die deutsch-israelische Historikerin beschreibt auch das Dilemma, das langfristig das deutsch-israelische Verhältnis auf das schwerste belasten könnte:

„Langfristig ist diese Befürchtung (dass Israel Deutschland als Verbündeten verliert) berechtigt. Das zionistische Israel versteht sich so, dass das Land dem jüdischen Volk gehört und damit auch dem jüdischen Staat. Das ist seine grundsätzliche ideologische Überzeugung. Deswegen hält es Regierungschef Benjamin Netanjahu auch für ein Gebot, diese Gebiete weiter jüdisch zu besiedeln, Eine Zwei-Staaten-Lösung steht gar nicht auf der Tagesordnung. Das ist eine Sache, die Israel nicht nur nicht will, sondern auch bekämpft. Und diese Politik kann Deutschland wahrscheinlich auf Dauer nicht unterstützen."[127]

Die Deutschen wussten in letzter Zeit, etwas differenzierter zu intervenieren. Im letzten Gaza-Krieg in 2014, im Gegensatz zu dem Gaza-Krieg von 2008/2009, wo die Deutschen noch weitgehend die Notwendigkeit einer Selbstverteidigung gegen die permanenten Terrorangriffe der Hisbollah gegeben sahen, formierte sich in 2014

---

[126] Tamar Amar-Dahl in: http://1 tagesschau.de/interview-deutschland-israel 100.htmi:
[127] Tamar Amar-Dahl: daselbst, S. 1,2

ein deutlicher Widerstand gegen das überzogene und brachiale Vorgehen der Israelis. Und als die UNO die Palästinenser zum Beobachterstaat aufwertete, enthielt sich Deutschland der Stimme. Den von der israelischen Regierung daraufhin forciert begonnenen Bau neuer Siedlungen im Westjordanland hat die Bundesrepublik scharf kritisiert.

Letztendlich wird es in dem Nahost-Konflikt für Israel aber perspektivisch immer weniger um die Haltung Deutschlands gehen, sondern realiter mehr um die Einstellung der EU. Denn das ist auch eine der Schlussfolgerungen deutscher Nachkriegspolitik: die Bundesrepublik, endlich im Gefüge demokratischer Staaten in Europa und der Welt angekommen, hat als durch das Ergebnis zweier Weltkriege zurechtgestutzte Mittelmacht, ganz sicher keinerlei Hegemoniegelüste mehr. Israel wird sich folglich in Zukunft mehr an den Intentionen europäischer Außenpolitik orientieren müssen.

Wie schwer dies den Israelis fällt, zeigte sich als die EU in 2013 beschloss, ab 2014 keinerlei Fördermittel aus Brüssel mehr für den Ausbau israelischer Siedlungen in die besetzten Gebieten zu transferieren. Der israelische Wirtschaftsminister, Naftali Bennet verstieg sich als Reaktion darauf zu der Formulierung: dies sei eine ‚wirtschaftliche Terrorattacke'; und Uri Ariel, seines Zeichens

Minister für Wohnungsbau, warf der EU gar ‚Rassismus gegen Juden' vor.

Derartige sprachliche Entgleisungen werden letztendlich nur dazu beitragen, dass sich der Staat Israel international immer mehr isoliert, zumal auch die Vereinten Nationen, die Siedlungspolitik der Israelis mehrfach als Verstoß gegen das Völkerrecht gebrandmarkt haben.

In diesem Zusammenhang irritieren auch die Reaktionen auf ein klares Statement des deutschen EU-Spitzenpolitikers Martin Schulz. Als er zu Recht darauf hinwies, dass Israel gegenüber den Palästinensern nicht nur eine unrechtmäßige Landnahme betreibt, sondern sie auch unverhältnismäßig an dem Wasser aus dem Jordan beteiligt, führte das nicht nur zu verbalen Entgleisungen etlicher Knesset- Abgeordneter, sondern auch noch zu dem Hinweis, dass es unerträglich gewesen sei, im jüdischen Parlament, die deutsche Sprache hören zu müssen.

Dieses völlig deplacierte Verhalten ist nicht nur Wasser auf die Mühlen aller rechten Gesinnungsgenossen: auch der es mit Israel wohlmeinende Zeitgenosse kommt hier ins Grübeln. Denn hier wird die Vorlage zu einer gefährlichen Unterstellung gegeben: *„Deutsches Geld nehmen wir mit offenen Händen, aber keine Versöhnung mit den Deutschen selbst."*

Aber daran werden sich die Israelis in Zukunft ohnehin gewöhnen müssen: der nationale Part der Deutschen kann nicht mehr weiter darin bestehen, in Form von einseitigen Geldtransfers an den israelischen Staat, Wiedergutmachung zu leisten, da künftige Generationen über die Opferentschädigung hinaus in keiner Weise mehr zu materieller Wiedergutmachung herangezogen werden können oder gar verpflichtet wären.

Was schon gar nicht mehr geht, ist, dass die Deutschen den Staat Israel bis in die Gegenwart hinein hochrüsten und damit in die Lage versetzen, in Palästina höchst unangemessen, dreisten Landraub zu begehen.

Den Palästinensern eine bedarfsgerechte Wasserzuteilung vorzuenthalten, sowie eine periodisch abfolgende, unangemessene, brachiale und sinnlose Zerstörung im Gazastreifen zu betreiben und danach noch als zusätzliche Bestrafungsaktion, wie jüngst geschehen, wirtschaftliche Sanktionen gegen die Palästinenser zu verhängen, bei denen sie deren Steueraufkommen einbehalten und viele ihrer Bankkonten einfrieren, ist schlichtweg nicht hinnehmbar.

Die internationale Staatengemeinschaft darf dann wieder, aktuell sind es 4,3 Milliarden Dollar, die von den Israelis angerichteten, horrenden Kollateralschäden bezahlen.

Ein Bild der Zerstörung aus dem letzten Gaza-Krieg

Mit der Lieferung von hochwertigen Rüstungsgütern, darunter die bereits erwähnten teils kostenlos gelieferten U-Boote, der letzte dieser Milliarden-U-Boot-Deals wurde vom Wirtschaftsminister der derzeitigen Großen Koalition in 2014 genehmigt, wird nur weiter das ohnehin schon mehr als reichlich vorhandene militärische Zerstörungspotential der Israelis verstärkt.

Das kürzlich an Israel übergebene U-Boot der Dolphin-AIP-Klasse, der Howaldtswerke ist nur schwer zu orten und kann mit Atomsprengköpfen versehenen Marschflugkörpern ausgestattet werden.

Wer kann da den deutschen Steuerzahlern, die ohnehin über ein geringeres Durchschnittseinkommen verfügen als die Israelis, noch vermitteln, dass dies auch nur im

Entferntesten etwas mit Wiedergutmachung zu tun hat, geschweige denn friedenspolitisch irgendwie Sinn macht, und dass er vor allen Dingen ungefragt an derartigen Waffenlieferung in ein extremes Krisengebiet weiter kostenpflichtig beteiligt wird?

Die deutsche Israel-Politik ist derzeit, angesichts der hartleibigen, unversöhnlichen und unverhältnismäßigen Politik der Regierung Netanjahu, nicht nur völlig kontraproduktiv, sondern zudem auch noch brandgefährlich. Brandgefährlich, weil Israel derzeit grob fahrlässig nicht nur mit dem Frieden in Nahost, sondern in der ganzen Welt spielt.

Längst findet in Europa ein Prozess des Umdenkens statt. Seit 2008 haben zahllose Staaten in der Welt den Staat Palästina anerkannt. Darunter auch viele europäische Länder. In 2014 waren es Schweden und zuletzt Frankreich, die diesen Schritt vollzogen haben.

Und schlussendlich war es das EU-Parlament, das am 17.Dezember 2014 mit 498 Jastimmen zu 88 Nein-Stimmen ein eindeutiges Votum für die Anerkennung des Staates Palästina abgegeben hat.

Der SPIEGEL-Redakteur Jakob Augstein kommentiert, das Verhalten der deutschen Politik wie folgt:

„Wenn es um Israel geht, gilt keine Regel mehr: Politik, Recht, Ökonomie – wenn Israel anruft, beugt sich Berlin dessen Interessen!“ [128]

Die bisherige und derzeit immer noch einseitige offizielle bundesdeutsche Politik dient immer weniger einer Friedenslösung im Nahen Osten, sondern sie befördert eher den Dauerkonflikt zwischen Israelis und Palästinensern. Es mag auf den ersten Blick provokant klingen: eine Anerkennung des Staates Palästina durch die Bundesrepublik wäre nicht nur ein richtiges Signal an die derzeitigen militanten Hardliner in Israel und Palästina, sondern sie könnte zudem dem Prozess einer mehrheitlich an Frieden interessierten Zivilgesellschaft in beiden Ländern ungeahnte Kräfte verleihen.

Bei meinen Vorträgen über jüdisches Leben im Mikrokosmos der Heimatgeschichte führte neuerdings jegliche anschließende Diskussion unweigerlich zu dem, was der Staat Israel den Palästinensern antut. Ein Gymnasiast verkürzte das bei einem meiner Vorträge neulich zu: *„Was sich hier ein scheinbar doch demokratisch legitimierter Staat gegenüber seinen Nachbarn leistet, schreit zum Himmel!“* – Es war das erste Mal, dass ich mich jeglichen Kommentars enthalten habe, nicht mehr entschuldigen wollte, was nicht mehr zu entschuldigen ist.

---

[128] Jakob Augstein: S.P.O.N: - Im Zweifel links: Die deutsche Atomlüge, Kolumne in SPIGEL-ONLINE, Politik. 4.6.2012, S.1

Dass ich resigniert habe und mir Zweifel an meinem persönlichen Engagement gegen das Vergessen kamen.

Dennoch: Was wir in Deutschland im Zusammenhang mit dem Antisemitismus weiter zu leisten haben, ist vor allen Dingen, zu versuchen immer wieder klar zu stellen, dass antijüdische Ressentiments, wie auch jegliche andersartigen rassistischen Diskriminierungen und Ausgrenzungen in unserem Land und in Europa nichts verloren haben. Und noch etwas: Israel zu kritisieren sollte inzwischen zur Normalität im Umgang von demokratischen Staaten gehören. Wir sollten uns dabei aber sehr davor hüten, mit der Metapher vom zionistischen Staat Israel, die Vorlage zu einer neuen antijüdischen Diskriminierung in unserem eigenen Land und in Europa zu liefern, und trotz aller derzeitigen Irritationen keinerlei Zweifel am Existenzrecht Israels aufkommen lassen.

Das sind sicher alles hehre Forderungen, die sich auch immer wieder in offiziellen Verlautbarungen wiederfinden. Sie haben aber leider keineswegs, wie es das bedrohliche Ansteigen neonazistischer und damit auch antisemitischer Kräfte, verstärkt durch die neue Komponente eines gewaltbereiten, terroristischen fundamentalen Islamismus in Europa zeigt, ein nachhaltiges Umdenken bewirkt.

Etwas, was bei allen, die sich um eine halbwegs ehrliche Aufarbeitung des Antisemitismus bemühen, ganz böse aufstoßen muss, ist dass der Genozid an den Juden auch immer mehr zum Geschäftsmodell verkommt. Wie erwähnt hat das in Deutschland aus unterschiedlichsten Gründen derzeit Hochkonjunktur.

Wenn nachweislich Juden buchstäblich Schindluder mit den eigenen Opfern der Schoa betreiben, um daraus einen materiellen Geldwert zu gerieren, dann hat das eine noch ganz andere Dimension. Wird hier doch das Vorurteil von den geldgierigen Juden scheinbar unisono bestätigt. - Dass dabei jeder, der für sich bemüht ist, gegen das Vergessen jüngster deutscher und europäischer Geschichte anzukämpfen, dabei schlichtweg mit dem Rücken zur Wand steht, ist die Folge derart verbrecherischen Tuns.

15.0 Geschäftsmodell Holocaust

"There's no business like Shoah-Business!"

(Abba Eban, ehemaliger israelischer Diplomat, Minister und Abgeordneter der Knesset)

Im Zusammenhang mit den Wiedergutmachungsleistungen an Israel wurde bereits kritisch deren Zweckentfremdung aufgezeigt. Auch dass Wiedergutmachungszahlungen generell nur vom deutschen Staat gefordert werden, während sich die europäischen Mittäter am Holocaust einen schlanken Fuß machen.

Deutschland mit Alleinstellungsmerkmalen zu überziehen hat Tradition. So wurden sie nach dem Ersten Weltkrieg auf die Rolle des alleinigen Kriegsverursachers fixiert. Nach den Knebelbedingungen des Versailler Vertrages zahlten die Deutschen, was die Wenigsten wissen, noch bis 2010(!) Reparationszahlungen aus dem Versailler Vertrag.

Inzwischen herrscht bei allen namhaften Historikern auf dieser Welt darüber Übereinstimmung, dass der Krieg von allen europäischen Mächten gleichermaßen gewollt war. Und darauf sei nochmals verwiesen: Die "Urkatastrophe des Ersten Weltkrieges", die damit verbundene tiefe Demütigung der Deutschen, machten den Aufstieg des Usurpators Hitler erst möglich.

Wenn es daraus eine Lehre zu ziehen gilt, dann sollten die Deutschen nach dem baldigen Ableben der Täter- und Opfergeneration, also in bälde, jegliche Wiedergutmachungsleistungen einstellen. Wir haben Not genug im eigenen Land und die Masseninvasion von Millionen Flüchtlingen und Asylsuchenden stellt unser Land vor finanzielle Herausforderungen, die in Gänze überhaupt noch nicht abzusehen sind.

Was immer wieder ein höchst perfides Schlaglicht auf die sogenannte Opferentschädigung wirft, ist, dass sie häufig zu einem Betrugsmodell ungeahnten Ausmaßes missbraucht wird. Wo das unermessliche Leid der Holocaustopfer zu einem Geschäft mit ihrem Leid pervertiert.

So haben Mitarbeiter der renommierten Claims Conference in New York in den zurückliegenden zehn Jahren aus Gier, und um sich selbst zu bereichern, 42 Millionen Dollar veruntreut.

Auf perfide Art hatten sie u.a. russisch-jüdische Einwanderer dazu missbraucht, entsprechende Mittel aus dem Fond zu beantragen, obwohl diese in keiner Weise dazu berechtigt waren. Insgesamt wurden 5500 derartige Opferbiografien gefälscht Das zutiefst Perfide: die Empfänger des Geldes mussten die Claims Conference mit einem entsprechenden Anteil entlohnen.

Wie raffiniert und hoch kriminell die Betrüger vorgingen zeigt sich u.a. darin, dass sie, um ihre "Kunden" zu erreichen, Anzeigen in russischsprachigen Zeitungen im New Yorker Umland platzierten. Und sie besorgten sich Pässe von tatsächlichen Holocaust Opfern. Manipulierten sie so, dass sie für die Biografie der fingierten neuen Opfer passten

"Viele der erfundenen neuen Opfer des Holocaust, waren in Wirklichkeit erst nach 1945 geboren, mindestens eine war nicht einmal jüdisch", so ließen es die FBI-Ermittler in einer Presseerklärung verlautbaren.

Verfolgungsgeschichten wurden komplett erfunden, Geburtsdaten und Geburtsorte systematisch gefälscht. Der New Yorker Staatsanwalt Preet Bharara schließt nicht aus, dass es sich erst um die Spitze des Eisberges handelt und versichert: *"Die Ermittlungen gehen weiter!"*

"Diesem Betrug kann ich nur Abscheu entgegenbringen. Es ist widerlich, das Grauen der Schoah für eigensüchtige Geldmacherei zu missbrachen." so die Einlassungen von Charlotte Knobloch, der Vorsitzenden des Zentralrates der Juden in Deutschland.[129]

---

[129] HAMBRGER ABENBLATT; Betrug mit dem Leid der Holocaust-Opfer, ein Beitrag von Volker ter Haseborg, 11.11.2010

Dem ist voll zuzustimmen. Aber die Frage stellt sich: Warum unternimmt der Zentralrat der Juden so gut wie nichts, um das attraktive Geldgeschäft mit dem Holocaust in Deutschland zu unterbinden?

Auf das "Geschäftsmodell" einer überproportionalen Darstellung der jüdischen Leidensgeschichte und einer nahezu völligen Ausblendung von Abermillionen deutscher und europäischer Opfer der NS-Herrschaft, wurde eingangs verwiesen. - Bleiben wir aber abschließend nochmals exemplarisch bei einem besonders lukrativen "Geschäftsmodell mit dem Holocaust" in Deutschland.

Eine höchst gewinnbringende Idee kam dem "Künstler" Demnig aus Köln. Seitdem er serienmäßig seine "Stolpersteine" produziert, ist er aus seine eher unbedeutenden Rolle als Künstler herausgetreten und wird derzeit mit zahllosen Ehrungen und Preisgeldern überhäuft. - Er verkauft seine Steine inklusive einer Anleitung zum Verlegen zu 100 Euro das Stück.

Es wurde in diesem Zusammenhang auch bereits auf die relative Wirkungslosigkeit von Apellen, Deklarationen oder offiziellen Gedenkritualen verwiesen. Sie werden unisono letztendlich nichts bewirken, wenn es uns nicht gelingt, demnächst weitaus größere Anstrengungen zu unternehmen, um einen basisorientierten, langfristig angelegten didaktischen Lernprozess zu im-

plementieren, bei dem u.a. den Schulen in ganz Europa eine wichtige Aufgabe zufällt.

Während meiner 40-jährigen Tätigkeit als Lehrer, habe ich versucht über Ganzjahresprojekte gegen das Vergessen mich dieser Aufgabe zu unterziehen. – Es mag ein kleiner Beitrag gewesen sein. Er erfordert großes zusätzliches und zeitaufwendiges Engagement, war aber letztlich auch von wesentlich größerer Nachhaltigkeit.

16.0 Geschichtsdidaktischer Anhang: Pädagogische Projektarbeit gegen das Vergessen in Form eines regionalen, mikrogeschichtlichen Ansatzes

Wenn der Autor Daniel Jonah Goldhagen mehrfach als Gegenpart bemüht wurde, dann vor allen Dingen deshalb, um an seinem Beispiel signifikant aufzuzeigen, welche unsägliche Debatte hier immer noch geführt wird. Eine Debatte, in der versucht wird, wider besseres Wissen und entgegen neuerer Erkenntnisse, nur „die gewöhnlichen Deutschen als willige Vollstrecker Hitlers" zu vereinnahmen. Hier zeigt sich zum einen das unzulässige und unprofessionelle Vorgehen eines Soziologen, der sich allein schon mit der soziologisch nicht haltbaren These von einer ‚nationalen Kollektivschuld' disqualifiziert hat, und der zum anderen auch als ‚Associate Professor of Government and Social Studies an der Harward University und Associate am Minda de Ginzburg for European Studies, den europäischen Kontext zum Holocaust entweder bewusst oder aus Unkenntnis ausgeblendet hat.

Damit erweisen Goldhagen und Epigonen ähnlicher Provenienz, vor allen Dingen einer dringend notwendigen, auf die Zukunft ausgerichteten Erinnerungskultur einen Bärendienst. - Vergangenheitsbewältigung kann, wenn überhaupt, zukünftig nur in Form einer über die eigene nationale Geschichte zu eruierenden Erinnerungskultur hinaus, in einem gesamteuropäischen Kontext durch ein bisher noch nicht geschriebenes Kapitel: „Hitlers willige Helfer in Europa“ erfolgen. Die Erkenntnisse über gemeinsame individuelle und nationale Verstrickungen unter totalitären Gewaltstrukturen sollten dabei in einem emanzipatorischen Prozess der Aufklärung, über die Versöhnung von nationalen Gegensätzen, zu einem Mehr an demokratischer Gestaltung, Glaubwürdigkeit und Legitimierung in Europa führen.

Alles in allem sind dies aber bisher, weitgehend mehr oder weniger allgemeine hypothetische und theoretische Überlegungen gewesen. Rückblickende Beschreibungen im Abgleich mit dem Ist-Zustand von Faschismus, Nationalismus und Antisemitismus. Versuche, sich einer ungeheuren Tat und ihren Tätern unter einem gesamteuropäischen Aspekt zu nähern. Appelle, eingereiht in zahllos geschriebenes Wunschdenken. Was fehlt, ist eine Strategie, oder bescheidener formuliert, ein konkreter, faktischer und pragmatischer Schritt in Richtung Prävention.

Leider erst gegen Ende meiner Dienstzeit war mir klar geworden, dass es neuer und vor allen Dingen nachhaltigerer Wege bei der Vermittlung von Themen aus der jüngsten Vergangenheit bedarf, um sie vor allen Dingen künftigen Generationen so zu vermitteln, dass sie sich ihrer Bedeutung bewusst werden.

Obwohl ich in den nahezu 40 Jahren meiner Lehrertätigkeit nicht dazu bereit war, alles, was in der bundesrepublikanischen Gesellschaft aus dem Ruder gelaufen war, und zwecks Weiterbearbeitung an die Schulen delegiert wurde, gewissermaßen pädagogisch therapieren zu müssen, habe ich doch einen großen Teil, auch meiner Freizeit, in Themen investiert, von denen ich der Meinung war und bin, dass sie, obwohl von zentraler Bedeutung, in deutschen Schulen aus unterschiedlichsten Gründen nicht adäquat behandelt werden.

Es ging mir vor allen Dingen darum, für die ganz offensichtlich zu kurz gekommene Problematik bei Themen zur jüngsten deutschen Geschichte, ein didaktisches und methodisches Konzept zu entwickeln, das ein nachhaltigeres Erinnerungsvermögen und Geschichtsbewusstsein implementiert, als es der herkömmliche Unterricht zulässt.

Als Arbeitsform wurde daher von mir ein langzeitlich projektiertes Großformat für die Dauer eines Schuljahres gewählt. Da es hierzu während meiner aktiven Dienstzeit weder hilfreiche Curricula noch eine Legitimation durch die damalige niedersächsische Kultusadministration gab, bewilligte mir mein Schulleiter für das Vorhaben eine

Geschichts-AG für Schüler/innen aus den 9. Klassen der Hauptschule sowie der 9. und 10. Realschulklassen für das Schuljahr 1996/1997. Es war vom Zeitvolumen ein großes Arbeitspotential, das anfiel. Allein schon durch die zahlreichen Nachmittagsexkursionen, da mit zunehmender Dauer sich die Feldforschung immer mehr in den außerschulischen Bereich verlagerte.

Da die gewählte Form des Langzeitprojektes auch auf ein abschließendes Produkt hin angelegt war, wurden die Arbeitsergebnisse in Form einer Dokumentation zusammengefasst. Ohne an dieser Stelle näher auf die wissenschaftliche Elaboration und Evaluation der Projektarbeit einzugehen, seien hier nur die wichtigsten Kriterien einer alternativen Form geschichtlichen Lernens genannt.

- **Schüler/innen sind bei der geschichtlichen Projektarbeit mitgestaltende Akteure**

- **Der Lehrer tritt als Moderator so weit als möglich in den Hintergrund**

- **Für die Erschließung der Thematik wird auf das bewährte Prinzip der ‚Konzentrischen Kreise' des Comenius zurückgegriffen, wobei für ein besseres und nachhaltigeres Verständnis der Schüler/innen bei der Erfassung der Unterrichtsinhalte vom Einfa-**

chen zum Besonderen und vom Bekannten zum Unbekannten vorgegangen werden soll.

Um ein derart modifiziertes Unterrichtsverfahren für die anspruchsvollen Themen der jüngsten deutschen Vergangenheit zu installieren, wurde auf einen Bereich zurückgegriffen, der wissenschaftlich unter dem Begriff Mikrogeschichte firmiert, für den ich aber für die schulische Arbeit den traditionellen Begriff Heimatkunde angebrachter finde.

Didaktisches und methodisches Neuland zu betreten, vor allen Dingen im mehr oder weniger festgefügten bürokratischen und verbeamteten System von Schule, ist allemal ein besonderes Wagnis. Für mich war es zudem auch noch ein finanzielles Risiko, das ich mit den Drucklegungskosten für das Produkt der Projektarbeit, die beabsichtigte Dokumentation, einging.

Aber letztlich wurde das Projekt „Tage davor – Tage danach" in jeglicher Hinsicht ein voller Erfolg. Wir konnten allein über 500 Exemplare der 116-seitigen Dokumentation im Einzugsbereich unserer Schule verkaufen. Da u.a. durch die Lektüre von Feldpostbriefen die Projektgruppe von dem Schicksal so vieler, zum Teil blutjunger Soldaten aus unserer Region, von denen viele bis heute mit einem unbekannten Schicksal als vermisst gelten, sehr berührt war, wurde beschlossen 2300 DM der Deutschen Kriegsgräberfürsorge zur Verfügung zu stellen.

Hubertus Zummach, Projektgruppe und Geschichts-AG
der Rainald-von-Dassel, Haupt- und Realschule

„Tage davor - Tage danach"

Versuch einer Dokumentation über
das Kriegsende im
Einzugsbereich unserer Schule

Ohne dies an dieser Stelle näher auszuführen: die Schüler hatten durch Empathie mit Einzelschicksalen aus ihrer unmittelbaren vertrauten Umgebung anschließend ein tieferes und größeres Verständnis für die größeren Wirkungszusammenhängen des durch den NS-Staat verursachten Zweiten Weltkrieges gewonnen. Auch hatten sie durch eigenständiges Handeln und Vorgehen bei der Projektarbeit, etwa der Quellenarbeit in Archiven, den Interviews mit Zeitzeugen, Pressearbeit, der Sponsorensuche für die Drucklegung, der Verhandlung mit dem ortsansässigen Druckereibetrieb, der Zusammenstellung der Dokumentation und der Präsentation und Bewerbung des erstellten Dokumentes zusätzliche Kompetenzen für die spätere Arbeitswelt erworben, die aus dem normalen Schulbetrieb so nicht erwachsen können.

Und nicht zuletzt hat mich die Projektarbeit mit entsprechend motivierten Schüler/innen trotz zunehmender Erschwernisse durch ständig zunehmende Verwerfungen im gesellschaftlichen Umfeld von Schule bis zuletzt beflügelt.

Ein weiterer Aspekt sei angeführt. Auf das Nichtmehrleistenwollen oder Nichtmehrleistenkönnen von Spurensuche, Sicherung und Dokumentation von geologischen, geographischen oder historischen Besonderheiten im Umfeld ihres Arbeitsplatzes durch die heutige Lehrerschaft, die in ihrer Mehrheit von Eltern und Schülern nur noch als ‚Wanderlehrer' wahrgenommen wird, ist ganz sicher auch ein Großteil der Geschichtslosigkeit und Orientierungslosigkeit in Schule und Gesellschaft zurückzuführen. Vieles von dem, was wir heute bei Jugendlichen an Exzessen, wie zunehmende Gewaltbereitschaft, Drogenkonsum und Komatrinken vorfinden, ist auch Ausdruck einer tiefen Sinnkrise und seelischen Entwurzelung.

Der Psychologe und Pädagoge Eduard Spranger hat das von Comenius entwickelte Grundprinzip der konzentrischen Kreise auf die Heimatkunde übertragen und für das 20. Jahrhundert neu formuliert. Spranger betont insbesondere das geistige Wurzelgefühl als elementaren Bildungswert der Heimatkunde. In diesem, durch seelische Nähe bezeichneten Raum des kindlichen Weitererlebens werden die objektiven Umwelterscheinungen und Umweltbedingungen zu *'Kristallisationspunkten eines subjektiven Weitererlebens'.*"[130]

Eine Zwischenbemerkung sei wiederum erlaubt: Es entspricht keineswegs der misanthropischen Sichtweise eines altgedienten Pädagogen, wenn sich bei ihm die Erkenntnis durchgesetzt hat, dass in einer Zeit, in der auf dem Gebiet der Pädagogik derzeit keine wegweisende Koryphäe auszumachen ist, die Hochschulen und Universitäten eine mehr schlechte als rechte Lehrerausbildung betreiben, ein modifizierter Rückgriff auf die Altvorderen vom Range eines Comenius oder Spranger in dieser wissenschaftlichen Disziplin allemal lohnender ist.

Es wurde bisher unter anderem mehrfach die Art der Herangehensweise bei der Vermittlung eines Jahrhundertverbrechens, wie das des Holocaust moniert. Zu unangemessen die von Seiten der Siegermächte vorge-

[130] Vergleiche hierzu: Eduard Spranger: Der Bildungswert der Heimatkunde, Reclam-Verlag, Stuttgart, 1949, 2. Auflage

nommene ‚Entnazifizierung' und die brutale, unkommentierte Vermittlung eines grauenhaften Geschehens an Schüler/innen in der unmittelbaren Nachkriegszeit. Zu akademisch, mehr von den sogenannten politischen Eliten an Gedenkstätten und Gedenktagen zelebriert, denn in der Masse der Bevölkerung des Landes ins Bewusstsein gerückt, war und ist das Erinnern und Aufarbeiten von Themen des Dritten Reiches auf Dauer zum Scheitern verurteilt. - Dies gilt insbesondere für die Thematik des Nationalsozialismus und Antisemitismus. Und es bedarf dabei nicht nur unter dem Aspekt eines baldigen Ablebens der Opfer- und Tätergeneration eines gründlichen Revirements, was hier in Form einer erweiterten, mehr wissenschaftlichen Betrachtung auf die europäische Dimension des Holocaust versucht wurde.

Daher wieder zurück zu einem bescheideneren, aber unter Umständen effizienteren Versuch: dem der mikrogeschichtlichen Projektarbeit gegen das Vergessen. Das für das nächste Schuljahr folgende Ganzjahresprojekt war eigentlich so schnell nicht geplant. Zumal ich auch merkte, dass ich mir durch mein außerschulisches Engagement und durch zusätzliche häusliche Belastungen, gegen Ende meiner Diensttätigkeit zu viel zugemutet hatte und dies bereits wenige Jahre zuvor mit einem physischen Zusammenbruch hatte quittieren müssen. Wie aber so häufig in meinem Leben, reagierte ich dann auch diesmal wieder einmal mehr spontan auf eine rechtsextreme Provokation aus dem lokalen Umfeld, die von Seiten der Öffentlichkeit, und hierzu gehört auch Schule, eine angemessene Antwort erforderte.

Ist es schon wieder soweit ?!

„ROTFRONT VERRECKE“,

„die Juden sind unser Unglück..." Erneut haben Unbekannte im Raum Dassel ihr Unwesen getrieben und diesmal die Ortschaft Markoldendorf nahezu flächendeckend mit Aufklebern in alter Nazimanier bestückt. Bewohner reagierten bestürzt über die Aktion offensichtlicher Sympathisanten der NSDP/AO. Hakenkreuze und rechtsradikales Gedankengut waren bereits im Mai in Lauenberg aufgetaucht, vor einem Jahr war die Kernstadt Dassel mit Schmierereien bedacht worden. Nun hofft die Polizei, daß sich Zeugen melden. „Das kann keiner allein gemacht haben." Das Verwenden von Kennzeichen verfassungswidriger Organisationen ist ein Straftatbestand. Zeugen melden sich unter 0 55 61 / 94 97 80 bei der Polizei Einbeck.

Aus: Die Eule, Sonntagsanzeiger, vom 12.09.1999

Worüber der regionale Sonntagsanzeiger hier berichtete, war eine in der Form und in diesem Umfang bisher nicht erfolgte antisemitische Agitation im unmittelbaren Einzugsbereich unserer Schule. Die Fleckengemeinde Markoldendorf ist die nach der Kleinstadt Dassel zweitgrößte Ortschaft im Samtgemeindeverbund. Rechtsextremes Gedankengut wurde im Landkreis Northeim durch entsprechend rechte Provokateure von teils überregionaler Bedeutung aggressiv verbreitet und umgesetzt. Zu ihnen gehörte einer der bekanntesten Vertreter der neonazistischen Szene, der Gründer der ‚Northeimer Kameradschaft', Thorsten Heise.

Thorsten Heise, bundesweit bekannter, gewaltbereiter Agitator und Organisator in der rechtsextremen Szene

Heise, mehrfach vorbestraft u.a. wegen schwerer Körperverletzung, Landfriedensbruch, Nötigung und Volksverhetzung, wurde 2004 als Beisitzer in den Bundesverband der NPD gewählt. Die Saat seines rassistisch-antisemitischen Gedankengutes war aufgegangen und hatte entsprechendes Unheil in den Köpfen von Schülern und Jugendlichen angerichtet.

Offensichtlich genügte das Drohpotential einer kleinen, aggressiven und auch gewaltbereiten Gruppe, um kaum Gegenresonanz bei der Mehrheit der Bevölkerung zu bewirken. Und hier begegnen wir wieder jenem Phänomen von der Angst und des sich Wegduckens, sobald auch nur ein Minimum an Zivilcourage gefragt

ist. Die Deutschen haben dies in ihrer Mehrheit während der NS-Diktatur getan. Wie wir wissen, mit den schrecklichsten Folgen und barbarischsten Auswüchsen, wie sie nie zuvor in der Geschichte dieses Volkes stattgefunden haben.

Zivilcourage zu fordern, sie selbst aber zu praktizieren ist häufig Zweierlei. Womit wir wieder bei der Frage wären, wie wir, diejenigen mit der Gnade der späten Geburt, in den Zeiten der Hitler-Diktatur denn gedacht und gehandelt hätten.

Da diese Frage in Richtung NS-Vergangenheit von niemandem abschließend beantwortet werden kann, bleibt nur die Schlussfolgerung, gewonnen aus dem millionenfachen Leid einer menschenverachtenden, am Ende auch gegen das eigene Volk gerichteten Vernichtungspolitik, sich aktiv für ein Leben in Freiheit und Demokratie einzusetzen.

Und wenn wir es ein wenig bescheidener benennen wollen: es beginnt damit, dem dumpfen Biertischantisemitismus zu widersprechen, sich mit denen solidarisch zu verhalten, die bei Aufmärschen und Hetzkampagnen der rechten Szene Flagge zeigen. Was nach den brutalen Morden der NSU-Terroristen, jetzt gottseidank häufiger geschieht.

Und selbstverständlich muss die historische und gesellschaftspolitische Aufarbeitung der jüngsten deutschen Geschichte, die Präventionsarbeit gegen das Vergessen, sowie gegen das Aufkommen eines rechtsextremen Milieus ein wichtiger Bestandteil des Sozialkunde- und Geschichtsunterrichts an deutschen Schulen sein und bleiben.

Denn längst haben die rechten Agitatoren die Schulhöfe als ein wichtiges Terrain für die Infiltration ihres rechtslastigen Gedankengutes erkannt. Und die rechten Rattenfänger sind dabei häufig erfolgreicher als die um Prävention bemühte deutsche Lehrerschaft.

Konkret festgemacht: die Defizite sowohl in der Geschichtsdidaktik als auch in der methodischen Vermittlung sind gravierend. So konstatiert etwa der Geschichtsdidaktiker Bodo von Borries, dass es Schülern und Jugendlichen an grundlegendem Einzel- und Strukturwissen fehlt.

Um diese Aussage zu untermauern wurde u.a. bereits das Resümee der Wochenzeitung DIE ZEIT vom 10. August 2000 herangezogen. - Die Gründe für die hier attestierten erschreckenden Defizite sind mannigfach. Und ohne dies an dieser Stelle näher eruieren zu wollen: das Problem ist in erster Linie ein didaktisch-methodisches, nämlich das eines antiquierten, wenig zeitgemäßen

Unterrichts, mit dem einer derart schwierigen und komplexen Thematik nicht beizukommen ist.

Immer noch wird an deutschen Schulen zu 70 - 90 Prozent[131] Frontalunterricht praktiziert. Und die immer noch mageren Ergebnisse für die deutschen Schulen bei den internationalen PISA-Tests zeigen, dass diese Monopolstellung einer antiquierten Vermittlungstechnik es dringend erfordert, Alternativen für ein zeitgemäßes und effizientes Lehren und Lernen zu vermitteln.

Vor allen Dingen geht es um wesentlich mehr aktive Teilhabe durch die Lernenden. Weiter muss sich die Schule im Sinne einer Kompetenzerweiterung weitaus mehr der Lebenswelt öffnen, denn durch ein Mehr an Außenöffnung sowie handlungs- und selbstbestimmter Wissensvermittlung, wird auch ein Mehr an Demokratieverständnis erreicht. - Ein wesentliches Manko bei der Wissensvermittlung an den Schulen ist auch das häufige Außerachtlassen der durch die Entwicklungspsychologie bestimmten Determinanten im Lernprozess von Schüler/innen. Da werden - auch durch Zusammenlegung und Kürzung von Unterrichtsfächern, etwa Themen aus

[131] Vergleiche hierzu auch die Studien von Professor Jürgen Seifried vom Lehrstuhl für Wirtschaftspädagogik an der Otto-Friedrich-Universität in Bamberg. In seinem Bericht: Projekt Unterrichtsplanung, veröffentlicht in 2005 hat er einen Anteil des Frontalunterrichts von 73% ausgemacht.

Erdkunde, Sozialkunde und Geschichte teils willkürlich zusammengelegt und häufig unter globalen Aspekten zusammengepackt, die ohne entsprechende Strukturierung und Vermittlung von Elementarwissen aber keinen nennenswerten und vor allen Dingen nachhaltigen Lernerfolg ermöglichen. Kommen wir aber von der mehr wissenschaftspädagogischen Reflexion wieder zum konkreten Projektvorhaben, dem Langzeitprojekt: „Spurensuche".

Es war nicht nur die eigene Betroffenheit, sondern vor allen Dingen die Frage, wie ich Schüler/innen, in deren Klassen ich für die Bereiche Sozialkunde und Geschichte als Fachlehrer zuständig war, und denen ich auf keinen Fall eine routinemäßige Antwort auf die Herausforderungen der rechten Provokateure geben wollte, auch diesmal wiederum adäquates und nachhaltiges Wissen zur aktuellen Thematik vermitteln könnte.

Erneut bat ich daher meinen Schulleiter um die Einrichtung einer Geschichts-AG, um zu versuchen mit Hilfe eines Ganzjahresprojektes aufzuzeigen, wie es um die deutsch-jüdischen Nachbarschaften in der Vor-Hitler-Zeit und während der NS-Diktatur im Umfeld unserer Schule bestellt war.

Unter den Teilnehmern der Geschichts-AG befand sich ein ‚U-Boot'. Ein Jungagitator und Fähnleinsführer aus dem Dunstkreis der ‚Northeimer Kameradschaft'. Er war uns, wie so viele Problemfälle von der ortsansässigen Paul-Gerhardt-Schule, eines Gymnasiums mit Internat in Trägerschaft der evangelischen Landeskirche zwecks Weiterbearbeitung überlassen worden. Obwohl im nahen Einbeck wohnhaft, war er im Internat untergebracht. Auch die Eltern waren bei diesem Knaben wohl mit ihrem Latein am Ende.

Ich merkte bald, wie er versuchte, sich eine eigene Gefolgschaft aufzubauen. Hierbei verbreitete er auf dem Schulhof sein rechtes Gedankengut und verteilte CD-s mit einschlägig rechtem Liedgut oder Eintrittskarten für die Großdisko, die sein Vater in Einbeck betrieb. Als er bei der Erwähnung der nationalistischen und antisemitischen Hetze in der Fleckengemeinde halblaut von sich gab: *„Das entspricht alles vollkommen der Wahrheit"*, war meine erste Reaktion, ihn sofort aus der AG zu entfernen, dann aber kam mir ein wesentlich besserer Gedanke. Ich informierte kurz meinen Schulleiter über den Vorfall und bat ihn, mit den Teilnehmern der Geschichts-AG, das Einwohnermeldeamt der Samtgemeinde aufsuchen zu dürfen.

Hier angekommen, baten wir den zuständigen Sachbearbeiter um einen Einblick in das Personenstandsregister der Fleckengemeinde Markoldendorf. Wie erwartet fand sich kein Angehöriger jüdischen Glaubens darunter. **Und damit war ein paradoxer und zugleich perfider Sachverhalt gegeben. Eine Ungeheuerlichkeit ohnegleichen in Form des Antisemitismus als Fiktion, selbst wenn es gar keine Juden mehr geben würde!**

Noch vor Ort entfuhr es mir in Richtung unseres verlegen grinsenden NPD-Jungagitators: *„Ist auch dir jetzt ein für alle Mal klar geworden, was du und deine Neonazis für ein falsches, dumpfbackiges und verbrecherisches Gedankengut verbreiten?"*

Ich muss wohl ziemlich laut geworden sein, denn sowohl der Verwaltungsbeamte, als auch meine Schülergruppe schwiegen betroffen. Nicht so unser Jungfunktionär aus der rechtsextremen Szene. Der hatte sich längst wieder gefangen. Ganz offensichtlich war er von der braunen Soße so infiltriert worden, dass ihn auch ein noch so überzeugender Beweis gegen das Vorgehen seiner neonazistischen Gesinnungsgenossen nicht erschüttern konnte.

Die Mehrzahl der Schülergruppe, darunter auch etliche von denen, die er fast schon auf seine Seite gezogen hatte, war durch den Abstecher zum Einwohnermeldeamt sichtlich beeindruckt. Und ich selbst hatte jetzt einen Einstieg in die ohnehin schwierige Thematik gefunden, von dem ich hoffen durfte, dass meine Schüler mir jetzt mit mehr Empathie auf der Spurensuche zu jüdischem Leben in unserer Region folgen würden.

Insgeheim hoffte ich natürlich auch, jenen hartleibigen jungen Neonazi noch zu überzeugen, denn schließlich war er in gewisser Weise ein Opfer der eigentlichen Drahtzieher im rechtsradikalen Milieu. Ich ließ ihn zu Wort kommen, wann immer er meinte, uns widersprechen zu müssen. Mir wurde schnell klar, dass man ihn in der ‚Kameradschaft' entsprechend ideologisch aufmunitioniert hatte.

Wir ertrugen ihn, weil er gewissermaßen eine gute Projektionsfläche für das Abarbeiten von neonazistischem

Gedankengut bot. Dann aber kam es zu einer Konfrontation, bei der keinerlei Toleranz mehr zulässig war. Der jüdische Friedhof in Dassel war verwüstet worden. Grabsteine waren umgestoßen worden. Als wir den Vorfall diskutierten, murmelte er halblaut aber allerseits verständlich: *„Da haben die Kameraden ganze Arbeit geleistet."*

Es war einer der Momente, in denen Beherrschung nahezu unmöglich ist. Ich schrie ihn an, nannte ihn das, was er und seine Gefolgsleute in meinen Augen seien: Verbrecher, die aus den Verbrechen einer menschenverachtenden Diktatur nichts gelernt hätten.

Unmittelbar nach diesem Vorfall führte ich ein längeres Gespräch mit meinem Schulleiter. Erklärte ihm, dass ich nicht länger gewillt sei, den Schüler weiter in der Geschichts-AG zu unterrichten, und dass ich in der nächsten Gesamtkonferenz den Antrag stellen würde, ihn wegen seiner rechtsradikalen Umtriebe von der Schule zu verweisen. In Zusammenarbeit mit dem Gymnasium, wo er sich in gleicher Weise betätigt hatte, gelang es uns dann den Schüler aus dem Dunstkreis unserer Schulen zu entfernen.

„Ich habe ihn rausgeworfen"

Neonazi hat Geschichts-AG gestört

DASSEL (fb) – Am Telefon sei er schon mehrfach von Rechtsextremisten bedroht worden. „Wer sich aus dem Fenster lehnt, muss wohl damit rechnen", sagt Hubertus Zummach, der vor drei Jahren zusammen mit seinen Schülern eine Dokumentation zum Kriegsende 1945 veröffentlichte. Jetzt hat der 61-jährige Lehrer an der Rainald-von-Dassel-Schule wieder Farbe bekannt: Der Projektleiter der Geschichts-AG hat ein Buch herausgegeben, in dem Lebensbilder jüdischer Mitbürger aus der Zeit vor und während des Nationalsozialismus nachgezeichnet werden.

Hubertus Zummach.

Während der Arbeit der Geschichts-AG wurde Hubertus Zummach unmittelbar mit dem Gedankengut von Rechtsextremisten konfrontiert: Ein Mitglied der Arbeitsgruppe habe sich als aktives Mitglied einer rechtsextremistischen Partei zu erkennen gegeben, versuchte die Arbeit der AG mit rechten Sprüchen zu unterlaufen. „Ich habe ihn rausgeworfen, als er in unerträglicher Weise begann, die Verbrechen der Nazis zu verharmlosen", berichtet Hubertus Zummach im Gespräch mit der EULE.

Die Aufkleber-Aktion von Neonazis in Markoldendorf vor einem Jahr und vor allem der Prozess gegen einen 22-jährigen ehemaligen Schüler der Rainald-von-Dassel-Schule im Februar dieses Jahres, weil er den jüdischen Friedhof in der Sollingstadt geschändet hatte (wir berichteten), bewogen Zummach und seine Schüler, das von ihnen gesammelte Material aufzuarbeiten, zu ergänzen und jetzt zu veröffentlichen. „Wir versuchen im Rahmen unserer Möglichkeiten einen Beitrag auf dem Felde der Aufklärung zu leisten!"

Die aktuelle Tendenz in der Öffentlichkeit, gegenüber neonazistischen Umtrieben deutlich Flagge zu zeigen, findet Zummach „außerordentlich ermutigend". Wünschenswert sei jetzt, wenn den vielen Appellen auch konkrete wirksame Maßnahmen folgen würden.

Wer die Aufgabe, dem Rechtsextremismus zu begegnen, den Kindergärten, Schulen und Vereinen überlasse, gleichzeitig dort aber die Finanzmittel kürze, „handelt unverantwortlich", meint Zummach.

Sonntagsanzeiger: Die Eule, 3.September 2000

Es gibt Grenzen des Tolerierens. Sowohl im persönlichen Verhalten, als auch in einem gesellschaftspolitischen Konsens. Zivilcourage seiner Bürger und konsequentes, hartes Durchgreifen gegenüber jeglicher rechtsextremen Propaganda und Gewalt durch den wehrhaften demokratischen Staat, müssen die Lehren aus dem Scheitern der Weimarer Republik und der Schreckensherrschaft durch die Nazi-Diktatur sein. Dies zu fordern ist eine Sache, sich im Einzelfall persönlich dem rechten Milieu entgegenzustellen eine andere.

Und natürlich habe ich meine Schüler/innen immer davor gewarnt, sich mit rechtradikalen Typen oder Horden anzulegen. Meine Aufgabe sah ich vielmehr darin, zu verhindern, dass sich rechtsextremes Gedankengut in ihren Köpfen festsetzt.

Aber wie weit war ich selbst bereit, mich unter Einsatz meiner Person dem rechten Mob entgegenzustellen? Eine Frage, die ich in letzter Konsequenz nicht abschließend beantworten kann. Aber immer hatte ich das Bild meines Vaters vor Augen, der vom glühenden Anhänger Hitlers zum enttäuschten Gegner wurde, und der für den Rest seines Lebens gezeichnet war von dem, was die NS-Diktatur im deutschen Namen angerichtet hatte. Den Anfängen der neonationalistischen Hydra zu wehren, war neben der Verantwortung in meiner Rolle als Lehrer auch eine immerwährende Verpflichtung dem geschundenen Leben meines Vaters gegenüber.

Das erste Mal hatte ich mir den Zorn des rechten Milieus verstärkt zugezogen, als ich gegen das vom ehemaligen Gauleiter Süd-Hannover-Braunschweig, Hartmann Lauterbacher, in 1984 im Schütz-Verlag, Preußisch Oldendorf aufgelegte Buch mit dem Titel: „Erlebt und mitgestaltet" im Kreisblatt Stellung bezogen hatte. Auch im Nachherein empört es mich noch zutiefst, wie hier ein mitverantwortlicher Akteur aus der gehobenen Führungsebene des NS-Staates, sowie Landsmann und fanatischer Anhänger des Führers, der nachweislich für die Deportation von 1200 jüdischen Glaubensangehörigen aus Hannover in die Vernichtungslager verantwortlich zeichnete, und der nach dem Krieg erklärte: *„Ich stehe auf dem Standpunkt, dass uns das Judentum den Krieg erklärt hat",* noch in neuester Zeit ungestraft sein Unwesen treiben durfte.

Auch an seinem Beispiel zeigt sich, wie wenig es gelungen ist, der Hauptakteure des Holocaust habhaft zu werden, und wie sehr die Aktion des Simon-Wiesenthal-Centers ins Leere läuft, wenn jetzt um der Schauprozesse willen ein Kopfgeld auf die etwa 50 überlebenden Täter aus den unteren Chargen der deutschen Verbrechensnomenklatura, allesamt im biblischen Alter von um die 90 Lebensjahre, ausgesetzt wird.

Lauterbacher, jüngster Gauleiter im Reich, forderte über Rundfunk und Tageszeitungen noch am 4. April 1945, wenige Tage bevor die Alliierten Hannover erreichten, bedingungslosen Widerstand. Mit Durchhalteparolen wie: *„Lieber tot als Sklav“*, und der Androhung: *„Wer die weiße Fahne hisst ist des Todes!“*, rief er dazu auf, den längst verlorenen Krieg mit weiteren sinnlosen Opfern fortzusetzen.

Während er Hitlerjungen und Greise in das letzte Gefecht schickte, saß er selbst längst auf gepackten Koffern. Er besorgte sich ein vollbetanktes Auto, ließ es mit über eine Million Zigaretten beladen, entledigte sich seiner ‚Goldfasanenuniform‘ als Gauleiter und setzte sich, getarnt als Handelsvertreter, ins noch sichere Hinterland ab. – Übrigens ist das Verhalten von Lauterbacher typisch für nahezu die ganze vermaledeite NS-Führungsriege, die auf der einen Seite noch fünf nach Zwölf von der Bevölkerung forderte, was sie selbst nicht mehr bereit waren zu leisten.

In unserer Region ließ sich bei Recherchen zu: „Tage davor – Tage danach“, diese politische Verantwortungslosigkeit, die sich letztlich als pures Maulheldentum entlarvte, bis hinunter zum Kreisleiter nachweisen. Und schließlich war der Selbstmord des „Führers“ auch nichts weiter als die Flucht vor der politischen Verantwortung, einer von ihm selbst eingeforderten diktatorischen, absoluten Vollmacht im Handeln. Einer Verantwortung auch für die in seinem Auftrag und in seinem Namen durchgeführten Jahrhundertverbrechen, die man dann zum Teil bis heute unisono dem deutschen Volk insgesamt anlastete.

Ich hatte es daher als meine Pflicht angesehen, den Hinweis in der Tagespresse auf die schöngefärbten ‚Erinnerungen des Gauleiters Lauterbacher', mit einem entsprechend ausführlichen Kommentar zu versehen. Was mich in tiefes Erstaunen versetzte, waren weniger die wenigen anonymen Drohanrufe, als vielmehr die vielen beiläufigen Bemerkungen, von bis dato als harmlos eingeschätzten Zeitgenossen, die sich in der Summe auf: *„Es war nicht alles schlecht im Dritten Reich"*, zusammenfassen lassen.

Heftiger und vor allen Dingen brutaler im Wortlaut waren die ‚Anonymen Rechten' diesmal nach meinem energischen Vorgehen gegen ihren Jungfunktionär. Auch kam es diesmal zu konkreten Aktionen, die von der Bedrohung des mit mir gemeinsam agierenden Internatsleiters: *„Wir schlagen Dir den Schädel ein!"* bis zum zu vernachlässigenden Zerstechen von Reifen an meinem PKW reichten. Bedenklicher war da schon, als nach dem Muster der Sippenhaft, das Auto meiner Lebenspartnerin, die zu der Zeit am ortsansässigen Gymnasium unterrichtete, mehrfach mit Hakenkreuzen, SS-Emblemen und der Zahl 88 (für Adolf Hitler) beschmiert wurde.

Nach all den Erfahrungen und dem nach meiner Einschätzung immer noch diffusen, von dumpfen Vorurteilen behafteten Antisemitismus in Teilen unserer ländlich geprägten Region, war mir klar, dass wir mit der Auflegung unserer „Spurensuche“ bei weitem nicht den Erfolg haben würden, wie mit der Dokumentation über das unmittelbare Kriegsende. Die Schwierigkeiten ergaben sich schon bei der Recherche. Es fanden sich kaum Interviewpartner.

Als wir unsere Doku auch in der Buchhandlung jener Fleckengemeinde auslegten, in der es zu den erwähnten Nazi-Parolen gekommen war, rief mich die Buchhändlerin nach wenigen Tagen an, und bat mich die Bücher wieder abzuholen, da man ihr mehrfach gedroht habe, ihren Laden zu boykottieren. – Auch das gehört zum Thema ‚Zivilcourage‘ in demokratischen Zeiten.

Dennoch: während die erste Dokumentation in jeglicher Hinsicht als Erfolg zu bewerten war, waren im Lauf der Zeit doch immer mehr scheinbar ewig Gestrige bereit, sich in unsere ‚Spurensuche‘ zu vertiefen, um anschließend das Gespräch mit den Gruppenteilnehmern und mir zu suchen. Häufigster Kommentar: *„Das über die Juden habt ihr gut zusammengetragen. Vor allen Dingen* *habt ihr sie nicht als Heilige dargestellt, sondern als Menschen auch mit Schwächen wie wir sie alle haben.“* Nicht mehr und nicht weniger hatten wir beabsichtigt, und ich finde damit hatten wir schon viel erreicht.

Es war übrigens mit Hilfe der Dokumentationen der Langzeitprojektarbeiten bewusst auch eine über den internen Bereich der Schule in die regionale Öffentlichkeit abzielende mikrogeschichtliche Aufarbeitung der Geschichte des Dritten Reiches beabsichtigt. Es zeigte sich hierbei, dass unsere Dokumentationen dabei häufig zu einem die Generationen überbrückenden Dialog führte und dass sie, da wir bewusst auch die lokale Presse in unsere Öffentlichkeitsarbeit mit einbezogen hatten, zu entsprechenden Kommentaren und Rückmeldungen in Form von Leserbriefen anregten.

Es muss deutlich betont werden: unter Projektarbeit firmiert vieles in den Schulen, ohne dass es in der Didaktik und Methodik auch nur annähernd den Intentionen projektorientierten Lernens entspricht. Lehrer/innen haben zumeist keinerlei Ausbildung in der Projektmethode an Hochschulen und Universitäten erfahren.

Desgleichen verfügen die meisten Länderkultusministerien über keine entsprechenden Curricula. Auch scheuen sich die meisten Lehrer/innen, da ohnehin schon durch andere Problemfelder in der gegenwärtigen Pädagogik mit reichlich Mehrarbeit belastet, vor einem zusätzlichen, langzeitlich anfallenden Aufwand. Aber nachhaltigeres Wissen und eine nachhaltigere Kompetenzerweiterung lassen sich nun einmal nur über mehr investierte Zeit realisieren.

Projektarbeit gegen das Vergessen

Geschichts-AG der Rainald-von-Dassel-Schule stellte zweite Dokumentation vor

»Tage davor - Tage danach« und »Spurensuche« sind zwei Dokumentationen betitelt, die das Ergebnis einer Projektarbeit der Rainald-von-Dassel-Schule sind. Die Geschichts-Arbeitsgemeinschaft versucht seit einigen Jahren, Aufklärung zu leisten darüber, was sich in den Jahren des Nationalsozialismus in der Region ereignet hat, sie will Geschichte zeigen, wie sie sich vor der Haustür ereignet hat. In einer Ausstellung in der Dasseler Geschäftsstelle der Kreis-Sparkasse Northeim wird jetzt auf dieses Projekt aufmerksam gemacht.

Dassel (ek). »In den letzten Tagen und Wochen wurde in dieser Republik gegenüber neonazistischen Umtrieben deutlich Flagge gezeigt, und der Widerstand gegen den rechten Terror scheint sich dabei in erfreulicher Weise quer durch alle Gesellschaftsschichten zu formieren«, stellt der Leiter dieses Projekts, Hubertus Zummach, fest. Das sei für alle, die sich mit den Problemen zunehmender Gewaltbereitschaft und dem Anwachsen rechtsextremen Gedankengutes vor Ort konfrontiert sehen, besonders ermutigend. Allerdings wäre es wünschenswert, wenn den Appellen und öffentlichen Erklärungen noch konkrete, wirksame Maßnahmen folgen würden. Für Gewalt und Extremismus gebe es vielfältige Ursachen; sie zu bekämpfen und zu beseitigen, erfordert einen langen Atem - Vorbeugung und engagierte Aufklärung müssen deshalb langfristige Ziele verfolgen.

Die Geschichts-AG der Rainald-von-Dassel-Schule versucht seit einigen Jahren, im Rahmen ihrer Möglichkeiten einen Beitrag zur Aufklärung zu leisten. Sie hat sich dabei in letzter Zeit zunehmend der Projektarbeit gegen das Vergessen gewidmet und versucht, Themen der jüngsten Zeitgeschichte aufzuarbeiten; Schwerpunkt ist dabei die Regionalgeschichte.

Erste Ergebnisse wurden 1997 mit »Tage davor - Tage danach« vorgelegt. Thema war das unmittelbare Kriegsende in der Kernstadt Dassel und in verschiedenen Ortsteilen. Die Schüler haben Fragebögen entwickelt, mit Zeitzeugen gesprochen, Chroniken und Dokumente ausgewertet. Das Resultat war eine 120 Seiten umfassende Dokumentation, von der mehr als 500 Exemplare verkauft wurden. Der Erlös, 2.300 Mark, wurde der Deutschen Kriegsgräberfürsorge übergeben.

Diese außerordentlich positive Resonanz hat die Geschichts-AG ermutigt, die Schrift wieder neu aufzulegen und gleichzeitig neue Ergebnisse vorzustellen. »Spurensuche« heißt der daraus entstandene Titel. Der Inhalt befasst sich mit Kultur und Lebensweise jüdischer Mitbürger. Die Schüler haben versucht, ihre Schicksalswege vor und während des so genannten Dritten Reiches aufzuzeigen. Der Druck wurde möglich durch die Elternförderschaft der Rainald-von-Dassel-Schule und die Stiftungsgesellschaft der Kreis-Sparkasse Northeim.

Für die KSN, so Geschäftsstellenleiter Matthias Riemer, habe die Auseinandersetzung mit regionaler Zeitgeschichte einen hohen Stellenwert, und das gelte umso mehr in Zeiten, in denen rechtsradikale Aktivitäten vermehrt auftreten würden. Die Auseinandersetzung mit diesem höchst sensiblen Thema sei den Autoren erneut hervorragend gelungen, lobte er, die Bücher verdienten einen großen Kreis interessierter Leser. Den besonderen Reiz und die Spannung mache es eben aus, dass man lesen könne, was damals an vertrauten Orten geschehen sei, die große Geschichte werde auf vertraute Ebenen gebracht und deshalb umso eindrücklicher.

Schulleiter Udo-Horst Lange würdigte die Projektarbeit und ihre Ergebnisse ebenfalls als etwas Herausragendes: Die Schüler hätten nicht nur Engagement über den normalen Schulalltag hinaus gezeigt, sondern sie hätten auch etwas Bleibendes geschaffen, was für die Nachwelt seine Bedeutung habe.

Die KSN zeigt bis zum 13. Oktober während ihrer regulären Öffnungszeiten, wie die Projektgruppe arbeitet und welche Ziele sie dabei verfolgt. Im Rahmen der Ausstellung sind beide Bücher in KSN in Dassel erhältlich. Sie sind ebenfalls zu kaufen in der Bücherstube Sprink, am Kiosk Sölter, in der Blankschmiede Neimke, in der Buch- und Papierhandlung Cichosz in Markoldendorf sowie in Einbeck in der Buchhandlung Minkner und im Städtischen Museum. Der Erlös ist diesmal für die Finanzierung weiterer Projekte der Geschichts-AG der Schule gedacht.

Was bis auf den heutigen Tag unvergesslich bleibt, waren die Kontakte zu Überlebenden und Nachfahren von jüdischen Familien aus unserer Region, die auf Umwegen in den Besitz unserer ‚Spurensuche' gelangt waren. Längere Zeit bis zu dessen Ableben unterhielt ich einen Briefwechsel mit Henry Rothenberg aus 49 Holne Chase, London. Aus Südafrika erhielten wir Nachricht von den Nachfahren von Oskar Rothenberg.

Höhepunkt war aber zweifellos, als uns Nachkommen der Familie Rothenberg aus Israel und den USA im Dezember 2002 in Dassel besuchten, um sich mit uns gemeinsam auf Spurensuche zu begeben. Ich war nicht mehr im Schuldienst, aber ein jüngerer, Kollege ebenfalls vor Ort sesshaft, der sich als perfekter Nachfolger meiner Themen angenommen hatte, begleitet uns mit seiner Klasse beim Empfang und beim Rundgang durch Dassel.

Am Nachmittag führte ich die Gruppe nach Mackensen, wo wir neben der Synagoge und dem Friedhof auch die ehemaligen Wohnstätten einiger Vorfahren besuchten. Am Abend hatte ich einen Raum in einer Dorfgaststätte reservieren lassen. Unvergesslich bis heute ist mir, als ich mit einem der Teilnehmer etwas intensiver ins Gespräch kam, und er mir im Verlauf des Gespräches eröffnete, dass er Vorstand eines Vereins der Niedersachen in seiner Region sei. *„Wir sind sieben Mitglieder und bei* *jeder Zusammenkunft singen wir immer noch das Niedersachsenlied und zwar von der ersten bis zur letzten Strophe."* – Mich beschämte so viel Heimatliebe.

Auf jüdischer Spurensuche in Dassel und in Mackensen

Nachkommen der Familie Rothenberg reisen aus Israel und USA nach Deutschland / Veröffentlichungen zur Geschichte

Wer waren die früheren jüdischen Bewohner von Dassel, was ist aus ihnen und ihren Nachfahren geworden? Mit dieser Frage haben sich verschiedene Forschungen in den letzten Jahren beschäftigt - Kinder der Rothenbergs waren jetzt in der Sollingstadt, um selbst zu sehen, wo ihre Ahnen gelebt haben.

Dassel (ek). Die Familie Monin aus Israel und die Familie Corn aus den USA waren gemeinsam in Dassel, um kennen zu lernen, wo ihre Vorfahren gelebt haben. Große Verdienste um die Erforschung des Lebens jüdischer Mitbürger habe sich Hubertus Zummach mit der Geschichts-Arbeitsgemeinschaft der Rainald-von-Dassel-Schule erworben, hob Bürgermeister Wilhelm Hannemann beim Empfang der Gruppe im Dasseler Rathaus hervor. Die jüdische Vergangenheit in Dassel sei bekannt: In der Kernstadt und in verschiedenen Ortschaften hätten Bürger jüdischen Glaubens gelebt, in Dassel, Sievershausen, Mackensen und Markoldendorf gebe es jüdische Friedhöfe.

Neben dem Bürgermeister hießen Ortsheimatpfleger August Schröder, der die letzten Juden in Dassel, die Familie Rothenberg, noch persönlich kannte, und Theodor Müller die Gäste willkommen. Er bereitet zurzeit gemeinsam mit Rüdiger Kröger ein Buch über die jüdische Bevölkerung in Dassel vor. Dazu wird unter anderem in Archiven, Synagogenlisten und auf Friedhöfen geforscht. Die Arbeit soll 2003 oder 2004 erscheinen.

Zeugnisse jüdischen Lebens, so Theodor Müller, seien in Mackensen bis ins Jahr 1718 zurück zu verfolgen. In Dassel seien die ersten Juden 1814 erwähnt, zugezogen aus Mackensen. Die Synagoge der Gemeinde befand sich in Mackensen, mit vier Familien zugleich der Kern jüdischer Ansiedlungen in der Gegend. Dort gab es zudem eine Schule und ein Frauenbad. Die Namen Rothenberg, Steinberg und Weinberg wurden im Jahr 1808 auf Druck der französischen Verwaltung übernommen. Die Ansiedler seien vermutlich aus dem Westfälischen gekommen, immer wieder tauche Corvey auf.

Der Bau der katholischen Kirchen 1844 stellte die jüdische Gemeinde vor Probleme, denn sie versperrte den Zugang zum jüdischen Friedhof. Dessen Verlegung war möglich mit der Maßgabe, dass die vorhandenen Gräber auf ewig gepflegt würden. In der jüdischen Abteilung des Friedhofs finden sich insgesamt 30 Gräber, auf einigen fehlen allerdings die Grabsteine. Der größte Friedhof der Region ist in Mackensen mit 20 erhaltenen Grabsteinen.

Ab 1866 waren Juden anderen Glaubensgruppen gleichgestellt. Viele Familien zogen daraufhin in Großstädte. In Mackensen gab es 1877 sieben Familien mit 33 Personen, die Gemeinde war damit gerade groß genug, um die Zahl der Religionsmündigen Männer zu erreichen.

In Dassel kauften die Rothenbergs ein Haus, in dem die Gottesdienste abgehalten werden konnten, eine große finanzielle Belastung, denn die Gemeinde bestand nur aus 21 Personen. Die Synagoge gegenüber der katholischen Kirche wurde 1875 eingeweiht und 1893 aus finanziellen Gründen verkauft. Für weitere 25 Jahre stand der Betsaal aber dennoch zur Verfügung - genutzt wurde er bis 1917, dann erfolgte die Umsiedlung an den Kirchplatz. Das Haus sahen sich die Familienmitglieder jetzt an. 1834/35 wurden die Juden zur Aufgabe gezwungen. 1927 lebten noch zehn jüdische Einwohner hier, 1938 waren es vier. Alle kamen in Theresienstadt ums Leben.

In Dassel gab es zwei Familien Rothenberg; eine der Urenkelinnen, Chana Monin, war mit Ehemann Schimon und der Familie hier. Theodor Müller hat aufgrund von älteren Berichten ein lebendiges Bild der Rothenbergs zeichnen können, von Emil und Jula, der Gründerin des Vaterländischen Frauenvereins, die 1935 mit den Kindern nach Amerika auswanderte und dort gehäkelte Damenkleider an ein vornehmes Warenhaus in New York verkaufte, von Oskar, der ein Textilgeschäft am Marktplatz betrieb und dem sein Einsatz im Ersten Weltkrieg zwar das Eiserne Kreuz gebracht hatte, der aber auch einen Arm einbüßen musste, von Julius und Amanda.

Sowohl Hubertus Zummach als auch Ute Siegeler, die sich mit Ahnenforschung der Rothenbergs beschäftigt hat, betonten, es bestehe großes Interesse, die Wurzeln kennenzulernen. So wurden unter anderem auch die Friedhöfe in Mackensen und Dassel besichtigt.

Vor dem Haus, das ab 1917 die Synagoge der jüdischen Gemeinde in Dassel war: Nachfolgegenerationen der Familie Rothenberg besuchten jetzt die Sollingstadt. Foto: Kondziella

Einbecker Morgenpost

Verlag: Heinrich Rüttgerodt · Einbeck · Marktplatz 12 + 14
Telefon (0 55 61) 40 02 + 40 03 · Telefax 7 33 83

Herausgeber: Jürgen Rüttgerodt, Einbeck

Betriebsassistentin: Dipl.-Ing. Kristiane Rüttgerodt

Zentralredaktion: Dr. Wolfgang Mauersberg (verantwortlich)

Redaktion: Edith Kondziella · 37574 Einbeck (verantwortlich)

Anzeigen: Jürgen Rüttgerodt (verantwortlich)
Marktplatz 12 + 14 · 37574 Einbeck

Peter Kitzig, Arno Latzel, Einbeck

ASN
Anzeigenring Südniedersachsen

Das Papier dieser Zeitung besteht zu mindestens 75 Prozent aus Altpapier.

www.einbecker-morgenpost.de

Wie sehr diese Form der projektförmigen heimatkundlichen Geschichtsvermittlung über den internen Bereich der schulischen Arbeit auch in die Öffentlichkeit nachwirkte, zeigten zahlreiche Dokumente und Unterlagen, die mir leider erst nach Auflegung der Dokumentation überlassen wurden. Darunter etwa eine schon recht unleserliche Widmung in Reimen von ‚Onkel Siegmund und Tante Bertha zur Verlobung von Fräulein Bartchen Wallhausen mit Herrn S....lisch(?)

8. Februar

Zur Verlobung

von Fräulein Bertchen Wallhausen mit Herrn Sa[illegible]lisch
Markoldendorf – Alpen (Rhld.)

Nun ist gekommen der große Tag,
wo Bertchen einen Bräut'gam hat,
Sie will dem Elternhaus entfliehn,
und an den schönen Rhein hinziehn,
Es ist kein Wunder von dem Mädchen,
wenn es auszieht aus diesem Städtchen,
weil viel hat's von der Welt gesehen,
denn Reisen fand es wunderschön.
Es ist ihr das auch gut bekommen,
denn sie hat tüchtig zugenommen.
Man kann sie grad' so richtig nen[illegible]n,
ihr Sam wird das auch finden können.
Doch sollt entstanden die Figur
wirklich von vielem Reisen nur [illegible]
Dem ist nicht so; – denn schon a[illegible]
lief sie zur Großmutter gar gesc[illegible]
und brockte mit ihr tüchtig ei[illegible]
zum Frühstück, ei, das schme[illegible]
auch Butter, Zucker kam dazu,
leer war das Kümpchen dann [illegible]
Erklärlich wird's aus diesem [illegible]
woher sie hat die Größ' und R[illegible]
Seitdem sind's 20 Jahre her,
als sie in kleinem Blechgeschirr,
verstand schon Kuchen zubereiten.
Ein Häkchen krümmt sich schon [illegible]
Doch wird sie heute schon ver[illegible]
aus Mehl zu backen ihren Kuchen
Damals war's nur noch Sand und [illegible]
war sie's dann leid, warf sie ih[illegible]
Sie sah dann oftmals nie[illegible]lich aus
und ging ganz fröhlich so nach Haus,
Die Eltern riefen voller Graus:
„Wie sieht das Bertchen wieder aus !"
Doch hat's ihr wirklich nicht geschadet,
nachdem sie wieder war ge[illegible]t,
und jetzt ist gänzlich [illegible]
gewiß, so was sah man noch nie
Als Backfisch schon w[illegible] sie [illegible]
sie wurde keck und immer ke[illegible]
Der Bahnhof hat's ihr angetan
wenn näherte sich die kleine [illegible]
Und oftmals stieg wohl jemand [illegible]
der sie dann brachte hübsch nach Haus.
Und war sie dann un[d] wann [illegible]
ihr Vater sagte: „Das sich da[illegible]"
Denn niemand anders soll es sein,
als Samuel vom schönen Rhein.
So hat Herr Willy es recht gemacht
und hat auch Hugo schon bedacht,
denn nicht nur Bertchen ist heut glücklich
auch Hugo hat'ne Braut recht [illegible]edlich.

Oder ein Fund aus dem 19. Jahrhundert: Das Abrechnungsbuch des jüdischen Kaufmanns Herman Wallhausen aus dem Ort Lüthorst. Gefunden beim Dachausbau im Jahr 2002. Auf der letzten Seite, wahrscheinlich eine Kritzelei der Kinder, das Unheilzeichen der NS-Zeit.

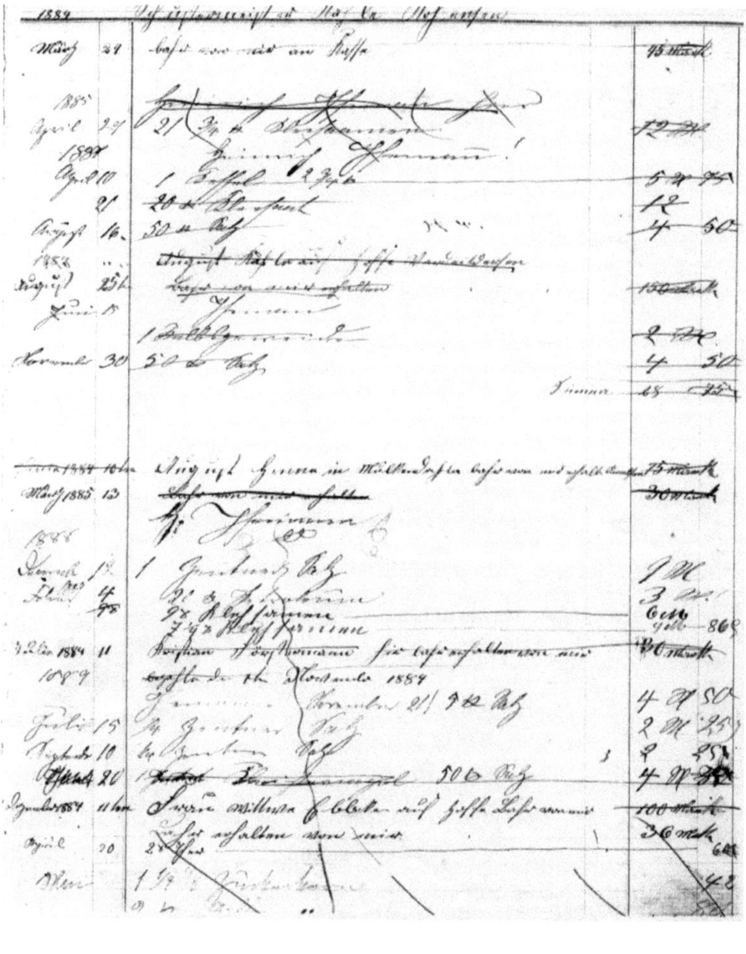

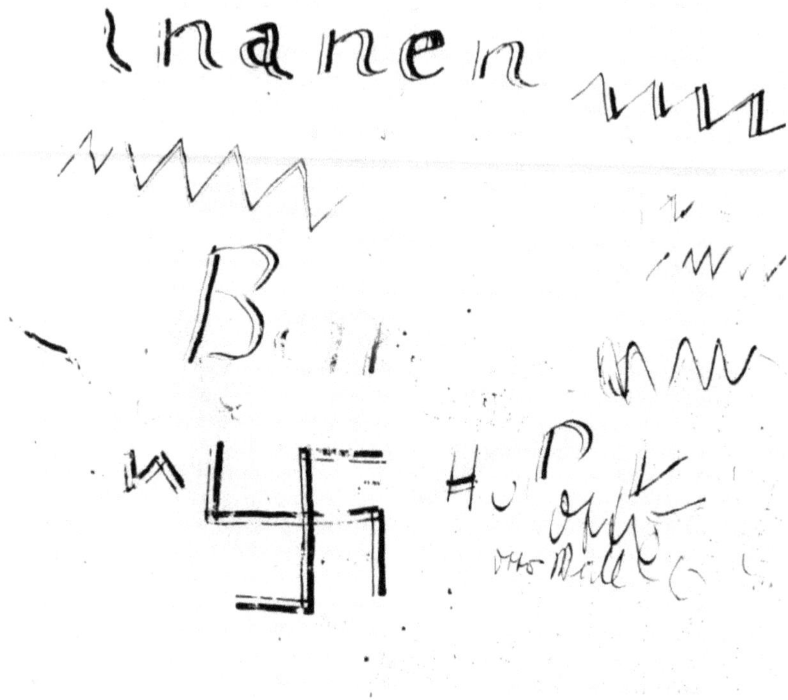

Über den bereits erwähnten Henry Rothenberg erhielt ich eine Kopie der Festschrift: ‚Zur Erinnerung an den 80.Geburtstag des Herrn David Rothenberg am 5. Oktober 1913, gewidmet von Herrn Sam Rothenberg, New-York.

Als David Rothenberg im biblischen Alter von 94 Jahren, am 13. Januar 1927 in Dassel verstarb, wurde er unter großer Anteilnahme der Bevölkerung zum jüdischen Friedhof geleitet. Die Sympathie für diesen menschenfreundlichen und großzügigen jüdischen Patriarchen war allgemein und so sprach der Rabbiner an seinem Grab die Worte: *„Der Name Rothenberg wird in Dassel nie vergessen werden!"*

Zeitungsnotizen.

Dasseler Zeitung.

Dassel. Am Sonntag feierte hier einer unserer ältesten und beliebtesten Mitbürger, Herr Kaufmann David Rothenberg, seinen 80. Geburtstag in seltener körperlicher und geistiger Frische. Viele Ehrungen und Glückwünsche wurden ihm zuteil. Aus Anlaß des Geburtstages fand im „Ratskeller" eine Familienfeier statt, an der etwa 50 Personen teilnahmen und die einen äußerst schönen Verlauf nahm.

Hannover. Courier.

Dassel, 11. Oktober. Hier feierte einer der ältesten und beliebtesten Mitbürger, der Kaufmann D. Rothenberg, seinen 80. Geburtstag in voller körperlicher und geistiger Frische. Viele Ehrungen und Glückwünsche wurden ihm zuteil. Eine große Familienfeier krönte den Tag. [132]

---

[132] Aus: Festschrift: Unserem lieben Vater zu seinem 80. Geburtstage gewidmet von Elfriede, Oskar, Hilde, Rieta. Eine Kopie dieser Festschrift wurde mir von Henry Rothenberg, London, überlassen.

„Frau Jula galt mit ihrem naturblonden, gewellten Haar vielen Einwohnern als die hübscheste Frau Dassels. Durch ihr fröhliches, freundliches Wesen war sie überall beliebt. Gefällig und zuvorkommend bediente sie die Kunden. Gern und lang unterhielt sie sich mit ihnen und bot guten Käufern sogar Kaffee an. Dem Roten Kreuz übersandte sie oft Spenden und half Bedürftigen durch Abgabe getragener Kleidungsstücke. Mit anderen Judenfrauen gründete Jula den ‚Vaterländischen Frauenverein', dessen Aufgabe darin bestand, Geld zu sammeln und es an alte und gebrechliche Leute zu verteilen. Großzügig betreute Jula Rothenberg oft wochenlang Kranke und junge Mütter."[133]

So beschreibt Heide Rumpeltin, eine ehemalige Schülerin unserer Schule, in einer Jahresarbeit die Schwiegertochter des David Rothenberg. Diese patriotisch und altruistisch gesinnte Deutsche jüdischen Glaubens entsprach vom Typus her in vollkommener Weise der von den NS-Ideologen propagierten ‚nordischen Herrenrasse'. Zu den Widersprüchen, ja dem Wahnsinn der Hitlerzeit, gehört auch, wie wenig die Protagonisten der Bewegung, vom ‚Führer' mit reichlich dubioser Herkunft aus dem niederösterreichischen Waldviertel angefangen, über den klumpfüßigen Chefpropagandisten Goeb-

[133] Hubertus Zummach/Geschichts-AG der Rainald-von-Dassel-Schule in: Spurensuche, daselbst: S.52

bels, Himmler, Göring und andere aus der politischen Führungselite der NSDAP, diesem von ihnen gewählten Selbstbildnis der Herrenrasse entsprachen. Auch lässt sich rational nicht erklären, dass der Ehemann von Jula, Oskar Rothenberg, Kriegsveteran aus dem Ersten Weltkrieg, der vor Verdun einen Arm verloren hatte, und der sich im vollen Gefühl patriotischer Zusammengehörigkeit vor der Machtergreifung mit seinen Kriegskameraden auf dem Balkon des Dasseler Ratskellers zeigen konnte, dann nach der Machtergreifung ausgegrenzt, und schließlich zum Verlassen der angestammten Heimat gezwungen wurde.

Jula Rothenberg fristete zuletzt übrigens ein im Vergleich zu den Dasseler Lebensverhältnissen bescheidenes Dasein. Sie war Ausbesserungsschneiderin in New-York. Ihren Kindern verhalf die lebenstüchtige, tapfere Frau aber zu akademischen Berufen.

Übrigens zeigt der Aufstieg der Familie Rothenberg, der erst durch die Judenemanzipation der Preußen ermöglicht wurde, und deren Vorfahren im Dorf Mackensen eine Randexistenz als Seifensieder geführt hatten, wie sehr Aufstieg und Emanzipation über Bildung erfolgen. Die neun Kinder von David und Julie besuchten allesamt das Gymnasium in Einbeck und erhielten in Ergänzung zum staatlich verordneten Unterricht noch Zusatzunterricht durch eine unverheiratete jüdische Lehrerin. Und diese Zwischenbemerkung sei erlaubt: Bildung als lebenswichtiger Aspekt, den Teile eines eigenen oder mit Migrationshintergrund versehenen bildungsresistenten Prekariats meinen vernachlässigen zu können, um dann denen Ansehen und Wohlstand zu neiden, die es über Bildung zu etwas im Leben gebracht haben, ist ein bis in die unmittelbare Gegenwart reichendes Problem. Letztlich fiel der im ‚Dritten Reich' geschürte Hass auf jüdische Mitbürger denn auch insbesondere bei den in der Mehrzahl primitiven, ungebildeten und im Leben zu kurz gekommenen Schlägertrupps von der SA, als Neidfaktor gegenüber einem gut ausgebildeten und entsprechend privilegierten, akademischen jüdischen Bildungsbürgertum, auf besonders fruchtbaren Boden.

Die Parallele zu den Skinheads und Neonazis, dem willigen und billigen Fußvolk der aktuellen rechten Szene drängt sich hier förmlich auf. Hier anzusetzen, möglichst vielen Jugendlichen eine berufliche Perspektive zu geben, staatlicherseits noch mehr in Bildung und Ausbildung zu investieren, um den rechten Sumpf möglichst flächendeckend auszutrocknen, ist die beste Prävention. Leider stehen hier mehr politisch verbalen Kraftakten häufig weniger reale staatliche Investitionen gegenüber.

Kehren wir zurück zu unserer Spurensuche und reichen einige Belege für den herausgehobenen Standard der Rothenbergs im Kreise der Dasseler Honoratioren nach.

[134]

Musikfolge

1. Einzug der Gäste, Marsch aus der Oper „Tannhäuser", Wagner
2. Solveigs Lied, aus der Per Gynt Suite II . . . . Grieg
3. Fantasie aus der Oper „Bajazzo" . . . . Leoncavallo
4. Ungarische Tänze 5 und 6 . . . . Brahms
5. Romanze aus der Oper „Mignon" . . . . Thomas
6. Intermezzo pizzicati, aus dem Ballet „Sylvia" . . . . . Delibes
7. Fantasie aus der Operette „Fledermaus" . . . . Strauß
8. Melodien aus der Oper „Carmen" . . . . Bizet
9. Schattenspiele-Intermezzo, Gavotte . . . . Fink
10. Aufforderung zum Tanz . . . . Weber

[134] Aus: Zur Erinnerung an den 80. Geburtstag des Herrn David Rothenberg am 5.Oktober 1913, Kopie der mir von Herrn Henry Rothenberg, London, überlassenen Unterlagen

Lebens-Bilder jüdischer Mitbürger aus Dassel

Kinder der befreundeten Familien Creydt und Rothenberg

Emil Rothenberg, ein Sohn von David Rothenberg mit Freunden während eines Urlaubs in den Alpen

Oskar Rothenberg, dritter von links, 1915, im Kreise seiner Kriegskameraden[135]

Allein mit dieser Bildfolge, die die Normalität im Umgang von Deutschen mit ihren Landsleuten jüdischen Glaubens vor der Hitlerzeit dokumentiert, erschloss sich der

[135] Bilder aus dem Dasseler Stadtarchiv

Einstieg in die Problematik des Holocaust allemal besser als über jedes Schulbuch, weil sich von hier aus eine wesentlich effizientere und nachhaltigere Erinnerungsarbeit rekonstruieren ließ als mit der Konfrontation des millionenfachen Mordes.

Wenn ich etwa die Schüler/innen dazu aufforderte, die Kinder der Creydts und Rothenbergs ihren Familien nach rassischen Merkmalen zuzuordnen, und sie das nicht konnten, dann entlarvte sich hier für sie recht anschaulich und allgemeinverständlich der ganze Schwachsinn der nationalsozialistischen Rassenideologie. Wie überhaupt es auch Erwachsenen unmöglich ist, sich das ganze Grauen des millionenfachen Genozids an den Juden zu verinnerlichen, ist Empathie eher möglich über das Bewusstmachen von Einzelschicksalen.

So war denn auch Steven Spielbergs Film: ‚Schindlers Liste', den ich mir mit allen Schüler/innen für deren Geschichtsunterricht ich zuständig war, angesehen hatte, weitaus wichtiger für eine Annäherung an den Holocaust, als die immer noch vorhandenen Filmrollen in den Kreisbildstellen, deren Wirkung an anderer Stelle bereits beschrieben wurde.

Im Schwarz-Weiß der Uniformität des Grauens, war über die Identifikation mit dem jüdischen Mädchen im roten

Mantel ein erster, aber ganz wichtiger Einstieg in das millionenfache Leid gegeben.

Alles, was ich an Bildern und Dokumenten, zum Teil bis zur Unleserlichkeit vom Mäusefraß angegangen, verwalte und einmal dem Dasseler Heimatmuseum überlassen werde, benutze ich derzeit noch, um im regionale Umfeld die Erinnerung an jüdische Mitbürger aufrecht zu erhalten. Vor allen Dingen an meiner ehemaligen eigenen Schule, und da wo ich gefragt werde. Aber auch die Projektarbeit gegen das Vergessen von Oberstufenschülern des in Dassel ansässigen Gymnasiums habe ich kürzlich fachlich begleitet.

Es wurde bereits mehrfach erwähnt: mit dem Ableben von Tätern und Opfern wird das Geschehen im Dritten Reich endgültig in die Geschichtsbücher verbannt. Und es droht aus unterschiedlichsten Gründen Vergessen. Auch das sei nochmals gesagt: Vergangenheit war und ist nicht zu bewältigen, zumindest nicht, wenn es uns in der Folge nicht gelingt, eine entsprechend zeitgemäße Erinnerungskultur zu implementieren.

Dies wird umso mehr gelingen, wenn wir das nationale Erinnern durch ein gesamteuropäisches ergänzen. Der hier angeführte Weg eines projektorientierten, mikrogeschichtlichen und regionalen Vorgehens, müsste dann folglich in ein europäisches Netzwerk integriert werden.

LOKALES DASSEL Freitag, 24. Mai 2013

Für zwei Doppelstunden hatte er sich am Mittwoch vor einer Woche als Lehrer reaktivieren lassen. Der Bitte seines Realschullehrerkollegen Ralf Pahl zu einer Exkursion mit dessen neunter Klasse der Rainald-von-Dassel-Oberschule, um die Spuren jüdischen Lebens in Dassel aufzunehmen, war Ruheständler Hubertus Zummach gern gefolgt, war Pahl doch mit seinen Schülern auch bei einem vor Jahren erfolgten Besuch jüdischer Emigranten aus der Region und deren Kinder und Enkelkinder aus Israel, Südafrika und Kanada zugegen, um an deren Wiedersehensfreude mit der alten Heimat teilzunehmen. Zummach hatte während seiner aktiven Tätigkeit an der Rainald-von-Dassel-Schule zwei Dokumentationen in Form von zeitgeschichtlichen Ganzjahresprojekten mit damaligen Haupt- und Realschülern zu Themen der jüngsten Vergangenheit verfasst. Die beiden Arbeiten »Tage davor - Tage danach«, der Versuch einer Dokumentation über das Kriegsende im Einzugsbereich der Schule, aufgelegt 1997, und »Spurensuche«, Lebensbilder jüdischer Mitbürger aus der Heimatregion, aufgelegt 2000, sind der Versuch, die schwierige Thematik aus der Zeit des Dritten Reiches in Form von Heimatkunde oder Mikrogeschichte anschaulicher werden zu lassen. Die Arbeiten sind derzeit unter anderem Gegenstand einer wissenschaftlichen Untersuchung und Bestandsaufnahme an der Universität Hildesheim. Zummach aber freute sich an diesem Tag besonders darüber, dass er mit Ralf Pahl einen gleichermaßen an den Themen interessierten und kompetenten Nachfolger und mit dessen Klasse, der R 9a, eine gesprächs- und diskutierfreudige Zuhörerschaft gefunden hatte und dass nach seiner mehr als zehnjährigen Abstinenz vom Schuldienst seine Projektarbeiten immer noch Verwendung im Unterricht der Rainald-von-Dassel-Schule finden. Die Schüler folgten ihm konzentriert, interessiert und auch betroffen beim Vorlesen der Lebensgeschichte von Werner Steinberg, dessen Wurzeln in der Region liegen und der als »nichtarischer Christ« Ausgrenzung und Verfolgung sowie Deportation und Tod seiner Anverwandten unter dem NS-Regime leidvoll erfahren musste. In einer zweiten Phase erarbeiteteten die Schüler sich in Form von Gruppenarbeit aus der Dokumentation »Spurensuche« die Schicksale und Lebensbilder von Deutschen jüdischen Glaubens, um dann beim abschließenden Gang zum jüdischen Friedhof und der Besichtigung vormals jüdischer Gottes- und Wohnhäuser über deren Leben und Wirken in Dassel zu berichten. »Eine solche tolle Truppe wie euch habe ich gegen Schluss meiner Dienstzeit an dieser Schule eher selten angetroffen«, lobte Hubertus Zummach die Schüler zum Abschluss. Die Bilder zeigen ihn beim Vortrag der Lebensgeschichte von Werner Steinberg und Klassenlehrer Ralf Pahl mit der R 9a am Ende ihres Rundgangs; im Hintergrund die Bücherstube Sprink, vormals das Geschäft des jüdischen Buchbinders Robert Rothenberg.

Als Ruheständler wieder einmal vor Schülern meiner ehemaligen Schule

16.1 Entwicklung einer historischen Erinnerungskultur durch eine europaweit vernetzte Lehrer- und Schülerzusammenarbeit

„Was bisher als historische oder historisch politische ‚Weltkunde' präsentiert wurde, beschränkte sich auf deutsche Geschichte mit einigen Abstechern ins Europäische. Diese Einschränkung ist zu überwinden, indem einerseits die Perspektive konsequent ausgeweitet wird (Popp) andererseits aber auch die existentiellen Belange der Lernenden im Spiegel historischer Inhalte zu fokussieren ist, was konzeptuell auf eine ‚Historische Lebenskunde' hinausläuft (Schulz-Hageleit).

Die ‚Idee' einer historischen Lebenskunde ist nicht neu (Nietzsche). Die weiterführende Beschäftigung mit dieser Idee ist nach den apokalyptischen Erfahrungen der Vergangenheit und des bedrohlichen Szenarios der Gegenwart ein Gebot der Stunde."[136]

Was Schulz-Hageleit hier richtungsweisend für ein gesamteuropäisches Geschichtsbewusstsein anmahnt, ist aber mehr ein geschichtsdidaktischer Apell, der der

---

[136] Peter Schulz-Hageleit: Geschichtsbewusstsein und Zukunftssorge. Unbewusstheiten im geschichtswissenschaftlichen und geschichtsdidaktischen Diskurs. Herbolzheim, 2004, hier: aus dem Aufsatz: Vierzehn Thesen über zukünftige Aufgaben der Geschichtsdidaktik, erschienen in GWU 01/6, S.38

konkreten Umsetzung bedarf. Was im eigenen Bemühen einerseits durch eine längst überfällige Erweiterung und Einbeziehung der europäischen Helfer und Mittäter beim Genozid der Juden auf dem alten Kontinent in einem mehr wissenschaftlichen Kontext angegangen wurde, und andererseits für ein effizienteres, elementareres und unmittelbareres Verständnis der Zusammenhänge der jüngsten deutschen Geschichte über eine durch ein Langzeitprojekte vorgenommene ‚Spurensuche' im Bereich der Mikrogeschichte, versucht wurde zu verifizieren.

Um hier nochmals den mikrohistorischen und projektartigen Ansatz für eine adäquatere und nachhaltigere Form der Wissensvermittlung im Bereich schulischer Bildung hervorzuheben, sei auf die Möglichkeiten einer grenzübergreifenden, interkulturellen Vernetzung von Regionen hingewiesen, um lokale und europäische Geschichte zu verknüpfen.

Und hier würden insbesondere Projekte wie „Tage davor – Tage danach" oder „Spurensuche" in einem interkulturellen, grenzübergreifenden Ansatz unter Einbeziehung und Beteiligung von Lehrer/innen und Schüler/innen in den unmittelbaren Nachbarschaften und Grenzregionen in Europa über eine die gemeinsame Geschichte , und hierzu gehört auch die des Holocaust, und eine gemeinsam zu *er*arbeitende Erinnerungskultur, zu mehr tragfähigen, weil mehr empathisch begründeten Bindungen innerhalb der europäischen Gemeinschaft führen.

Während die internationale Geschichtsforschung die These von der Alleinschuld der Deutschen am Ersten Weltkrieg längst als unhaltbar entlarvt hat, ist es jetzt an der Zeit, auch auf die gesamteuropäische Teilhabe an Antisemitismus und Holocaust zu verweisen.

Damit rückt die Notwendigkeit für einen interkulturellen, gesamteuropäischen Ansatz in der Geschichtsdidaktik als Zukunftsperspektive in den Vordergrund. Jenseits aller theoretischen Betrachtungsweisen gerät dabei wieder die schlichte Frage nach der pragmatischen Umsetzung für eine Verknüpfung von mikro- und regionalgeschichtlichen Aspekten mit einer gesamteuropäischen, makrogeschichtlichen Konzeption in den Vordergrund.

Was zukunftsperspektivisch über Städtepartnerschaften und Schüleraustausch bereits geschieht, bedarf der Ergänzung durch gemeinsame Schulprojekte in der europäischen Bildungspolitik. – In Zeiten globaler Vernetzung und eines planetaren Informationsflusses und Informationsaustausches, wachsen auch zunehmend die Chancen, Europa über eine gemeinsame Bildungspolitik enger zusammenzuführen und damit krisenfester zu machen.

Für die Entwicklung eines entsprechenden Geschichtsverständnisses über die Eruierung von Mikro- und Regionalgeschichte mit dem Ziel einer europäischen Zusammenführung und Gesamtschau, gibt es hierzu bereits ein interkulturelles Netzwerk für Schulen in Europa.[137] Einfach und unbürokratisch kann hier auch an einem Programm für lebenslanges Lernen teilgenommen werden. Schüler/innen, ohnehin häufig in der Bedienung von Techniken der modernen Informationsgesellschaft ihren Lehrer/innen um Längen voraus, können sich in einem gemeinsamen virtuellen Klassenzimmer desgleichen über ‚Twinn Space' mit einer ausgewählten Partnerklasse vernetzen. Dabei können sie:

- E-Mails versenden
- Im Forum oder per Chat diskutieren
- Einen Projektkalender führen
- Arbeitsblätter oder Präsentationen austauschen
- Fotogalerien erstellen
- Arbeitsergebnisse veröffentlichen[138]

Desgleichen bietet eTwinning Ideen und Praxismaterial wie zum Beispiel Unterrichtsmaterial für Primar- und Sekundarstufen an; insbesondere aber auch vergleichbare Projektberichte anderer europäischer Schulen.

[137] eTwinnig, Netzwerk für Schulen in Europa, Kontaktaufnahmen über: www.eTwinning.net oder unter Tel.: 0800-389466464
[138] Mehr hierzu unter: eTwinning Flyer, www.eTwinnig.net

17.0 Epilog

Der Holocaust, als Genozid an den europäischen Juden in der Folge des Zweiten Weltkrieges war zwar ein maßgeblich von der Nazi-Diktatur betriebenes Projekt einer ‚Endlösung in der Judenfrage auf dem europäischen Kontinent'; es fanden sich aber, wie nachgewiesen, genügend willige Helfer in nahezu allen europäischen Ländern, die direkt oder indirekt in den Holocaust involviert waren.

Nicht nur der Hamburger Historiker Michael Wildt konstatiert daher: *„Dass die Deutschen den millionenfachen Mord nicht allein hätten bewerkstelligen können."* - Auf über 200 000 schätzt der Historiker Dieter Pohl vom Institut für Zeitgeschichte die Zahl der Nichtdeutschen, *„die die Mordaktionen vorbereiteten, durchführten und unterstützten"*, ungefähr genauso viele wie die Zahl der deutschen Täter betrug.

Dass sie von den Deutschen etwa zur Mithilfe gezwungen wurden, ist Legende. Denn auch Überlebende des Holocaust wissen davon zu berichten. Vielmehr beteiligten sie sich oft genug freiwillig und mit brutaler Hingabe an der Vernichtung der Juden, weil es zum Teil lange vor den Judenpogromen in Nazi- Deutschland in etlichen Ländern auf dem europäischen Kontinent eine virulente Bereitschaft zur Ausrottung der Juden gab.

Hannah Ahrendt weist u.a. darauf hin, dass es in Rumänien, wo der europäische Antisemitismus mit am stärksten verbreitet war, schon vor der Allianz mit Hitler-Deutschland unzählige Mordexzesse gegen Juden gegeben hatte. So ermordeten rumänische Legionäre unweit von Bukarest Juden, hängten mehrere der Toten wie Vieh an Haken auf, und versahen sie mit einem Schild: „Koscheres Fleisch zu verkaufen."[139]

In neuerer Zeit geraten daher immer mehr nichtdeutsche Täter, wie etwa zuletzt der Ukrainer Iwan Demjanjuk, der als ‚Trawniki' zu den vielen willigen Handlangern des Holocaust gehörte, die die Juden *„effizient in die Gaskammern getrieben haben"* in den Fokus. - Für die willigen polnischen Tippgeber, Denunzianten übelster Art, bürgerte sich der Begriff ‚Szmalcowniki' ein"[140]

Es ist einfach Fakt, *„dass ukrainische Gendarmen und lettische Hilfspolizisten, rumänische Soldaten oder ungarische Eisenbahner, auch polnische Bauern, niederländische Katasterbeamte, französische Bürgermeister, norwegische Minister, italienische Soldaten am Jahrhundertverbrechen des Holocaust zuhauf beteiligt waren."*[141]

---

[139] Aus :SPIEGEL-ONLINE: Handlanger des Holocaust – Ein Beitrag von Georg Bönisch, Michael Sontheimer und Klaus Wiegräfe

[140] SPIEGEL-ONLINE, daselbst, S.2

[141] SPIEGEL-ONLINE, daselbst

Und es gab zu wenige in Deutschland und Europa, und das ist das Entscheidende, die bereit waren, sich schützend vor ihre jüdischen Mitbürger zu stellen. Mit dieser Einschätzung befinden wir uns u.a. in Übereinstimmung mit der Ansicht des renommierten Berliner Historikers Götz Ali, wonach der Holocaust in seiner gesamten Dimension auch Teil eines gesamteuropäischen Projektes war.[142]

Wenn wir daher folgerichtig für die Entwicklung einer gesamteuropäischen Erinnerungskultur plädieren, dann kann auch ein übergreifender Aspekt nicht weiter sträflich außeracht gelassen werden. Das Gesamtgeschehen des Zweiten Weltkrieges darf nicht länger seiner historischen Besonderheit beraubt werden, indem es zu einem Rahmenthema des Holocaust degradiert wird.

Insgesamt wurden über 60 Millionen Menschen zu Opfern des Zweiten Weltkrieges. Was insgesamt in etwa der Gesamtbevölkerung Frankreichs entspricht. Wobei Polen und die ehemalige Sowjetunion, wollte man denn Zahlenarithmetik betreiben, die bei weitem größten Verluste zu beklagen hatten. So verlieren in der aktuellen Diskussion um das Weltkriegsgeschehen und den Holocaust die historisch relevanten Determinanten immer

[142] Götz Aly, daselbst

mehr an Gewichtung. Unterliegt Eigenspezifisches in seinem historischen Kontext immer mehr einer verquasteten Universalisierung bei der zunehmend eine Verallgemeinerung in Form eines Standardprogramms von Bekenntnisfloskeln und festen Chiffren den Disput bestimmen.

Diese Universalität, die letztlich auf eine Belanglosigkeit und Unverbindlichkeit im Umgang mit der Gesamtthematik des Kriegsgeschehens hinauslaufen könnte, wird in Deutschland dadurch zusätzlich befeuert, dass hier mit zeitlich immer größerem Abstand zum Zweiten Weltkrieg eine zunnehmend stärkere selektive, und im Hinblick auf das Gesamtgeschehen nur auf die alleinige deutsche Täterrolle beim Holocaust fokussierte Betrachtung forciert wird.

Die deutsche Politik war und ist weitgehend immer noch bestimmt von einer von außen reflexhaft aufoktruierten oder freiwillig angenommenen Alleinschuldhaftung. Eine Schuldhaftung über die, und das ist das Perfide daran, häufig zuvorderst handfeste materielle und ökonomische Interessen gegenüber den Deutschen lanciert werden.

Jedem Volk, das unter die Gewaltherrschaft einer Diktatur geraten ist, billigt man zu, dass es auch der eigenen Opfer gedenkt und den Widerstand gegenüber

einer totalitären Herrschaft entsprechend würdigt. Für die Deutschen wurde dies lange Zeit ausgeblendet. Und bis in die Gegenwart (siehe Goldhagen) werden immer erneue Versuche unternommen, die Deutschen per se in andauernder Canossahaltung zu fixieren.

Hierzu gehörte lange Zeit auch der Versuch, den Deutschen das legitime Recht auf nationaler Identität abzusprechen. – Mit fatalen Wirkungen, die langfristig die Zukunftsfähigkeit deutscher Politik in Gefahr bringen könnten.

Denn:

„Ein Volk ohne eigene nationale Identität, ohne ein klares Bekenntnis zur eigenen Sprache und Kultur ist ein geschichts- und gesichtsloses Nichts im Kanon der Nationen. Ein Volk wie das Deutsche, das in einem andauernden Trauma immer noch weitestgehend auf 12 Jahre nationalsozialistische Gewaltherrschaft fixiert ist, und wo bei jeder öffentlichen Debatte nach mehr als einem halben Jahrhundert immer noch Hitler mit am Tisch sitzt, oder von denen, die den Blick auf die eigene Nation ausblenden wollen, zu Tisch gebeten wird, gibt

mit der nationalen Identität letztlich sich selbst auf. So die eigene Einschätzung."[143]

Was die bisher sträflich vernachlässigte Frage nach der nationalen Identität der Deutschen anbelangt, so sind wir, wie nach dem Ersten Weltkrieg in einer ähnlich fatalen Lage, als wider alle heute eruierten historischen Fakten, die Deutschen mit der Alleinschuld stigmatisiert wurden. Durch enorme Lasten der Reparationsleistungen drangsaliert, und durch Gebietsabtretungen gedemütigt, erfolgte als Reaktion ein Übersprung vom nationalen zum nationalistischen, rassistischen Denken und Handeln, der zur Voraussetzung für die Hitler-Diktatur wurde. Eine ähnliche Perpetuierung ist auf Dauer nicht auszuschließen, wenn die Doktrin von der Alleinschuld der Deutschen am Genozid der Juden nicht um den europäischen Beitrag am Holocaust erweitert und entsprechend aufgearbeitet wird.

Ein weiterer, aktueller und europaweiter Aspekt kommt hinzu. Bei den jüngsten islamistischen Terroranschlägen in Paris, allesamt antisemitisch motiviert, hat sich u.a. auch gezeigt, dass eine bunte, multikulturelle Gesellschaft, mit einem Übermaß an Toleranz gegenüber allem Gefährdungspotential, das sich aus

---

[143] Hubertus Zummach: Preußens großer Friedrich – Versuch einer Annäherung, Cuvillier Verlag Göttingen – Internationaler wissenschaftlicher Fachverlag, 2011, 2. Auflage, S. 305, 306

teils völlig konträren, unversöhnlichen und gewaltbereiten oder häufig wenig integrierbaren Zuwanderern aus aller Herren Länder, aber insbesondere aus dem arabisch-islamischen Raum, der Türkei, Nordafrika und dem Nahen Ostens zusammensetzt, den Bestand einer Nation zutiefst gefährden kann und letztlich zu ihrer Fragmentierung führt.

Wenn viele Auguren für Frankreich bereits ein Scheitern von Multi-Kulti im Land konstatieren, in einem Land, wo die rechtsextremistischen, nationalistischen und antisemitischen Kräfte der Marine le Pen, deren Vater bekanntlich zu den prominentesten Holocaustleugnern gehört, ohnehin schon auf dem Vormarsch sind, dann muss man befürchten, dass angesichts der diffusen Gemengelage, der berechtigten oder geschürten Ängste der Deutschen, wir uns langfristig desgleichen auf den von mir beschriebenen ‚nationalen Übersprung', in Form eines vermehrten neonationalistischen Gedankengutes einstellen müssen.

Das wäre dann eine bittere Lektion, die auch den derzeit ohnehin schon fragilen Prozess der europäischen Integration scheitern lassen könnte, der durch den 'Brexit' der Briten bereits ein bedrohliches Maß erreicht hat.

Wenn eine ansonsten meist strategisch, analytisch und klug agierende Bundeskanzlerin den Unsinn des Bundespräsidenten mit der geringsten Verweildauer im Amt wiederholt, dass der Islam zu Deutschland gehört, dann wird es dadurch auch nicht besser. Denn wenn der Begriff vom christlichen Abendland nicht zur Worthülse verkommen soll, dann gehört Abgrenzung zum Islam in seiner gegenwärtigen Verfassung dazu. Diese Form des Islam ist derzeit immer noch zu stark vom Rückfall einer Religion in atavistische, ideologisch-religiös motivierte und im Islamismus von faschistischen Denk- und Handlungsmustern geprägt. Und auch das unterscheidet den Islam derzeit von anderen Weltreligionen, die Aufklärung und Säkularisierung erfolgreich hinter sich gebracht haben, dort wo er in der Überzahl ist, gelten die steinzeitlichen Regeln der Scharia; ist die Trennung von Staat und Kirche aufgehoben.

Viel zu lange wurde der Blick auf die abendländisch-christlichen Wertvorstellungen, die Prämissen des Grundgesetzes und die berechtigten Interessen einer an eigener Sprache und Kultur und an eigener Identität interessierten Bundesbürgerschaft verstellt. Und es wurde eine Integrationspolitik betrieben, in der es mehr um Anpassung der Deutschen an die Zuwanderer als die der Migranten an ihr Gastland ging.

Die Folge: Parallelgesellschaften und ‚No-Go-Areas' in urbanen Brennpunkten, die auch ROT-GRÜNE Gutmenschen lieber meiden, und deren dort anfallende Probleme sie Lehrern, Sozialarbeitern und Polizisten überlassen. Zwangsverheiratungen, die eindeutig gegen die im Grundgesetz postulierte Gleichberechtigung von Mann und Frau verstoßen, Hassprediger in den Moscheen und auf den Straßen dieser Republik, Ganzkörperverkleidungen, die gegen das strafrechtlich relevante Vermummungsverbot verstoßen. Schächtung von Tieren, Beschneidung von Kleinkindern, praktizierte und akzeptierte Ausnahmerechte von Muslimen vom allgemeinen Kodex an deutschen Schulen, und extremes Machogehabe muslimischer Halbstarker, die in Extremfällen nicht vor Geschwistermord zurückschrecken, wenn islamische Mädchen sich aus dem partiellen Mief einer rückständigen muslimischen Unkultur befreien wollen. - Und, last but not least, ein im Islam nahezu durchgängiger Antisemitismus, der mit dem derzeit rasant anwachsenden Anteil der Muslime in Deutschland zu einer bisher völlig unterschätzten Gefahr für die Juden in Deutschland werden könnte.

Bei dem Versuch einer Evaluation eines stetigen Anwachsens neonationalistischer, rassistischer und antisemitischer Tendenzen im gegenwärtigen Europa wurde festgestellt, dass auch in den demokratisch und scheinbar pluralistisch aufgestellten Ländern Europas, ähnlich wie in der Zwischenkriegszeit, erneut krudes, aggressives, rassistisches und antisemitisches Gedankengut, zusätzlich befeuert durch den Import des Islamismus, vermehrt Eingang in die europäische Gesellschaft gefunden hat.

Wieder konzentriert sich Hass und Terror auf die verschwindende jüdische Minderheit in Europa. Wieder müssen die um ihre eigene Existenz fürchten, die über Jahrhunderte im erweiterten Sinn zum christlichen Abendland gehörten und über weite Strecken höchst unchristlich und im 20. Jahrhundert barbarisch-viehisch behandelt wurden. Und weniger der Islam, der zunächst noch einen langen und höchst beschwerlichen Weg der Säkularisierung vor sich hat, gehört zu Deutschland und Europa, sondern viel mehr gehörte und gehört das Judentum zum Abendland.

Und trotz aller geäußerten und vielleicht auch in einzelnen Punkten sicher überzogenen Kritik an vielem, was nicht nur eine bestimmte jüdische Kommunität für alle Zeiten und für alle Deutschen explizit an Alleinschuld fixieren möchte: Es gibt nur ein Fazit aus den Lehren deutscher und abendländischer Geschichte: Juden in Deutschland und Europa sind ein unverzichtbarer Bestandteil unserer Gesellschaft.

Von den vor der Machtergreifung durch Hitler 500 000 jüdischen Mitbürgern, haben nur wenige den Holocaust überlebt. Inzwischen haben wieder 200 000 Juden eine

Heimat in Deutschland gefunden. Sie sollten uns herzlich willkommen sein. Denn Juden waren und sind Bestandteil der deutschen Nation seit deren Anfängen. Sie haben in ihrer Mehrheit nicht nur die deutsche, sondern auch die europäische Geschichte und Kultur insgesamt ungemein beflügelt und bereichert. Und sie waren in Zeiten nationaler Überhöhung und Verengung häufig das liberale, weltoffene Gewissen des Kontinents. Wenn antiisraelische Demonstrationen nicht nur aus dem islamistischen Milieu wieder zu gewalttätigen Ausschreitung gegen Juden per se umfunktioniert werden, dann sollten wir uns künftig früher und noch entschiedener vor unsere Mitbürger jüdischen Glaubens stellen.

Mit jedem Deutschen jüdischen Glaubens, der angesichts neonazistischer und islamistischer Hetze und Übergriffe unserem Land resigniert den Rücken kehrt, verlieren wir nicht nur einen Teil der eigenen Identität, sondern auch einen Teil der eigenen Freiheit.

Und als Motivation im Kampf gegen den wiedererwachten Antisemitismus in Europa sollte dabei jeden von uns die Erkenntnis Sartres tragen: *„dass das Schicksal der Juden auch sein Schicksal ist."*

18.0 Bibliographie:

Adenauer, Konrad:

Briefe: 1945 – 1947, Berlin, 1983

Adorno, Theodor:

Studien zum autoritären Charakter, Frankfurt/M., 1995

Aly, Götz:

Grenzenlose Vorurteile – Jahrbuch 2002 zur Geschichte und Wirkung des Holocaust, Campus Verlag, Frankfurt/Main, 2002

Amar-Dahl, Tamar:

Interview zum Thema: Deutschland – Israel, tagesschau de.

Ahrendt, Hannah:

Eichmann in Jerusalem – Ein Bericht von der Banalität des Bösen, München, 1964

Avni, Heim:

Spanien, die Juden und Franco, Philadelphia, 1982

Bauer, Fritz: (Hg.):

Grenzenlose Vorurteile – Jahrbuch 2002 zur Geschichte und Wirkung des Holocaust, Campus Verlag, Frankfurt/Main, 200

Berliner Zeitung:

Operation letzte Chance, 04.12.2013

Bericht des Sekretariats an die Exekutivgebung der ITF vom Juni 1933:

- Hier: Bernhard Schmid: ‚Vor 70 Jahren in Frankreich', - Sommer 1936: Der ‚Front populaire, der Generalstreik und die sozialen Errungenschaften, aus dem Aufsatz in trend, 2006

Breitenbuch, von, Eberhard:

Erinnerungen eines Reserveoffiziers 1939 – 1945 Books on Demand, 2011

Brömmling, Ulrich:

Das verbotene Land, in: Die Zeit Nr.: 37/2007

Chamberlain, Houston Stewart:

Briefe: 19916 – 1924, 2.Band, F. Bruckmann A-G, München, 1928

Clark, Christopher:

Die Schlafwandler – Wie Europa in den Ersten Weltkrieg zog, DVA, München, 2013

Dahm, Volker:

Der Obersalzberg als historischer Ort und als Stätte historisch-politischer Bildung, in: Die tödliche Utopie – Bilder, Texte, Dokumente - Daten zum Dritten Reich, Veröffentlichungen des Instituts für Zeitgeschichte, München, 2002

Dönhof, Gräfin, Marion:

Axel von dem Busche, von Hase/Koehler Verlag, 1994

Emnid Umfrage:

Im Auftrag der ‚American Jewish Committee', 1994

Einbecker Jahrbuch:

Band 38, 1987

Echebach, Insa:

Nationale und postnationale Sprachen des Gedenkens – Theologisierung und Anthropologisierung nach der deutschen Einheit, Gedenkstättenrundbrief 95

Fischer, Joschka:

Risiko Deutschland – Krise und Zukunft der deutschen Politik, Droemer/Knaur Verlag, München, 1995

Frank, Anne:

Tagebuch, Fassung von Otto H. Frank, Fischer Verlag, Frankfurt, 2008

Frankfurter Allgemeine:

Der belgische Hitlersohn und der deutsche Überleib, 2008

Friedrich,, Jörg:

Der Brand – Deutschland im Bombenkrieg 1940 - 1945, Propyläen, 9. Auflage, 2002

Gisevius, Hans Bernd:

Wo ist Nebe? – Erinnerungen an Hitlers Reichskriminaldirektor, Zürich 1966

Goldhagen, Daniel Jonah:

Hitlers willige Vollstrecker – ganz gewöhnliche Deutsche und der Holocaust, Siedler Verlag, Berlin, 1996

Haffner, Sebastian:

Von Bismarck zu Hitler – Ein Rückblick, Droemer/Knauer, Taschenbuch, Lizenzdruck des Kindler Verlages München, 2001

Haasis, Hellmut:

„Den Hitler jag ich in die Luft." – Der Attentäter Georg Elser, eine Biographie, Rowohlt Verlag, Berlin, 1999; 2. Auflage: Hamburg, 2009

Harris, Thomas:

Das Schweigen der Lämmer, München, 199

Haubrich, Rainer:

Europas bedrohte Juden, Kommentar in: Forum, WELT AM SONNTAG, Nr. 13, 03. September 2012

Hilberg, Raul:

Die Vernichtung der europäischen Juden, 3 Bände, Fischer Taschenbuch, 2010

Holz, Klaus:

Nationaler Antisemitismus – Wissenssoziologie einer Weltanschauung, Hamburg Edition, Hamburg, 2001

Informationszeitschrift des Zentralrates der Juden in Deutschland:

Judentum in der BRD, 01.02.2014

Kershaw, Ian:

Hitlers Freunde in England, Deutsche Verlagsanstalt GmbH, München, 2005

Knoblonk, Peter:

Georg Elser und der Rote Frontkämpferbund – War Georg Elser ein Kommunist? Webseite des Georg Elser Arbeitskreises, 2008

Leicht, Justus/Schwarz, Peter:

Zum Tod von Franco Tudjman, in: World Socialist Web Site, 14.Dezember 1999

Lidegaard, Bo:

Die Ausnahme – Oktober 1943: Wie die dänischen Juden mithilfe ihrer Mitbürger der Vernichtung entkamen, Karl Blessing Verlag, München, 1. Auflage, 2013

Littell, Jonathan:

Die Wohlgesinnten, Roman, Berlin Verlag 2008

Liermann, Christiane:

Duce hier, Duce dort? – Das Italien von heute und der Faschismus, aus: Frankfurter Allgemeine vom 04.07.2010

Lubrich, Oliver:

John F. Kennedy -Unter Deutschen, Reisetagebücher und Briefe 1937-1945, Aufbau Verlag, Berlin, 2013

Marquina, Antonio/Ospina, Gloria, Ines:

Espana y los Judios en el siglo XX. La la accion exterior, Madrid, 1987

Mattioli, Aram:

„Viva Mussolini" – Aufwertung des Faschismus im Italien Berlusconis, Schöningh Verlag, Paderborn, 2010

Müller, Jan-Werner:

Wo Europa endet – Ungarn, Brüssel und das Schicksal der liberalen Demokratie, Essay bei: edition Suhrkamp, digital, o.J.

NEUE OZ, Osnabrücker Zeitung

01.07.2013: Studienergebnisse von Professor Wassilis Kassis

Rathkolb, Oliver/Ogris, Günther:

Authoritarianism, History and Democratic Dispositions in Austria, Poland, Hungary and the Czech Republic, Studien Verlag, Innsbruck, 201

Rother, Bernd:

Franco und die Deutsche Judenverfolgung – Vierteljahreszeitschrift für Zeitgeschichte, Jahrgang 46, Heft 2, 1998

Sauer, Bernhard:

Vom Mythos eines ewigen Soldatentums – Der Feldzug der deutschen Freikorps im Baltikum im Jahr 1919, in: Zeitschrift für Geschichte (ZfG), 43. Jahrgang, Heft 10, 1995

Schellenberg, Walter:

Memoiren, Köln, 1959

Schmidt, Bernhard:

Vor 70 Jahren in Frankreich – Sommer 1936, Aufsatz in: trend 2006

Schulz-Hageleit, Peter:

Geschichtsbewusstsein und Zukunftssorge – Unbewusstheiten im geschichtswissenschaftlichen und geschichtsdidaktischen Diskurs, Herbolzheim, 2004

Schwarz, Moritz:

Blick in die Todeszone, Interview mit Richard Ovewry, 2007

Spranger, Eduard:

Der Bildungswert der Heimatkunde, Reclam-Verlag, Stuttgart, 1949

Steinbach Peter/Tuchel Johannes:

„Ich habe den Krieg verhindern wollen" – Georg Elser und das Attentat vom 8. November 1939, eine Dokumentation, Landeszentrale für politische Bildung, Gedenkstätte Deutscher Widerstand, 2009

Steinberg, Georg:

Kriegs- und Friedenserlebnisse eines hannoverschen Jägers, Mannheim, 1991

Steinberg, Werner:

„Ausgegrenzt“ – Schicksalswege nichtarischer Christen in der Hitlerzeit, Luthersche Verlagsanstalt, Hannover, 1992

Stefan, Alexandra, Marianne:

Deutsche Kriegsverbrechen auf KRETA 1941 – 1945, Diplomarbeit Uni Wien, 1999

Theweleit, Klaus:

Männerphantasien, 2 Bände, Rowohlt Verlag, 2000

Theweleit, Klaus:

Der belgische Hitlersohn und der deutsche Überleib, aus: Frankfurter Allgemeine, Feuilleton, 2008

Tibi, Bassam:

„Selig sind die Belogenen“ – in: Die Zeit, Ausgabe 23/2002

Thorwald, Jürgen:

Es begann an der Weichsel – Flucht und Vertreibung der Deutschen aus dem Osten, Bd. 1 von: Die große Flucht, Droemer/Knaur, München, 1995

- Das Ende an der Elbe – Die letzten Monate des Zweiten Weltkrieges im Osten, Bd. 2 von: Die große Flucht, Droemer/Knaur, München, 1995

Peter, Tobias:

EUROPARECHTSAUSSEN – Rechtsextremisten und Rechtspopulisten im Europäischen Parlament – Herausgeber: Jan Philipp Albrecht, MdEP, 2010 ff.

Pieck, Wilhelm:

‚Brüsseler Konferenz der KPD', Oktober 1935

TU Berlin:

Antisemitismus in Europa (1879 – 1914) Nationale Kontexte, Kulturtransfer und europäischer Vergleich – Forschungskolleg unter Leitung von Professor Bergmann und Privatdozent Dr. Ulrich Wyrwa

Ullrich, Volker:

Adolf Hitler – Die Jahre des Aufstiegs, Fischer-Verlag, Frankfurt, 2013

Vacietis, Ojars:

Gedicht ins Deutsche übertragen von Matthias Knoll, Erstveröffentlichung: Padomja jaunnante, 29.10.1964 in Elpa

Vulfsons, Mavriks:

Der Rigaer Blutsonntag – Wer die Geschichte verschwiegt bereite ihre Wiederholung vor, aus einer Rede gehalten am 03. Dezember 1991 bei einer Trauerfeier in Rumbula, Lettland

Wette, Wolfram: (Hrsg)

Zivilcourage – Empörte Helfer und Retter aus Wehrmacht, Polizei und SS, Fischer-Taschenbuch-Verlag, Frankfurt am Main, 2003

Wiener EU-Agentur für Grundrechte

In: WELT vom 09.11.2013

Winkler, Heinrich-August:

Der Weg in die Katastrophe – Arbeiter und Arbeiterbewegung in der Weimarer Republik 1930 – 1933, Berlin/Bonn 1987

Wippermann, Wolfgang:

Faschismus – Alte Theorie und neue Definition, Aufsatz, erschienen in: „Einspruch!", 2011

Derselbe in: Antifaschistische Positionen – Eine Weltgeschichte vom 19. Jahrhundert bis heute, Primus Verlag Darmstadt, 2009

Wrobel, Johannes:

„Der Schrei aus dem Konzentrationslager“, Referat vom 10. November 1998

Yahil, Leni:

The Uniqueness of the Danish Jewry, in: Recue attempts during the Holocaust, Jerusalem, 1980

Zummach, Hubertus:

„Erworben, um neu zu besitzen!“ – Auf Spurensuche im wiedervereinigten Deutschland, Buch- und Offsetdruckerei Koch, Holzminden, 1993

Zummach, Hubertus/Projektgruppe und Geschichts-AG der Rainald-von-Dassel Haupt- und Realschule:

a- „Tage davor – Tage danach“ – Versuch einer Dokumentation über das Kriegsende im Einzugsbereich unserer Schule, Druckerei Jürgens, Dassel, 1997

b- „Spurensuche“ – Lebensbilder jüdischer Mitbürger aus unserer Heimatregion, Druckerei Jürgens, Dassel, 2000

Zummach, Hubertus:

Bildungstollhaus Bundesrepublik – Ein Report, Cuvilliier Verlag Göttingen, Internationaler wissenschaftlicher Fachverlag, Göttingen, 2010

Zummach, Hubertus:

Preußens großer Friedrich – Versuch einer Annäherung, Cuvilliier Verlag, Internationaler wissenschaftlicher Fachverlag, Göttingen, 2. Auflage, 2012

19.0 Über den Autor

Autor Hubertus Zummach

Biographische Daten:

Geboren am 08.05.1939 in Cottbus in der Mark Brandenburg, mit Spreewasser getauft.

Nach langer schulischer Odyssee durch alle vier Besatzungszonen, Abitur am Gymnasium in Einbeck. Danach Studium für das Lehramt an Grund- und Hauptschulen, sowie Ergänzungsprüfung für das Lehramt an Realschulen, an der PH-Göttingen, danach, Ergänzungsstudium für das Lehramt an Gymnasien an der Uni Göttingen, mit Abschluss aller Hauptseminarscheine.

Kontaktstudium in Göttingen mit der Qualifikation zum Mentor. Nach 40 Dienstjahren, seit 2001 im Ruhestand und derzeit als Publizist und freier Schriftsteller tätig.

Geprägt durch eine Kindheit und Jugend in einem preußisch-protestantischen Elternhaus, das zugleich auch ein Forsthaus war, hat er sich das jagdliche Erbe seiner Vorfahren, über Generationen Forstbedienstete in den preußischen Kernlanden, mit großer Passion bewahrt. So hat er denn auch mit: **Zu**

Gast im Reich des Wilden Jägers einen jagdlichen Klassiker vorgelegt, von dem Deutschlands renommierteste Jagdzeitschrift, DIE PIRSCH, sagt:

„Ein kleiner Schatz tut sich vor dem Leser auf, in dem Zummach seine ganz persönliche Gedankenwelt vor ihm öffnet. Anders als seine Ahnen fasste er nicht im Försterberuf Fuß, doch ereilte ihn die Jagdpassion. Die Jagdkultur hat er sich dabei verinnerlicht, wie eingewobene Zitate großer Autoren verraten (nicht, um sich gebildet zu geben). Man nimmt seinen heimischen Jagdschilderungen durch die Zeitläufe ab, wie sehr er in der klassischen Schule verwurzelt ist. Geschichten, die man nicht zwischen Tür und Angel liest, die Muße erfordern."

In: **Waldgelichter – Auch im Tierreich menschelt es,** glossiert Zummach mit Farbskizzen und Reimen gesellschaftliches Fehlverhalten, in dem er es in die ihm vertraute Welt der Waldtiere projiziert.

Mit**: "Worte nichts als Worte**" erschien im selben Jahr im Regionalverlag Mitzkat, Holzminden ein kleiner, feiner Gedichtband.

Im Mai 2015 ist im NWM- Nord-West-Media-Verlag, Grevesmühlen, ein weiterer Titel zum Thema: Jagd. Mit **„Wolfswahn – Wie viel Wolf verträgt der Mensch?"** erschienen, der schnell zu einem jagdthematischen Bestseller wurde. Hier bezieht der Autor klar Stellung gegenüber dem derzeitigen deutschen Wolfsmissmanagement, den überhand nehmenden Schäden an Wild- und Weidetieren, und einer Verharmlosung des Raubtieres Wolf, die keiner historischen Überprüfung standhält.

Es ist aber auch eine Hommage an den Wolf, wenn Zummach das enge Verhältnis von Naturvölkern zum Wolf oder die Empathie des Hundehalters für dieses herrliche Großraubtier hervorhebt. Daher möchte er den Wolf, der keineswegs vom Aussterben bedroht ist, denn auch lieber in entsprechenden Wolfshabitaten mit entsprechender Wolfswildnis belassen, als ihn in den dichtbesiedelten, urbanen Großräumen Europas zum degenerierten Kulturfolger, wie etwa die „Spaghetti-Wölfe“ vor den Toren Roms, verkommen zu lassen.

Zum Buch" Wolfswahn" äußerte sich Deutschlands wohl bekannteste Jagdzeitschrift: "WILD und HUND":

"Die Wolfssichtungen häufen sich. In nahezu jedem Bundesland wurde der Grauhund schon gesehen. Dabei gehen die Meinungen auseinander. Während die einen ihn komplett ablehnen, freuen sich die anderen wie auf einen verlorenen Sohn, den sie nicht schnell genug in die Arme nehmen können.

Und dann gibt es noch eine Gruppe derer, die durchaus die Faszination des Wolfes sehen, die aber auch postulieren, dass wir Menschen mit der Rückkehr der großen Beutegreifer Verantwortung übernehmen müssen.

Hubertus Zummach beschreibt die verschiedenen Ansichten in seinem Buch. Darüber hinaus beleuchtet er Mythen, Märchen, Legenden und die christliche Sicht auf canis lupus. Seine interessante Reise gipfelt in einem Thesenpapier mit zehn Punkten und Forderungen, die ein Miteinander von Mensch und Wolf möglich machen könnten."

Das Buch erfreut sich reger Nachfrage. Zummach hat dabei zum Teil vor mehr als 200 Zuschauern referiert.

Mit zunehmendem Alter werden ihm Hochsitz und Ansitzleiter auch zu Orten der Kontemplation und Reflexion für sein Schreiben zu Themen der Geschichte und aktuellen Politik. Im Bereich der Geschichte sind es mit: **Ruina mundi! Rainald von Dassel, des Heiligen Römischen Reiches Erz- und Reichskanzler** und **Preußens Großer Friedrich – Versuch einer Annäherung,** die Biographien zweier faszinierender Persönlichkeiten der deutschen Geschichte, mit denen der Autor sich beschäftigt hat.

Über die Friedrich-Biographie schreibt Frank Müntefering vom TAH u.a.:

„Zummachs Werk unterscheidet sich in mehrfacher Hinsicht von der aktuellen Friedrich-Literatur. Es ist weder eine der üblichen Biographien noch ein altklug angesetzter Essay über eine ambivalente Figur der deutschen Geschichte. – Jedes Kapitel, jede Geschichte, jede Episode, die teilweise in Dialogform präsentiert werden, liefern Mosaiksteine auf der Suche nach dem Gesamtbild des ‚Alten Fritz'. – Hubertus Zummach sieht sich selbst als Wertkonservativer, der die Person des Preußenkönigs auch benutzt, um an die heutige Gesellschaft Fragen zu stellen."

In der 2. Auflage ist neben einer umfangreichen Anekdotensammlung auch ein fiktiver Dialog zwischen Kanzlerin Merkel und dem Preußenkönig angefügt worden.

Eine besondere Profession hat sich der Autor auf dem Gebiet der Politikwissenschaften erworben. Ein längeres Studium der Politik Wissenschaften u.a. bei dem bekannten Politikwissenschaftler, Christian Graf von Krockow, und ein entsprechendes Ergänzungsstudium an der Uni Göttingen, befähigen ihn zu entsprechend wissenschaftlicher Herangehensweise. Literarische Vorbilder sind gleichermaßen der spätere freie Schriftsteller von Krockow und der geniale Publizist Sebastian Haffner. Zummach selbst betont, dass er der heutigen Zeit angemessen, in seinen Schriften einen eigenen Stil bevorzugt. Er schreibt im ‚Klartext'. Bisweilen bewusst polemisch-sarkastisch und mit provozierenden Thesen. Und das auf dem Hintergrund einer wertkonservativen, patriotischen Gesinnung.

Mit dem ihm eigenen Instinkt des Jägers hat Zummach in seiner **Causa Guttenberg**, den Politikskandal um einen unglückseligen und letztlich unfähigen Bundespräsidenten dieser Republik prognostiziert, bevor er zum Hype in den Medien wurde.

Die Erfahrungen aus nahezu 40 Jahren im niedersächsischen Schuldienst hat er im dem Report: **Bildungstollhaus Bundesrepublik** analysiert und zusammengefasst. Er prophezeit dieser Republik auf Dauer bildungs- und schulpolitisch einen Super-Gau. Als Gründe nennt Zummach neben einer mangelhaften Lehrerausbildung, die gesellschaftliche Geringschätzung des Lehrerberufes, verbunden mit einer gleichzeitigen Sisyphusarbeit von Lehrkräften gegen zunehmende Verrohung, Verwahrlosung und Verantwortungslosigkeit in der

Gesellschaft, und vor allen Dingen die Strukturen einer föderalen Schul- und Kultuspolitik in dieser Republik. Einer Schul- und Bildungspolitik nach ideologisch-politischer Ausrichtung und jeweiliger Kassenlage der Länder.

„Das deutsche Bildungswesen gleicht derzeit einem leckgeschlagenen Dampfer in schwerer See, zu dessen Rettung gleichzeitig 16 Kapitäne das Kommando geben!", so seine Einschätzung.

Natürlich kommt ein zuvorderst im Bereich Politik Wissenschaften engagierter Publizist nicht umhin, sich auf das aktuelle Flüchtlingsthema einzulassen. Anfang 2016 erschien bei BoD der Titel: **Die Große Flut - Grenzen der Überfremdung - Ein Diskussionsbeitrag zur aktuellen Flüchtlingsfrage.**

Darin geißelt der Autor die fatale Rolle der gegenwärtigen Bundeskanzlerin als Totalversagen in einer Frage bei der letztendlich auch die EU auf dem Spiel steht. Ohne dass die die Probleme der 'Altmigranten' auch nur annähernd gelöst worden sind, wird die Millioneninvasion von Flüchtlingen und Asylbewerbern, unter ihnen zu 80% Muslime, langfristig zu gewaltigen Spannungen, Verwerfungen und zunehmenden Gewaltexzessen in der bundesrepublikanischen Gesellschaft führen.

Seine Schriften sind bisher erschienen beim Regionalverlag Mitzkat in Holzminden, beim Wissenschaftsverlag Cuvillier in Göttingen, im Nord-West-Media Verlag, Grevesmühlen, bei BoD und jetzt auch im Rediroma-Verlag, Remscheid. Auf Wunsch hält der Autor auch Lesungen zu seinen Schriften.